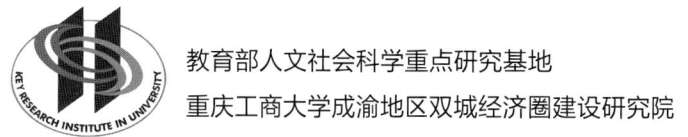

教育部人文社会科学重点研究基地
重庆工商大学成渝地区双城经济圈建设研究院

长江经济带高质量发展丛书

Research on the Entrepreneurship of Returning Migrant Workers in the Three Gorges Reservoir Area: from the Perspective of Sustainable Livelihood

三峡库区
返乡农民工创业研究

基于可持续生计视角

甘宇 著

中国社会科学出版社

图书在版编目（CIP）数据

三峡库区返乡农民工创业研究：基于可持续生计视角／甘宇著 . —北京：中国社会科学出版社，2024.1

（长江经济带高质量发展丛书）

ISBN 978 -7 -5227 -3152 -0

Ⅰ.①三… Ⅱ.①甘… Ⅲ.①民工—创业—研究—重庆 Ⅳ.①F249.214②D669.2

中国国家版本馆 CIP 数据核字（2024）第 020321 号

出 版 人	赵剑英
责任编辑	王 琪
责任校对	杜若普
责任印制	王 超

出　　版	中国社会科学出版社
社　　址	北京鼓楼西大街甲 158 号
邮　　编	100720
网　　址	http://www.csspw.cn
发 行 部	010 - 84083685
门 市 部	010 - 84029450
经　　销	新华书店及其他书店
印刷装订	三河市华骏印务包装有限公司
版　　次	2024 年 1 月第 1 版
印　　次	2024 年 1 月第 1 次印刷
开　　本	710×1000　1/16
印　　张	22.75
插　　页	2
字　　数	295 千字
定　　价	118.00 元

凡购买中国社会科学出版社图书，如有质量问题请与本社营销中心联系调换
电话：010 - 84083683
版权所有　侵权必究

前　言

　　我国经济发展进入新常态，农民工就业形态产生变化，出现了大批农民工返乡创业，国家扶持政策的出台也为返乡农民工创业创造了较好的外部环境。但创业活动不仅面临自身条件、社会经济环境条件及政策等一系列约束，同时还面临区域生态环境条件的制约。三峡库区是我国长江上游的重点生态保护区，是全国18个集中连片贫困地区之一，人口密度达350人/平方千米，是全国平均水平的2.1倍。在库区超过千万的人口规模中，农业人口占总人口的67.8%，是西南地区农民工重要输出源之一。库区农民工返乡创业活动，一方面可以促进库区居民的安稳致富、提高库区自我发展能力，但另一方面也对三峡库区脆弱的生态环境构成压力。三峡库区返乡农民工自身占有的生计资本现状及其创业所面临的外部环境，契合了可持续生计分析框架的内在要求。因此，在可持续生计视角下研究三峡库区等生态环境脆弱区域的农民工返乡创业业态选择问题，对缓解三峡库区农村地区经济发展与生态保护之间的冲突，促进返乡农民工在生态环境约束条件下选择合适的创业业态，推进实施乡村振兴战略，实现区域社会经济可持续发展，有着非常重要的作用。

　　本书基于维持返乡创业农民工的可持续生计这一前提，对其脆弱性背景（外部环境和内部准备）、生计资本（个人占有的资源禀赋)、生计策略（创业业态）、政策和制度过程（政策支持）以及生计结果（创业绩效）及其相互关系进行讨论，重点要解决四方面基本问题：(1) 三峡库区返乡创业农民工所面临的脆弱性背景如何解决？(2) 他们占有的生计资本和创业的具体业态是哪些？(3) 在三峡库区返乡创业农民工的生计资本中，哪些主导因素及其如何影响他们的创业？(4) 三峡库区的内外部环境如何影响农民工创业绩效？围绕这四方面问题，本书的主要研究内容如下。

第一，本书按照感性认识到理性认识的过程，通过对统计资料的整理，分析了三峡库区返乡农民工创业所面临的外部环境，包括库区经济发展趋势、人口动态、生态环境、自然禀赋等对创业具有潜在影响的宏观环境，从而为后续研究的展开提供必要的数据基础。进一步，构建返乡创业农民工的可持续生计评价指标体系，并利用微观调查数据对三峡库区返乡创业农民工的创业准备与响应进行细致深入的描述，认识三峡库区返乡农民工在创业方面的禀赋和准备等特征。这两部分的讨论，侧重于了解可持续生计视角下返乡农民工创业的脆弱性背景。

第二，在前文所构建的返乡创业农民工可持续生计评价指标体系的基础上，结合库区生态约束现状，分析三峡库区返乡创业农民工所占有的生计资本及其创业的具体业态，并对返乡农民工不同创业业态下的生计资本差异进行讨论。在此前提下，识别三峡库区返乡农民工创业的主导影响因素，并进一步厘清生计资本对其业态选择的影响方向、影响强度以及影响次序，在可持续生计框架下揭示生计资本对返乡农民工创业活动的影响机制，为政策建议的提出做准备。

第三，结合全面推进乡村振兴的背景，讨论三峡库区返乡农民工所拥有的差异性生计资本在不同维度上对他们的创业活动产生影响的作用机制；同时，讨论创业氛围、政策环境、基础设施环境等外部因素对返乡农民工的创业绩效存在的潜在影响。

　　第四，通过对上述三方面问题的理论阐述和实证研究，总结影响三峡库区返乡农民工创业业态选择的内外部原因，在此基础上，提出促进库区农民工创业的政策建议。

目　　录

第一章　绪论…………………………………………………（1）
　第一节　研究背景……………………………………………（1）
　第二节　研究意义……………………………………………（4）
　第三节　研究思路与结构框架………………………………（4）
　第四节　研究方法……………………………………………（6）
　第五节　可能的创新之处与研究不足………………………（9）

第二章　理论基础与文献回顾………………………………（11）
　第一节　概念界定……………………………………………（11）
　第二节　理论基础……………………………………………（16）
　第三节　国内外研究现状与评述……………………………（25）
　第四节　本章小结……………………………………………（41）

第三章　三峡库区返乡农民工创业的外部环境分析………（43）
　第一节　样本区域界定………………………………………（44）
　第二节　三峡库区的独特性…………………………………（46）
　第三节　三峡库区经济发展特征……………………………（48）
　第四节　三峡库区的人口动态及其就业……………………（57）
　第五节　三峡库区生态环境基底特征………………………（60）

第六节　本章小结 …………………………………………（67）

第四章　返乡创业农民工可持续生计评价指标体系的构建及数据的调查 ………………………………（69）
　　第一节　返乡创业农民工可持续生计评价指标体系的构建 ……………………………………………………（69）
　　第二节　样本数据的采集 …………………………………（80）
　　第三节　农民工对返乡创业的响应 ………………………（87）
　　第四节　样本对象得到的外部支持 ………………………（104）
　　第五节　本章小结 …………………………………………（115）

第五章　返乡农民工生计资本及其创业业态差异 ………（117）
　　第一节　返乡创业农民工占有的生计资本差异 …………（118）
　　第二节　可持续生计分析框架下的返乡农民工创业业态选择 ……………………………………………（123）
　　第三节　返乡农民工创业业态选择的归因 ………………（131）
　　第四节　本章小结 …………………………………………（132）

第六章　生计资本对返乡农民工创业业态选择的影响机制 ……………………………………………………（134）
　　第一节　返乡农民工创业的主导影响因素识别 …………（134）
　　第二节　返乡创业农民工生计资本对其业态选择的影响机制 ……………………………………………（141）
　　第三节　本章小结 …………………………………………（152）

第七章　返乡创业农民工家庭生计策略转换 ……………（154）
　　第一节　农户生计资本与生计策略 ………………………（154）

第二节　变量选取及界定……………………………………（155）
　　第三节　生计策略影响因素实证分析………………………（163）
　　第四节　本章小结……………………………………………（174）

第八章　返乡农民工人力资本积累与创业绩效……………（176）
　　第一节　变量选取……………………………………………（177）
　　第二节　实证分析……………………………………………（181）
　　第三节　本章小结……………………………………………（187）

第九章　返乡农民工创业组织形式与创业绩效……………（188）
　　第一节　变量描述性统计……………………………………（189）
　　第二节　实证分析……………………………………………（192）
　　第三节　扩展讨论：独立创业影响创业绩效的路径………（199）
　　第四节　本章小结……………………………………………（201）

第十章　行业匹配与返乡农民工的创业绩效………………（203）
　　第一节　研究假设……………………………………………（203）
　　第二节　变量及计量模型……………………………………（205）
　　第三节　实证结果及分析……………………………………（209）
　　第四节　本章小结……………………………………………（220）

第十一章　创业氛围对返乡农民工创业绩效的影响………（222）
　　第一节　理论回顾与研究假设………………………………（223）
　　第二节　变量及计量模型……………………………………（226）
　　第三节　实证结果及分析……………………………………（231）
　　第四节　创业榜样对返乡农民工创业绩效的作用机制
　　　　　　分析…………………………………………………（239）

第五节　本章小结……………………………………………(242)

第十二章　政策支持对返乡农民工创业效果的提高和对创业信心的提振……………………………(244)
　　第一节　理论分析和计量模型………………………………(244)
　　第二节　变量选取……………………………………………(248)
　　第三节　估计结果……………………………………………(255)
　　第四节　本章小结……………………………………………(262)

第十三章　融资环境收入水平与返乡农民工创业满意度……(264)
　　第一节　变量选取……………………………………………(264)
　　第二节　实证分析……………………………………………(268)
　　第三节　本章小结……………………………………………(273)

第十四章　基础设施水平与返乡农民工创业绩效……………(274)
　　第一节　变量选取及其相关性………………………………(275)
　　第二节　模型选择与估计结果………………………………(280)
　　第三节　本章小结……………………………………………(285)

第十五章　研究结论及政策建议………………………………(287)
　　第一节　研究结论……………………………………………(287)
　　第二节　生态约束背景下促进三峡库区返乡农民工
　　　　　　创业的对策…………………………………………(293)

附　录……………………………………………………………(304)

参考文献…………………………………………………………(314)

后　记……………………………………………………………(353)

第一章

绪　论

第一节　研究背景

我国经济发展进入新常态，农民工就业形态产生变化，出现了大批农民工返乡创业，国家扶持政策的出台也为返乡农民工创业创造了较好的外部环境。在党的十九大报告中，习近平总书记明确指出，要"促进农村一二三产业融合发展，支持和鼓励农民就业创业，拓宽增收渠道"[①]。在党的二十大报告中，习近平总书记强调，要"巩固拓展脱贫攻坚成果，增强脱贫地区和脱贫群众内生发展动力"[②]。根据党中央、国务院的决策部署，自2015年以来，国务院办公厅针对农民工返乡创业先后出台了一系列文件[③]，激发了广大农民工的返乡创业热情。2022年中央一号文件也再次强调，要"促进农民就地就近就业创业"。据2021年统计数据，早在2020

[①] 习近平：《决胜全面建成小康社会 夺取新时代中国特色社会主义伟大胜利——在中国共产党第十九次全国代表大会上的报告》，人民出版社2017年版，第32页。

[②] 习近平：《高举中国特色社会主义伟大旗帜 为全面建设社会主义现代化国家而团结奋斗——在中国共产党第二十次全国代表大会上的报告》，人民出版社2022年版，第31页。

[③] 分别是《关于支持农民工等人员返乡创业的意见》(2015)、《国务院办公厅关于支持返乡下乡人员创业创新促进农村一二三产业融合发展的意见》(2016)和《关于进一步支持农民工等人员返乡下乡创业的意见》(2018)。

年，全国返乡创业的人数就已经超过1010万人①。农民工返乡创业有利于激活农村资源要素，带动就业，是实施乡村振兴战略的重要内容②。

但是，中国脱贫地区农民工的返乡创业活动不仅受到自身资源禀赋的制约，也面临外部社会经济环境和生态环境的强约束。比如在本书的样本地区内，首先，三峡库区内的人口密度高，超载严重。在三峡库区的百万移民中，只有不到20万人实现外迁安置，大部分采取后靠安置方式安置，仍然在三峡库区内生产生活。而三峡库区内户籍总人口为1689.09万人，其中农业人口达千万规模。在库尾地区，人口密度最低的江津区达到每平方公里400人，整个库区中人口密度最低的奉节县、巫山县等地区也超过150人/平方千米。其次，三峡库区山高坡陡，农用地资源匮乏。库区内平原河谷等适宜耕种用地仅占库区总面积的4.3%，山地占总面积的74%，丘陵占到了总面积的21.7%。三峡库区蓄水以后，因各种原因导致库区农用地进一步减少。据调查显示，在2016年，三峡库区农用地面积为409247公顷，人均耕地面积仅为0.027公顷，尚达不到一亩地，总面积比2015年下降0.13%，并呈现连年下降趋势③。因人多地少，陡坡开垦严重，库腹、库首地区15度以上的坡耕地合计比重达60%以上；25度以上的陡坡耕地合计比重达30%左右，人地矛盾十分尖锐。最后，三峡库区④是我国重要的淡水资

---

① 于册：《去年返乡入乡创业创新人员超千万》（http://www.gov.cn/xinwen/2021-03/25/content_5595514.htm）。
② 李沫：《进一步支持农民工等人员返乡下乡创业〈意见〉政策解读》（http://www.scio.gov.cn/34473/34515/Document/1617831/1617831.htm）。
③ 依据中华人民共和国生态环境部于2018年1月15日发布的《长江三峡工程生态与环境监测公报2017》整理。
④ 三峡库区是我国长江上游的重点生态保护区，是全国18个集中连片脱贫地区之一，平均人口密度350人/km²，是全国平均水平的2.1倍。在三峡库区超过千万的人口规模中，农业人口占总人口的67.8%，是西南地区农民工重要输出源之一。

源库，具有非常重要的战略性意义，其在长江生态链上扮演非常重要的角色，是沿江以及中国北方缺水地区的主要水源保障之一。为了保护三峡库区的水体以及周边的生态环境，国务院要求，在三峡库区，要增强水土保持与水源涵养功能，确保上游及库区水质保持优良①。在区域产业发展上，特别强调要注意三峡库区内的产业布局应当与区域内的生态环境相协调，避免因发展产业而导致污染转移或者出现环境风险聚集现象②。

这就意味着，返乡农民工在三峡库区等生态环境重点保护区的创业活动受到很强的限制。作为生态脆弱的典型地区，三峡库区农民工返乡创业活动，一方面可以促进库区居民的安稳致富，提高库区自我发展能力，但另一方面该地区的农民工返乡创业活动又受到区域资源条件的制约。虽然可持续生计主要应用于讨论消除农户贫困问题，但是作为集中连片脱贫地区的三峡库区返乡农民工的创业问题与脱贫成果巩固有着密切的关联，其在实质上就是以脱贫成果巩固作为基本目标。三峡库区返乡农民工自身占有的生计资本现状及其创业所面临的外部环境，契合了可持续生计分析框架的内在要求。因此，在可持续生计视角下研究三峡库区等生态环境脆弱区域的农民工返乡创业问题，对缓解三峡库区农村地区经济发展与生态保护之间的冲突，促进返乡农民工在生态环境约束条件下选择合适的创业业态，推进实施乡村振兴战略，实现区域社会经济可持续发展，有着非常重要的作用。

---

① 《国务院关于印发全国国土规划纲要（2016—2030年）的通知》（http：//www.gov.cn/zhengce/content/2017-02/04/content_5165309.htm）。

② 《国务院关于依托黄金水道推动长江经济带发展的指导意见》（http：//www.gov.cn/zhengce/content/2014-09/25/content_9092.htm）。

第二节 研究意义

从理论角度上,本书在可持续生计框架的指导下,以库区返乡创业农民工为主体,以"外部环境约束—创业主体响应—创业业态选择—政策及榜样支持"为逻辑主线,探讨库区生态环境和社会经济环境双重约束背景下的返乡农民工创业问题,尤其是返乡农民工生计资本对其业态选择的影响,以及政策和榜样环境支持对创业效果的作用机制分析,将进一步丰富创业理论,为生态环境脆弱区返乡农民工创业研究提供理论参考。

在应用价值上,一方面对三峡库区农民工返乡创业面临的外部自然及社会经济环境的影响进行研究,可以厘清生态脆弱地区返乡农民工创业面临的外部制约因素,为政府政策支持的力度和方向提供参考;另一方面,探讨生态脆弱地区返乡农民工创业业态的具体选择及其影响因素,并分析外部环境影响效果,可以为其他生态环境脆弱区的经济自我健康有序发展提供借鉴作用。

第三节 研究思路与结构框架

本书在可持续生计视角下,讨论生态环境脆弱、经济发展落后地区——三峡库区的返乡农民工创业问题。具体而言,本书基于维持返乡创业农民工的可持续生计这一前提出发,对其脆弱性背景(外部环境和内部准备)、生计资本(个人占有的资源禀赋)、生计策略(创业业态)、政策和制度过程(政策支持)以及生计结果(创业水平)及其相互关系进行讨论,重点要解决四方面基本问题:(1)三峡库区返乡创业农民工所面临的脆弱性背景如何解决?(2)他们占有的生计资本和创业的具体业态是哪些?(3)在三峡库区返乡创业农民工的生计资本中，哪些主导因素影响他们的创业？（4）三峡库区特定的外部自然及社会环境如何影响农民工创业水平？

围绕这四方面问题，本书的逻辑思路按如下步骤展开。

第一，文章首先对国内外学者的相关研究文献进行梳理和回顾。通过文献的整理，厘清现有研究的不足，进一步明确本书研究的意义和研究手段，在上述基础上逐步释出本书的研究主题。

第二，按照感性认识到理性认识的过程，文章通过对统计资料的整理，分析了三峡库区返乡农民工创业所面临的外部环境，包括库区经济发展趋势、人口动态、生态环境、自然禀赋等对创业具有潜在影响的宏观环境，从而为后续研究的展开提供必要的数据基础。进一步构建返乡创业农民工的可持续生计评价指标体系，并利用微观调查数据对三峡库区返乡创业农民工的创业准备与响应进行细致深入的描述，认识三峡库区返乡农民工在创业方面的禀赋和准备等特征。这两部分的讨论，侧重于了解可持续生计视角下返乡农民工创业的脆弱性背景。

第三，在前文所构建的返乡创业农民工可持续生计评价指标体系的基础上，结合库区生态约束现状，分析三峡库区返乡创业农民工所占有的生计资本及其创业的具体业态，并对返乡农民工不同创业业态下的生计资本差异进行讨论。在此前提下，识别三峡库区返乡农民工创业的主导影响因素，并进一步厘清生计资本对其业态选择的影响方向、影响强度以及影响次序，在可持续生计框架下揭示生计资本对返乡农民工创业活动的影响机制，为政策建议的提出做准备。在此过程中注重理论模型的构建，着力突出了经济理论与实证分析的结合。

第四，结合乡村振兴战略的背景，以可持续生计分析框架中的外部自然、政策等环境影响及制度过程为指导，引入返乡农民工的社会资本等作为中介变量，从微观角度阐释了外部环境通过各种机制提高返乡农民工创业成功率的过程。

第五，通过对上述四方面问题的理论阐述和实证研究，总结影响三峡库区返乡农民工创业的内外部原因，在此基础上，提出促进库区返乡农民工创业的政策建议。

第四节　研究方法

本书以可持续生计视角下三峡库区农民工返乡创业及其影响因素以及政策支持作用机制的厘清为关键科学问题，以经济学、生态学、地理学、社会学、生态环境学等多学科知识为理论支撑，采用宏观定性分析与微观定量分析相结合的方法进行讨论。

一　文献法

文献法是通过查阅、分析、整理与本书主题相关的文献，在此基础上进一步发现研究客体的本质属性，借由研究文献形成对事实的科学评价。文献法在本书各章均有应用，在对相关文献资料进行梳理和总结的基础上，把握国内外学者在该领域的最新核心研究成果，了解其发展趋势，从而为本书打下坚实的基础。

文献主要依靠如下途径收集：利用图书馆资源进行文献检索（主要包括中国国家图书馆、湖北省图书馆、重庆市图书馆、重庆工商大学图书馆、西南财经大学图书馆等），通过国务院三峡工程建设委员会办公室、中华人民共和国环境保护部、重庆市移民局、中国期刊网（CNKI）数据库、中国学位论文全文数据库、ProQuest国外博硕学位论文以及田野调查等途径获取相关资料。

文献收集的主要内容：通过搜集零次信息以及其他几级文献了解三峡库区经济、社会、人口、教育、生态等诸方面的信息和数据。另外，收集相关的经济学理论、人口学理论以及与"农民工创业"有关的研究成果等。

二 参与式农户评价法

参与式农户评价法（PRA）具有易获得第一手资料及较易倾听返乡农民工心声与诉求的优点，也是当前返乡农民工行为理论研究的主要方法之一。

在研究的前期阶段，选取三峡库区具有代表性的区域进行为期四个月的县域、乡镇和农村实地调研，采用入户访谈等方式，了解当前三峡库区的返乡农民工对自身的创业经营状况、区域经济发展、自然生态及相关市场及政府政策的评价等，为研究的深入分析提供第一手资料。

三 田野调查法

第一，对三峡库区的经济发展现状、返乡农民工创业现状等进行田野考察，旨在从可持续生计视角出发，整体把握三峡库区返乡农民工创业状况及地区经济社会发展状况。

第二，对三峡库区中的返乡农民工创业典型区县的经济发展方向与地方经济发展规划进行考察，并着重考察相关区县的返乡农民工创业园区的规划及政策支持情况，旨在把握典型区县对返乡农民工创业活动的支持现状。

第三，对典型区县中具有代表性的返乡农民工创业活动进行考察，了解其具体经营状况、自身的资源禀赋、外部的支持及面临的挑战等。

四 问卷调查法

问卷设计包括农民工个人特征、家庭禀赋、经济来源、创业准备等相关信息，通过问卷调查，获得能真实地反映农民工返乡创业准备和诉求等微观数据和信息。

首先,根据三峡库区库首、库腹以及库尾的格局,依据区域经济发展与人口等指标确定样本区县与具体的样本乡镇。

其次,结合样本地区的返乡农民工创业的实际发生概率,对样本乡镇中的返乡创业农民工进行问卷调查。

最后,在问卷调查的基础上,对部分样本对象进行回访,了解其在回答问卷过程中的具体思考,并就问卷中题项的相关性等信息进行补白。

五 定性分析与离散选择模型相结合

利用入户调查和访谈得到的信息定性分析返乡农民工的创业现状,结合案例剖析,进而使用计量经济学分析预测工具(Matlab 和 Stata 等软件)等,提取返乡农民工生计资本中影响其创业的关键主导因素,利用离散选择模型揭示关键主导因素与返乡农民工创业之间的内在联系。

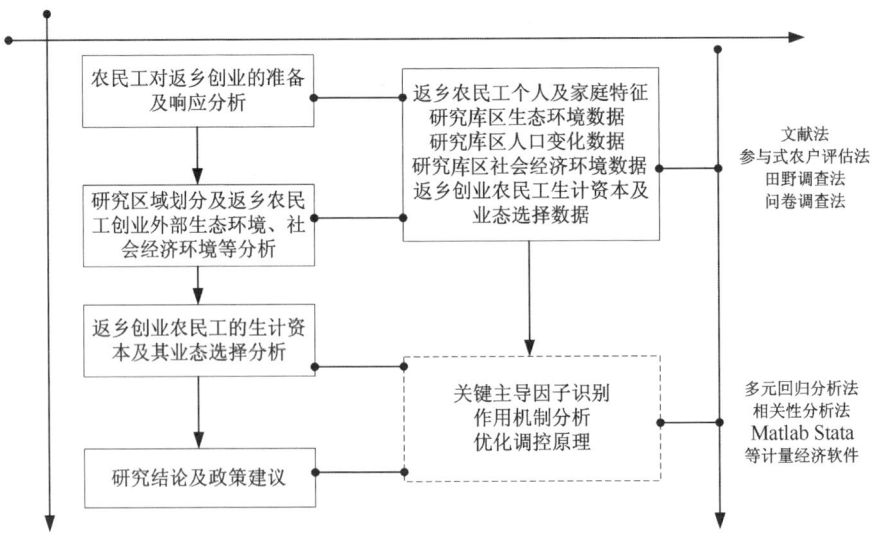

图 1-1 总体技术路线图

第五节 可能的创新之处与研究不足

一 创新之处

第一,自 2000 年英国国际发展署(DFID)基于 Sen 和 Chambers 解决贫困问题的理论方法和"资本—能力"理论建立可持续生计分析框架(sustainable livelihood framework,SLF)以来,这一分析框架在农村地区扶贫、农户生计可持续发展等研究领域得到了广泛应用,但鲜有文献将其应用于返乡农民工创业问题的分析。本书尝试在可持续生计视角下研究三峡库区返乡农民工创业问题,讨论返乡创业农民工生计的内外部特征及其影响机制,研究视角较为新颖,对于引导农民工创业并维持其生计的可持续发展具有重要的启发和参考。

第二,虽然国内的文献对农民工返乡创业的研究较为丰富,但是目前现有国内的研究鲜少讨论农民工个人禀赋及外部因素对其创业业态选择的影响。本书在对返乡农民工创业的外部环境和内部准备(脆弱性背景)、个人占有的资源禀赋(生计资本)、创业业态(生计策略)、政策支持(政策及制度过程)、榜样影响(氛围作用)以及创业绩效(生计结果)等信息进行分析后,使用相应的指标客观地刻画返乡创业农民工生计资本对其业态选择的影响,为创业业态选择的评价提供了一种新方法。

第三,本书以可持续生计分析框架中的外部自然、政策等环境影响及制度过程为指导,引入返乡农民工的社会资本等作为中介变量,从微观角度阐释了外部环境通过各种机制提高返乡农民工创业成功率的过程,为支持返乡农民工创业的政策评价提供了新的思路。

二 研究的不足

第一,本书将可持续生计分析框架应用于返乡农民工创业问题的研究,这是一种新的尝试,有可能在分析过程中存在瑕疵,这有待于在今后的研究中继续进行完善。

第二,具体业态选择不同,对具体生计资本的诉求和依赖可能存在差异。本书对生计资本指标的选取,主要是从影响农民工返乡创业的宏观层面以及量化指标的可获得性这两方面进行考虑,囿于研究手段和研究能力的不足,存在遗漏生计指标的可能。

第三,由于三峡库区与传统的自然地理、人文地理、经济地理、流域生态学等划分的地理、生态单元以及根据区域经济、空间经济、产业布局结合自然地理划分的经济单元不同,其作为一个独特的地理单元,经济社会的发展有着非常特殊的背景,因此,针对该地区返乡农民工创业问题的研究和发现,对其他地方是否具有普适性有待讨论。

第二章

理论基础与文献回顾

农民工返乡创业一直是备受各级政府和社会普遍关注的重要问题。基于不同研究视角，学者们对农民工返乡创业问题进行了广泛探讨，形成了丰富的研究成果。系统梳理和评述国内外相关文献，既是对农民工返乡创业研究进展的把握，也为深入研究三峡库区返乡农民工创业提供了理论依据。本章的主要任务是对农民工返乡创业相关文献进行大致回顾，内容分为两个部分，先对核心概念进行界定并对理论基础进行分析，然后对国内外相关研究进行回顾。

第一节 概念界定

一 创业

创业作为一个社会经济活动，涉及的学科主要为经济学、社会学、管理学以及心理学等学科，是一个典型的跨学科研究对象，各个领域的学者都在自己研究范畴之内对创业进行不同的定义。有学者认为，创业，也即是创造了新的事业（Low & MacMillan，1998；Schumpeter，1934），是一种发起、经营并以获得利润为目标的商业活动（Cole，1946）。正是由于不同知识背景的学者通过不同视角对创业进行研究和解释，使得创业具有了多维性，其定义至今仍然没有统一的意见（Cooper，2009）。

早在 16 世纪，西方的发达国家形成了"创业"的最初定义。在西欧国家之中，虽然从事工商业受到鼓励，但是其由于受到市场规模的制约，大多需要通过远洋贸易实现经济的发展。而由于单一经济体很难支撑远洋贸易所需的成本，因此合股经营的方式得以产生。由于远洋航运存在较大的风险，因此当时入股的各方均需在经营过程中承担风险，所以当时便以"Venture"（风险、冒险）指代"创业"这一类经济活动。1755 年，法国经济学家 Cantillon 便在其专著《论商业体系的本质》中把创业和"冒险"一词联系起来，并进行阐述。Hisrich 等（1995）认为，创业活动是凝结时间与精力并创造社会财富的过程，在这一财富创造过程中，伴随着相应的金融、心理以及社会风险。从此之后，"Venture"这一英语词汇便大量出现在各类关于创业的研究文献之中，并持续两百多年之久，与另一个专指创业的英语词汇"Entrepreneurship"共同表示具体的创业实践。

有部分学者从创业机会识别的视角对创业进行了定义。Knight（1921）认为，能够对未来的不确定性进行预估的能力就是创业，而 Kirzner（1978）也对创业者预测创业机会的能力进行了界定，认为创业的真实含义在于其通过识别即将发生的不均衡现象和预测下一个不完全市场，进而获得利润的能力。Leibenstein（1978）将外部动态的环境纳入分析框架，表示在这种环境下，比竞争对手更快更准地发现和开发机会的能力就是创业者所具备的基本条件。Stevenson 和 Gumpert（1985）表示一个社会可以做很多事情来刺激或抑制企业家精神的发展，而创业则是基于自己现有资源并抓取机会后充分、持续利用的过程（Venkataraman，1997）。

另外，有部分本领域的研究学者从创业所应该具备的心理特征的角度对创业进行了定义。Bygrave（2009）认为，创业者的个性以及心理特质是创业特定的重要组成部分，除了机会识别能力之外，创业者还应该具备首创精神、想象力以及灵活的处事能力等。Conner（1991）从资源的角度对创业进行定义，表示在创业实践环节，创业者个性和素养中的远见和直觉，可以让其能够辨识出合适的创业投资机会。在前人的研究基础上，Stevenson等（1985）认为，创业者所拥有的资源占有程度对创业机会的发现以及抓取能力具有决定作用。Venkataraman（1997）则表示，对创业机会的发现，进而对其进行评估和利用的过程就是创业。

从创新的视角定义创业，是最接近创业属性的角度，Richers（1934）就是这方面的先行者，其将创业定义为创新的一个过程，创业实践者通过新形式对新技术、新的原材料、新产品以及新市场进行新组合，从而实现创业的最终目标。Vesper（1983）则更强调了创业是开展独立的新业务。Gartner（1985）对于创业的定义更为简洁，强调创业就是新组织的创建。Kao等（2002）则将新创企业的酝酿、创设以及管理的整个过程定义为创业。

国内学者也通过他们的研究对创业这一概念进行定义，比如林强等（2001）认为"创业是企业管理过程中高风险的创新活动"。李志能（2001）则认为"创业是一个发现和捕获机会并由此创造出新颖的产品、服务或实现其潜在价值的过程"。另外朱仁宏（2004）也对创业进行了总概性的定义。

根据上述分析，可以看出，虽然对创业尚没有获得统一性的定义，但是大部分学者对创业内涵却有着较为一致的意见：首先，创业者在创业活动中处于主导地位；其次，创业中主要围绕开展新业务或者新的组织的创设，创业必须是建立在对创业机会进行识别并充分利用的具有风险的财富创造过程。

二 农民工返乡创业

明确界定农民工返乡创业是本书主要问题研究的前提和基础。但是当前国内对"农民工返乡创业"进行定义的文献较少。在此类文献之中，程春庭（2001）认为，农民工返乡创业这一状态，指的是"农民通过一定时期的外出打工开阔了视野，当家乡的商业环境较为宽松，通过经营可以获得更高的家庭收入的时候，便通过务工过程中所积累的技术、资金和能力从事工商业经营活动或者突破性地扩大原有农业种养经营规模。在这其中，'返乡'并不是单纯指回到其户籍地，如最初的农村，也包含回到其家乡所在的县城或其乡镇政府所在地。'创业'这一概念也不仅是大额度的资金投入，也包括从事规模化种养、小成本的经营或从事非农生产活动等"。王西玉等（2003）认为，农民工返乡创业是指"改革前后基于生计考虑，从其户籍所在地的农村出县境到其他城市打工或经商时间达半年以上，之后又返回本县境内创立工商企业的活动（含农业开发活动）"。有的学者把农民工"返乡创业"称为"打工仔经济"，指的是"从农村出县镇到城市打工又返回本县从事非农产业的农民工所从事的经济活动"（秦艳、巩前文，2007）。

农民工作为农民中最为活跃的群体，其创业活动具有一般农民创业的特点，但也有其自身的不同。根据当前农民工返乡创业的具体情势，并在充分借鉴和参考文献关于创业的界定和对农民工返乡创业的讨论的基础上，本部分作出以下界定：农民工返乡创业指的是农民工返回户籍所在地，通过创设各类经济组织，从事各种非农生产经营活动或对涉农种养产业进行规模化经营，实现了财富增殖的活动过程，其中，包括以下几个方面的含义。

第一，创业主体。本书中，创业主体是有到户籍地以外的地方务工经验的本地农民，不包括无外出务工经验的库区农民，也不包括到农村从事非农经营活动的城市居民。

第二，创业地点。返乡农民工创业地点必须是在户籍本地，包括户籍所在区县政府所在地，也包括户籍所在地区县内的各个乡镇。

第三，创业形式。农民工返乡创业是创业主体在对其自身能力以及从外部所能获得的各类资源进行评估之后的行为，这些资源与能力包括自己所占有的资金总额、经营信息、相关管理经验和生产技能、社会资本、政府政策和其他家乡资源等个体禀赋和环境禀赋。从这个角度上看，我们在本部分进行具体界定，农民工返乡创业的形式和内容主要包括以下四种。

(1) 农业规模化经营。农民工通过土地流转实现，扩大土地经营规模，进行传统农业的集约化经营，主要包括规模农业种植、养殖；特种种植、养殖。

(2) 属地化经营。返乡农民工根据本地资源实际，以"三产融合"为指导，实现涉农产业化经营，包括农产品加工、家庭副业、观光旅游等。

(3) 创办各类企业。返乡农民工充分利用自己务工经历中积累的资金、技术、人脉等，实现城市产业向农村地区延展，创设各类企业承接城市产业转移或为城市产业提供配套服务等。

(4) 建立专业化的农村经济合作组织。农民工返乡后，充分利用自身亦工亦农亦商的优点，积极创设或参与农村经济合作组织或各种专业协会等。通过开展农产品及其生产资料供产销、信息交易以及从事相关技术承包、特色种植养殖、新技术新品种的推展等。

三　业态

业态（type of operation）一词来源于日本，是典型的日语汉字词汇，大约出现在20世纪60年代。一般指的是为满足特定的市场需求，结合其战略目标，通过特定的经营手段，例如结合商品经营结构、店铺位置、店铺规模、店铺形态、价格政策、销售方式、销售服务等，从而提供不同类型的销售或服务的产业形态（萧桂森，2004）。通俗地说，业态即有具体的经营内容，向谁销售、销售什么和如何销售的具体经营形式，其作为产业的具体实现形式涵盖了产业的全过程（王国平，2012）。考虑到返乡农民工创业活动更多呈现的是一二三产业融合发展态势，在这样的前提下，在本书中所讨论的返乡农民工创业业态，主要是指返乡创业农民工具体经营行业的选择、如何经营等一系列经营活动。

第二节 理论基础

一 可持续生计理论

1991年，在世界环境与发展委员会的报告中，可持续生计的提法首次出现。随后Chambers等学者明确了可持续生计的概念，可持续生计（Sustainable Livelihoods）是指：能够应对压力和打击，并在压力和打击下得到恢复，在当前和未来保持乃至加强其能力和资本，同时又不损害环境资源基础的生计发展方式。其中，对资本的定义不仅指金融财产（例如存款、土地经营权、生意或住房等），而且还包括个人的知识、技能、社交圈、社会关系和影响其生活相关的决策能力。1992年，在联合国环境与发展大会（UNCED）中，主张稳定生计作为消除贫困的主要目标，可持续生计被正式纳入行动议程。1995年哥本哈根社会发展世界峰会（WSSD）和北京第四届世界妇女大会（FWCW）进一步强调了可持续生计对于减贫政策和发展计划的重要意义。在1995年社会发展峰会上通过的《哥本哈根宣言》中是这样表述的："使所有男人和妇女通过自由选择的生产性就业和工作，获得可靠稳定的生计。"纳列什·辛格和乔纳森·吉尔曼在《让生计可持续》一文中指出:"消除贫困的大目标在于发展个体、家庭和社区改善生计系统的能力。"目前在国际发展研究和实践中,特别是农村地区扶贫、农户的可持续生计途径等研究领域得到越来越广泛的应用。2000年,英国国际发展署(DFID)[①]基于Sen和Chambers解决贫困问题的理论方法和"资本—能力"理论建立了可持续生计分析框架(sustainable livelihood framework,SLF)(图2-1),可持续生计分析框架在农户生计可持续发展研究领域得到了广泛应用。该生计框架主要包含以下五部分:脆弱性背景,生计资本,政策和制度过程,生计策略以及生计结果,具体如下。

(一)脆弱性背景

脆弱性指的是社会中的个体在自然环境与社会环境共同作用下,应对灾害事件的能力不足。而生计的脆弱性则指的是个体或者家庭在进行生计活动过程中,生计结构在面临外部冲击时所呈现出来的不稳定的受损状态。这种状态一般有两种解释:其一,生计能力受损,生计的脆弱性就是生计能力对生计环境变化时,软弱无能,难以继续维持生计;其二,生计能力遭受潜在损失,生计的脆弱性指的就是生计资本缺失引致生计潜在风险产生的状态。

(二)生计资本

基于脆弱性背景,当面对外部冲击时,人们只能被动地接受。但假如基于其自身具备的能力,抵御外部的冲击,并降低外部冲击所形成的负面影响,并能更好地适应变化中的环境。人们所具备的这种能力就可以理解为其所拥有的生计资本。可持续生计分析框架

[①] 英国国际发展署(Department For International Development,DFID)是在原英外交部海外发展署基础上于1997年成立的,其工作重点是非洲次撒哈拉贫穷国家和亚洲地区,也关注中等收入国家的扶贫和可持续发展。英国国际发展署与实施"千年发展目标"的其他国家政府、研究机构、私营业界,同多边机构,如世行、UN、欧盟等合作实施发展援助。详见http://www.mofcom.gov.cn/article/i/jyjl/m/200404/20040400210952.shtml。

将农户家庭所拥有的资源与禀赋划归为五类生计资本。

（1）人力资本：指劳动者因个人受到教育、培训、健保等方面的投资而拥有的知识、专业性技能、个人能力以及个人身体健康状况，包括家庭劳动力规模以及他们所拥有的知识技能存量。作为五类资本中的基础资本，人力资本有助于其更高效地利用其他类型的生计资本，从而获取更积极的生计结果。

（2）社会资本：当前学术界对社会资本有着多种定义，但在本书所探讨的可持续生计分析框架下，主要是指人们基于生计这一目标，其能够使用或者支配的社会资源，例如各种社会关系网络等。

（3）金融资本：包括家庭所能用于支持生产活动的现金以及可获得的借贷资源，一般包括流动资金和存量资金两个部分，比如自有储蓄和外部潜在流入资金等。

（4）自然资本：是自身或通过人类劳动而增加其价值的自然物和环境，一般指的是自然资源，主要为土地、水和具体的生态系统等；自然资本具有自然属性与资本属性。自然属性是自然资本的基础和源泉，资本属性则代表了自然资本流动所产生的价值。自然资本对于创业农民工而言，能够直接决定他们面临的自然风险的大小。

（5）物质资本：指的是在自然资本之外，生产过程中用到的其他物质性材料，主要包括基础设施、生产工具、相关的耐用品等，通常通过租赁、购买、有偿服务等方式获得。物质资本的使用有助于提高生产效率。

人们可以使用生计资本进行生计活动，从而降低其他支持不足引致的脆弱性的威胁，提升生活质量，从这个角度看，可持续生计分析框架的核心就是生计资本。

（三）政策和制度过程

政府通过制定相应的政策、制度与措施，旨在协助人们实现生计的可持续发展，并且对产生负外部性的生计活动进行约束。但是由于政策在制定的过程中，具有利益倾向性、目标导向性等原因，有可能使政策目标偏离，同时政策实施过程中具有滞后性、盲目性以及多效性等不足，有可能导致政策和制度的综合效果并未达到促进人们实现其自身可持续生计的目标。

（四）生计策略

基于脆弱性背景这一客观前提，结合正在实施中的政策和制度，人们充分利用其已占有的生计资本，适应外部挑战和冲击，达成其生计目标的过程，即是生计策略选择的过程。在理性经济人假设条件下，人们必然选择效率最高的生计策略。简言之，生计策略的选择必然是综合考量了外部环境特征以及自身资源禀赋，经权衡利弊之后的理性决策。

（五）生计结果

生计策略运用得当与否直接影响生计结果，与此同时，生计结果又会对农户的生计资本产生反作用力。一般而言，理想的生计结果可表现为提高其收入水平以及改善其生活福利。显然，在本书中，生计结果最直接的体现就是创业水平特别是创业收入和效益获得提高，创业信心得到提振，应对创业所面临的脆弱性背景的能力得到加强。

根据图 2-1 可以看出，可持续生计分析框架由五个部分组成，依次是脆弱性背景、生计资本、政策与制度过程、生计策略、生计结果。这五项内容互相作用，图中箭头所示的方向仅代表一项内容对另一项内容产生的潜在影响。但值得注意的是，图中箭头所示并不代表因果关系或从属关系。可持续生计分析框架内的主要关系包含有：在脆弱性背景下的冲击、趋势以及季节性既可以创造资本又可以毁坏资本；政府机构投资于基础设施建设（物质资本）、教育培训（人力资本）等也是创造资本的过程；政策和制度也能在一定程度上调节对资源的拥有和响应的程度以及对不同生计战略的反馈程度；拥有较多资本的人们往往拥有更多的选择权并有能力运用一些政策措施确保他们的生计安全；人们获得幸福的能力在很大程度上取决于他们对资本的拥有，不同的资本组合可以达到不同的生计结果。从可持续生计分析框架中可以发现，在脆弱性背景前提下，结合相应的政策、制度和措施，生计资本作为可持续生计框架的核心，决定了其对生计策略的选择，进而导致对应的生计结果。与此同时，生计结果又直接影响生计资本的形成和积累，周而复始。

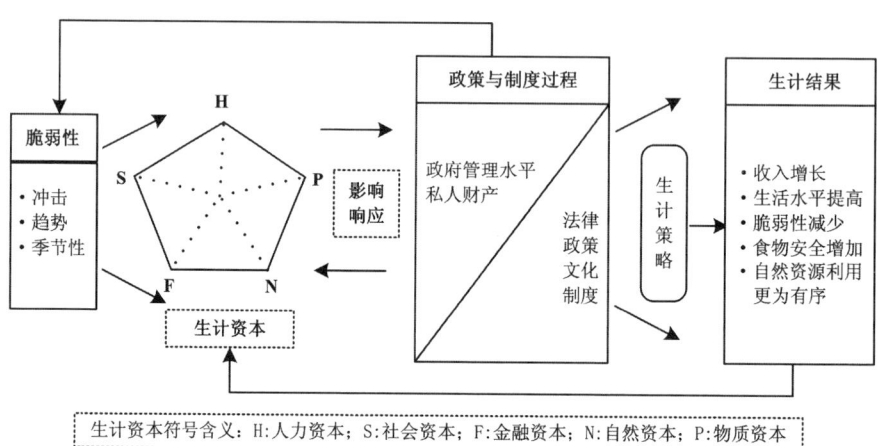

图 2-1　可持续生计分析框架

二　创业理论

创业理论是描述创业全过程的理论，始于创业者最初的想法，到新企业的创建，再到新企业逐步发展，最终使成熟企业都被涵盖在创业理论内。自20世纪80年代以来，创业研究形成了以领导理论、战略管理理论、创新理论、心理学理论以及社会学理论为基础理论的发展比较完善的学科体系。综述现有关于创业研究的文献来看，创业理论具体可分为风险学派（代表人物有坎蒂隆，1755；奈特，1922）、领导学派（萨伊、马歇尔）、创新学派（熊彼特，1934；1942）、认知学派（Kirzner，1973）、社会学派（Sexenlan，1999）、管理学派（德鲁克，1985）、战略学派（Zahra & Dess，2001）、机会学派（Shane & Singh，2001）八大学派。虽然各个不同的学派从不同的视角开展研究，但总体来说，他们的研究都具有相对一致的研究框架，即对创业主体、过程、组织以及结果的关注。纵观创业理论的发展，早期研究更多的是基于静态分析，而事实上创业本身是一个复杂的过程，创业的过程中亦面临不断变化的复杂环境。因此创业理论逐步发展为以动态化研究作为后期的重点发展方向，在此基础上逐步摸索出六种典型的创业分析模型。这六种模型具体分为线性模型和非线性模型。线性模型仅从单一维度描述创业发展，逻辑过于简单且不能准确描述创业发展特征。由此，基于线性模型的研究，不少学者进一步提出非线性创业模型，其中加纳（Gartner）、威科汉姆（Wickham）、萨尔曼（Sahlman）、蒂蒙斯（Timmons）均对此作出重要贡献，提出各自的创业模型理论，这些经典的创业理论与创业模型为分析返乡农民工创业过程提供了丰富的理论基础和参考。

加纳（Gartner）创业模型包含了四个要素：创业者、创业环境、创业过程、组织创业。加纳模型认为这四个要素自发组合，并实现各自的有效管理，从而最终实现创业的综合效应。这一创业模型还同时考虑了创业的复杂性以及主要参与要素。

威科汉姆（Wickham）创业过程模型也包括四个要素：即创业者、机会、组织、资源。威科汉姆的创业模型认为，创业过程离不开不断的学习。创业者在其中处于主导者的位置，为了能实施其创业活动，创业者需要识别机会、整合资源并且管理团队。创业者有效管理的目标之一是能够实现资源、机会、组织间的动态平衡，创业者需要通过不断学习，完美地平衡各要素之间的关系，最终实现成功创业。

萨尔曼（Sahlman）创业过程模型亦包括四个要素：人和资源、市场机会、交易行为、环境。萨尔曼理论认为，以上四个要素之间相互协调、相互促进。创业环境显著影响创业者的创业行为。善于识别并把握机会是创业的起点，其重要性不言而喻。而交易行为本身受到激励制度和奉献精神的影响，从而对创业过程产生作用。

蒂蒙斯（Timmons）的创业模型主要探讨了三个要素：机会、创业团队、资源。他认为任何创业活动都必定包含以上三个要素。该理论从动态平衡的角度出发，三个要素之间相互影响，相互作用，逐步由创业过程中的不平衡发展至平衡。机会作为创业的原始驱动力，在创业过程中，资源与机会二者间经历着一个动态变化的过程，需要完成"适应—差距—适应"的变化过程。作为创业者需要认识和把握机会，识别以及规避风险，对资源实现合理优化配置。

三 人力资本理论

20世纪五六十年代以来，一大批经济学家开始了他们关于人力资本的研究，其中以著名经济学家西奥多·舒尔茨（Theodore W. Schultz）、加里·贝克尔（Garys Becker）、雅各布·明瑟（Jacob Mincer）等为代表，他们的研究成果很好地解释了第二次世界大战之后经济运行过程中产生的一些新问题。这些重要的研究成果也推动了人力资本理论成为现代经济理论中的重要组成部分。

（一）舒尔茨的人力资本思想

舒尔茨（1961）提出，资本的表现形式并不只局限于物质资产或有形资产，在劳动者身上体现出的无形价值也可称为资本。舒尔茨肯定了人力资本这一概念，改变了社会对人力资本的理解。通过考察人力资本投资与经济发展二者之间的关系，得出的结论是人力资本投资在维持一个国家的经济增长过程中具有非常重要的作用。此外，舒尔茨还批判了传统经济学中视劳动要素为同质的观点，他认为不同劳动者具有的劳动要素存在明显的差异化特征，而导致这种差异产生的重要因素之一就是不同程度的人力资本投资。舒尔茨将人力资本投资归类为五个主要类别，依次是：卫生保健、教育、培训、迁移、非正规教育。

(二) 贝克尔的人力资本思想

贝克尔 (1964) 进一步发展了舒尔茨的人力资本理论，他主要着力于微观层面。贝克尔将人力资本理论确定为劳动收入分配的一般理论。贝克尔的观点是，追求利润最大化，是物质资本投资与人力资本投资二者统一的终极目的。贝克尔将追求利润最大化的原理与人力资本投资理论二者相结合，构建了人力资本投资均衡模型。为了研究收入分配问题，贝克尔又将新古典经济学中的供求均衡理论纳入人力资本投资分析框架，并基于"成本—收益"视角对培训进行了强调，其通过论证发现培训同样能促进个人收入的提高。

(三) 明瑟的人力资本思想

明瑟 (1962) 对在校教育与后续培训的人力资本投资进行了分离，并运用价值补偿原理，建立了"人力资本收入模型"，通过方程的形式揭示了这两种途径所形成的人力资本与收入之间的函数关系，并对在校教育的收益进行了单独估算。其他学者也通过不同的方式获得了一致的结论，认为教育能够显著提高个人收入水平 (Gisser, 1965; Psacharopoulos, 2006; Zhang et al., 2002; Harmon et al., 2003; Psacharopoulos & Patrinos, 2004; Smyth, 2015)。就中国农村居民的讨论发现，我国农村地区的教育收益率基本呈持续上升趋势 (Wei, et al., 1999)。

四 社会资本理论

布迪厄（Bourdieu，1985）的研究使"社会资本理论"这一术语有了系统的学术式表达。他首次严格界定了社会资本概念："实际或潜在的资源的聚合体，这些资源与拥有或多或少制度化的共同熟识和认可的关系网络有关。"布迪厄强调了社会资本的关系特质，强调彼此"联系"（connections）的人们之间所承担的社会义务，以及相对应的，网络成员可共享的集体资本。1988年科尔曼（Coleman）的《社会资本在人力资本创造中的作用》发表，正式奠定了社会资本在学术界的主流研究价值。他对社会资本界定了五种形式：（1）义务与期望；（2）存在于社会关系内部的信息网络，个体可以从他的社会关系网络中获取对自己行动有用的信息，这种社会关系就构成了社会资本；（3）规范与有效惩罚；（4）权威关系，它为人们解决共同性问题提供帮助；（5）多功能社会组织和有意创建的社会组织等。

1990年Coleman出版专著《社会理论的基础》，运用经济学研究方法探讨了社会资本如何形成。通过扩大观察对象，Coleman的理论延伸了社会资本的垂直组成部分，他从更广泛的层次或中观层次对"社会资本"这一概念进行了分析。垂直型联盟的特征是科层关系、成员之间权力不平等，和微观层次的社会资本一样，以联盟为基础的社会资本能够产生正的外部性和负的外部性。但值得指出的是，科尔曼的研究存在瑕疵，在使用上混淆了社会资本拥有者、社会资本来源甚至社会资源等概念（Portes，1998）。科尔曼认为，社会资本是一种社会结构因素的看法为其后研究者将社会资本的研究上升到宏观层面提供了可能性。帕特南（Putnam）对社会资本问题的学术研究贡献最大，其1994年发表的专著《使民主运转起来》探讨了意大利中部地区和南部地区企业的竞争力存在差距的原因，他认为两个地区社会资本存在差异，强调蕴涵在社会资本中的那些基本特性，例如信任、规范可以显著提高社会效率，从而能够极大提高物质资本和人力资本的收益。

创业本质上是面向机会价值开发的资源获取、组合与利用过程（Shane，2008）。基于对创业风险的规避，经济主体对未来经济的不确定性非常敏感（Bernanke，1983；Dixit & Pindyck，2012；Bloom，2014）。与成熟市场比较，为了最大限度减少由于制度不足、市场尚未完善所带来的不确定性，获得自我优化和发展，在转型经济中的市场主体往往依赖于自身所拥有的社会资本（Peng & Heath，1996；Xin & Pearce，1996）。往往初创企业的成长和其所拥有的社会资本二者之间存在正向相关性（Hansen & Wernerfelt，2010），而创业者可以通过社会资本获得大量资金、信息等外部稀缺要素进而提高创业行动效率（Brüderl & Preisendörfer，1998；Liao & Welsch，2005）。社会资本不但为初创企业提供前期发展所需的基本创业资源和信息（Watson，2007；Lans et al.，2008；Hansen，2011），并且使其通过模仿学习获得创业能力和机会（Ozgen & Baron，2007）。

第三节 国内外研究现状与评述

农民工返乡创业研究涉及内容复杂且宽泛。结合研究主题，在对农民工返乡创业研究现状进行梳理分析时，重点在可持续生计视角下回顾和梳理有关农民工返乡创业影响的相关成果。

一 可持续生计与农民工返乡创业
（一）可持续生计分析框架演化过程及其应用

首先，Chambers 和 Conway（1992）对"生计"的定义是"谋

生的方式，是建立在能力、资产（包括储备物、资源、要求权和享有权）和活动基础之上"。Amartya（1997）则认为，生计（livelihood）是指一个家庭拥有若干资源（包括自身能力、有形和无形的资本）的前提下，为获得维持家庭人口生存和发展所需的基本物质资料而采取的行动。Ellis（2000）同样重视农村生计多样化的研究，他对生计的定义为"生计包括资产（自然、物质、人力、金融和社会资本）、行动和获得这些资产的途径（受到制度和社会关系的调节），这决定了个人和家庭的生活质量与生活水平"。也有学者就农户生计的其他方面进行了研究，其中较为突出的有生计多样性研究（Smith et al., 2001）、土地利用与农户生计研究（Soini, 2005）等。Brian King（2011）曾在南非展开调查，探讨空间与生计二者之间的相互关系。

随着对农户生计和解决农村贫困问题的逐步认识，有学者在生计概念的基础上提出"可持续生计"（sustainable livelihoods）的概念（Scoones, 1998；Ellis, 2000；Chambers, 1992），指的是当个人或家庭暴露在自然环境、市场、政策等因素造成的风险性环境中时，他们基于所拥有的生计资本所采取的生计方式的决策，是一种以人为中心、环境友好型的、缓解贫困的建设性工具（Ashley, 1999；Martha, 2003）。在诸多提出可持续生计研究框架的机构中，以英国国际发展署（DFID）提出的可持续生计框架（sustainable livelihood framework, SLF）[①] 的影响最为广泛（Krantz, 2001；Scoones, 2009）。该框架细化了脆弱性环境中政策、组织等对农户生计的影响，认为生计策略形成的基础是农户的资产禀赋，农户为

---

① 该可持续生计框架将农户家庭所拥有的资源与禀赋划归为五类生计资本：人力资本，包括家庭劳动力规模以及他们所拥有的知识技能存量；社会资本，包括家庭实施生计策略所能支配的社会资源，包括各种社会关系网络等；金融资本，包括家庭所能用于支持生产活动的现金以及可获得的借贷资源；自然资本，一般指的是自然资源，主要为土地、水和具体的生态系统等；物质资本，除却自然资本以外用于生产的物质性材料，如基础设施、生产工具、相关的耐用品等。

了满足其生计目标，在脆弱性环境中谋生，其为可持续生计提供了一套单独的、可共享的发展规划方法，可指导生计策略和单个家庭的限制条件分析（宋璐、李树茁，2017）。

利用上述框架，Hesselberg 和 Joseph（2006）、Knutsson 和 Ostwald（2006）分析了贫困群体的生计脆弱性和生计安全问题；Nesar Ahmed 等（2010）针对孟加拉国限制沿海贫民过度捕捞对虾、保护生态系统的禁令，分析沿海贫民的生计资本问题。

国内学者同样利用可持续生计框架开展了大量研究。主要探讨了贫困与扶贫问题、失地农民问题、生态补偿问题等。李小云等（2005）发现，农村贫困人口的自然资本极易受到外界因素的冲击，在面临风险时，他们所拥有的物质资本转换性低、金融资本积累缺乏弹性、人力资本投入的能力较弱、社会资本存量较少；进一步通过对农户家庭生计资本加以量化研究，得出的结论是，不同群体的生计脆弱性具有差异性。而导致农户脆弱性的直接原因之一就是生计资本的单一倾向或者缺乏多元性；陈传波等（2005）结合可持续生计分析框架，将农户的各类资源、收入、消费、福利以及相应的制度安排纳入可持续生计分析框架体系之中，认为多重风险将更容易使得贫困农户陷入恶性循环；张丽萍等（2008）得出结论认为，构建山地农牧区可持续生计的核心，是实现非农活动为主的生计多样化。赵雪雁等（2013）、李军龙（2013）结合可持续生计分析框架，探讨了现有的森林生态补偿方式在提高农户生计能力方面起到的作用，结论是这些补偿方式作用有限。

（二）返乡农民工的生计资本对其生计策略的影响

生计策略（livelihoods strategies）是可持续生计研究的具体应用，依据英国国际发展署（Department for International Development, DFID）提出的可持续生计分析框架，生计策略是指人们为了实现自身的生计目标而制定的活动和选择的范围以及组合方式。

Glavovi 和 Boonzaier（2007）基于可持续生计的概念讨论了贫困问题与发展问题，认为贫困地区亟须通过建立可持续生计策略来实现发展。Narain（2009）以印度地区作为调查的样本区域，发现当地农民在失地后通过多种方式来改变既有的生计策略，例如烧砖、经营商铺、跑运输、租赁房屋赚钱等。苏芳等（2009）在张掖市甘州区开展调查并分析，证明了农户所拥有的不同生计资本，会对他们生计策略的选择产生差异性影响；张大维（2011）以连片特困区为调查区域，以农户资本作为贫困现状评价的指标之一，证明了在某种程度上，农户家庭采取的生计策略受到其所拥有的生计资本的数量与结构的直接影响。苏芳（2012）则认为各农户拥有不同的生计资本，会导致他们在遭遇风险时采取不同的应对策略。为了增强农户应对风险的能力，可以采取增加金融资本、提高人力资本等措施。道日娜（2014）认为，农户户主高中教育程度与生计多样化选择负相关，农户社会交往的职业种类与生计多样化正相关。李丹等（2015）也发现，水库移民的不同生计资本变化的组合导致不同的生计策略。伍艳（2015）则发现，资金和技术缺乏成为农户调整生计策略的制约因素。乌云花等（2017）也认为，社会资本对牧民的生计策略选择有极显著影响。

国内外学者以农户的生计资本为框架核心，对农户生计资本与贫困脆弱性、生计资本与土地利用等方面进行了大量理论探索及实证研究，并认为对于那些相对拥有更多资本的人群来说，他们通常拥有更多的选择机会，并在面对外部环境的冲击或胁迫时拥有更强的应对能力，能迅速地发现机会并加以利用，从而更好地保障其生计安全（徐定德，2015）；相对来说，那些生计资本匮乏的人群往往表现出缺乏开发替代生计资本能力，例如无法寻求替代资本，从而导致应对生态环境约束的缓冲能力不足，对区域生态环境的改善造成冲击和压力（Soini，2005；Koczberski，

2005；Bradstock，2006）。

上述文献从不同的视角对生计资本影响农户的生计策略进行了分析，丰富了可持续生计分析框架下的农户生计策略选择问题的研究。在本书中，我们将研究的对象聚焦于农户中的返乡创业农民工家庭。在这一群体当中，创业正是他们最重要的生计，在创业过程中所选择的业态是他们生计策略组合集中的具体形式。返乡创业农民工以创业活动为谋生手段，其收入来源主要依赖创业所获得的收入，其家庭劳动力投入也主要围绕创业活动进行。三峡库区是典型的生态环境脆弱区，三峡库区中的返乡农民工家庭是三峡库区中主要的经济活动主体之一，返乡创业的农民工家庭所拥有的生计资本有助于实现其所选择的生计策略。比如，返乡农民工的人力资本有助于其在创业准备阶段作出合理的决策（邹芳芳、黄洁，2014）；而社会资本是推进创业实践的关键动力，是创业者获取创业实践中关键资源的重要渠道之一（秦剑、张玉利，2013），其不仅为创业实践构筑充裕的资源基础，甚至为创业者带来资源、信息与情感支持（韩炜等，2013）。这意味着生计资本作为返乡农民工选择生计策略的基础条件，在其创业过程中扮演着重要的角色（Florin，2003；杨俊等，2009）。

（三）社会经济环境与返乡农民工生计

随着经济全球化的发展，社会经济环境对返乡农民工生计的影响程度日渐显著，甚至其影响程度已超过自然环境因素。Jha 等（2011）从农产品价值链的角度，认为政府以及私营贸易组织运用政策调控的手段，例如调节农业生产模式、约束农产品价格及贸易，从而直接对农户生计产生影响，这类影响甚至超过了自然环境的影响。Bouahom 等（2004）则认为，在市场经济背景下，相对农户所拥有的自然资源禀赋，农户是否能及时把握市场机遇显得更为重要，即市场的力量成为影响返乡农民工生计的主要因素之一。

Barbier（2010）则认为，国家宏观经济的衰退会进一步引致农户贫困，其中对人力资本投资的不重视以及金融信贷支持的缺失是导致农户生计贫困加剧的根源所在。

总的来说，随着社会经济的发展，返乡农民工生计越来越少地单纯依赖于环境资源，体现出越来越依赖于人力资本、金融资本等社会经济资源，而这也同时要求返乡农民工具备更高的素质与能力，否则将阻碍返乡农民工参与和分享经济发展成果，不利于社会公平的实现以及社会结构的优化。Carla 等（2001）研究了非洲干旱对家庭生计的影响，结论是为了应对大规模的干旱对生活及生产的影响，妇女逐渐成为家庭生计和风险管理者，也由此使家庭的劳动生产率得到提高。Glavovic（2007）认为，政府通过制定相关政策以及通过政府的管理行为会极大程度地影响生计建设。而从当前的情况看，针对返乡农民工生计发展这一问题，政府在制定的政策及实施中均存在不足。无论是农业集约化还是生计多样化政策，在持续性提高农户生计上可发挥的作用是有限的（Swinton，2003）。

（四）返乡农民工生计脆弱性

生计脆弱性是指个人或家庭生计在遭遇风险时所表现出的抵御能力不足，主要包括遭受风险冲击的可能性大小和抵御风险冲击能力两个方面（刘进等，2012）。一般认为，若返乡农民工具有较强的生计抵御风险能力，则表明其生计脆弱性程度较低。张国培、庄天慧（2011）以云南地区为例，讨论了自然灾害对农户生计贫困及脆弱性的影响，并定量化分析了其主要影响因素。许汉石和乐章（2012）认为，家庭生计脆弱性在一定程度上由家庭生计资本禀赋差异所决定。Tacoli（2009）等通过研究得出结论，认为不同脆弱性生计类型人口会因极端天气事件受到不同的影响。Morand（2012）的研究结论则是，针对极端天气，具有不同脆弱性生计类型家庭往往会采取不同的风险适应性策略加以应对，例如非洲渔民为了应对极端天气对其主业造成的影响，往往采用空间离散化、多元化策略甚至迁移策略，来达到降低生计脆弱性的目的。总而言之，由于不同地区已经出现的环境退化现象，使得农户生计脆弱性进一步增加，而又由于适应能力不足导致农户最终生计丧失（Baca，2014）。总体来说，返乡农民工自身具有差异性，环境的变化会对他们造成差异化的影响，由此体现出差异化的生计脆弱性。但同时不可忽视的是，如果缺乏有效的统一管理和规划，任由返乡农民工进行自发的生计重建，极有可能加剧对环境的破坏。返乡农民工往往基于经济理性追求自身利益最大化。而这一个体行为聚合后往往出现集体的非理性结果，从而导致环境被加速破坏。对于那些生计模式单一且过度依赖环境资源的地区，这一现象尤为严重。但总的来说，目前该方面研究较少，有待进一步加强。

（五）返乡农民工生计的多样化和非农化

返乡农民工通过多样化、非农化的生计方式，甚至是迁移等策略的组合来实现其生计目标，通过以上策略组合帮助返乡农民工维持其生计安全能力，并提高他们的生活福利水平。农民工通过生计的多样化、非农化的转变，降低对农业生产方式及土地等环境资源的依赖，也降低了他们的生计脆弱性，更从容地应对外界环境压力，是适应气候变化的重要应对策略，这样的策略能够帮助返乡农民工实现可持续生计，分散风险。针对农户生计研究，国外学者侧重于从社会经济因素的角度描述其对生计转变的影响，例如农产品贸易、农业生产模式和农业生产补贴政策等。Bebbington 等（1999）开展了基于农户资产及综合运用能力的研究，得出的结论是农户若希望提高其生计能力，社会资本在其中起到决定性作用。Glavovic 等（2007）在研究贫困的可持续生计建设问题时，指出以生计的可持续发展为目标，政府制定相关政策并且实现强有力的干预将是实现该目标的重要保障。例如国家政策规定，将原本归属于国家所有的自然资源产权转变为个人所有制形式，将提高自然资源的利用效率，真正实现自然资源的可持续利用。Jha 等（2011）认为农户家庭进行可持续生计的主要基础包括：自然生态系统、收入的增加、人口迁移、环境保护教育等，但其忽视了市场因素的影响。Bouahom（2004）得出的结论是，相对于自然资源，市场这一要素在生计多样化、生计非农化过程中将起到更为重要的作用。开放的社会经济系统中，随着更多替代性资源的出现，农户对自然资源这类单一资源的依赖将逐步减小，从这个角度上看，社会—经济背景在一定程度上让返乡农民工的生计重建进程获得了重塑。

此外，农民工外出务工时减缓了当地的环境压力，有利于改善当地的生态环境，同时在外务工的农民工将其劳务所得汇款至家乡使得农村收入增加，能够促进农村的发展。但不可忽视的是，随着众多农民工外出务工，农村劳动力的减少，荒地不断增加，传统农业被彻底抛弃、亦破坏了传统生计模式，甚至原本充满历史底蕴的村落社会文化、不可复制的人文景观也逐步消失，乡土文化出现断裂。总之，返乡农民工生计的转变及建设是一个复杂的系统性问题，牵涉面广，涉及自然、社会经济、文化、制度等多方面因素，当以上各种影响因素出现在不同层次的自然—社会经济系统中时，又会体现出不同的作用机制，例如当谈及政策的尺度及政策的效应问题时，目前所探讨的返乡农民工生计建设发展的重心主要停留在微观层面，而事实上国家所制定的宏观层面政策也对农民工生计会产生重要影响，这一点很容易被低估。总的来说该方面的研究有待进一步深化，加强实证研究。

二 个人特征对农民工返乡创业影响研究

创业者是创业活动的主体（Shane & Venkataraman，2000），企业家个人特征被认为是影响其创业行为的首要因素，年龄（Rees &

Shah，1986)、性别（Rosenthal & Strange 2012；刘鹏程等，2013)、种族（Cooper & Dunkelberg，2009)，甚至宗教信仰（阮荣平等，2014）都可能对个人的创业选择产生影响。Entwisle（1995）等从性别角度出发，发现绝大多数的农村创业者为男性，性别这一因素对创业活动产生显著影响。

早期经济学家已经开展对创业者人格特质的研究，如 Knight（1921）将创业者比喻为冒险家，把他们的创业行为视作一种冒险；陈波（2009）就认为农民工具有不同的风险偏好程度，这也将影响他们回乡后的创业选择行为。而 Richers（1934）认为创业者普遍具备一些鲜明的人格特质，例如他们总是有创新意识、追求成就感以及具有控制力等。在学术界的早期研究中，众多学者的关注点在成就导向、风险偏好程度（Kihlstrom & Laffont，1979；Parker，1996)、控制力、自主力以及创新意识等人格特质方面，由此发现创业者与非创业者两个群体所存在的差异性（Mcclelland，1982；Rotter，1966；Mescon & Monanari，1981)。Kaushik 等（2006）则认为，农民创业技能和创业态度是影响农民创业的主要因素。Wolf（2017）和 Papzan 等（2008）提到，个人技能、管理技能、机会识别能力、市场风险预测与控制、危机意识、创新能力、合作精神等方面的特征都是决定农民能否创业成功的重要品质。基于马来西亚农民创业者的调查，Kader（2009）发现创业者的自信指数、创新能力和自助能力等个人特质是其能否获得成功的关键；另外他也提到，创业者勇于承担风险，并且通过努力的工作，不断创新，获取市场机会来获得创业回报。这一研究结论也与先前的一些研究结果是一致的（Yusuf，1995；Wijewardena & Tibbits，1999)。Pyysiäinen 等（2006）通过芬兰农场主的案例研究表明，当创业环境发生变化时，创业者的核心技能显得至关重要，这意味着创业者处理事务的能力决定其创业效果。Mcelwee 和 Bosworth（2010）与 Morgan 等

(2010)认为影响农民创业成功的关键因素中,创业者良好的心理特质及过硬的创业技能必不可少。

三 人力资本、社会资本对农民工返乡创业影响研究

(一)人力资本积累与创业及收入

自从 Schultz(1961)提出人力资本理论以来,学者们就人力资本影响创业的研究方面积累了十分丰富的文献。Ma(2002)从人力资本视角对创业活动的作用进行研究,认为发展中国家劳动力回流,有助于促进农村经济社会发展。Haugen 和 Vik(2008)以挪威乡村业为调查对象,发现农民创业者的受教育程度普遍高于其他普通农民,即使是在职业身份认证的农业专业教育方面,也呈现出这种趋势。Kaushik 等(2006)以一个位于印度拉贾斯坦邦的农村社区作为案例进行研究,发现农村女性创业的概率随着受教育程度的提高而上升。Skuras 等(2005)以希腊、意大利、葡萄牙以及西班牙等四个国家中的不发达地区为调查样本,得出的结论是,对于农民创业成功,背后有几个关键性的因素发挥着作用,这些因素包括接受正式教育、针对性的培训以及创业者自身工作和管理的经历。除却在校教育形成人力资本之外,Lucas(2004)提出人力资本是由教育和"干中学"(learning by doing)所形成。并有学者认为,这二者之间存在交互作用,并且从收入回报率的角度上看,"干中学"的回报率可能会高于通过教育培训的回报率(吴炜,2016)。Pelloni(2006)通过一项针对意大利山区的调查,也认为对于农民创业来说人力资本极其重要,那些接受了高等教育以及有着类似经历的农民创业者,有着更卓越的个人才智以及管理能力,使其有更多机会获得外部的资金支持,进一步完成企业发展。Stathopoulou 等(2009)则认为,落后农村地区的农民创业者较少有机会接受正式教育或者系统化培训,他们大多数的知识是通过非正式的学习获

得；因此，对他们而言，他们之前的服务经历或者创业的经历就成为经验积累的重要途径，这些将有助于他们其后的创业实践的有序展开。先前经验在农民创业者识别创业机会、进行创业决策、促进企业绩效提升等方面有着重要的影响（Shane，2004；Delmar & Shane，2006；Ucbasaran et al.，2009）。

在国内，还有学者就农民工人力资本对创业意愿（石智雷，2010；汪三贵等，2010；张广胜、柳延恒，2014；匡远凤，2018）和在创业过程中政府支持可获性（陈昭玖、朱红根，2011）的影响进行了讨论。显然，众多学者对人力资本影响农民工的收入进行了分析，并且也分别就人力资本的各种积累方式对创业的选择、效率等进行了讨论。值得注意的是，通过运用实证研究方法进行讨论发现，人力资本对创业绩效尤其是收入的影响既有正向肯定（张世伟等，2010；李实、杨修娜，2015；程名望，2016；崔玉平、吴颖，2017），也有持相反意见的（Stuart & Abetti，1990；Duchesneau & Gartner，1990；Gimeno et al.，1997；王海港等，2009；周世军等，2016），没有得到结论性的共识，尚有很大的探讨空间，有必要采用微观调查数据就返乡农民工的人力资本积累影响创业收入进行进一步检验，从而为提高返乡农民工创业收入、开发劳动力质量红利和制定人力资源开发政策提供决策参考。

（二）社会资本与创业选择、创业绩效

社会资本具有"资本"的基本属性，其通过嵌入普通社会的人际关系之中，能为该资本的所有者带来预期收益，或者通过某种方式提供便利的资源（Bourdieu，1985）。与成熟市场比较，为了最大程度减少由于制度不足、市场尚未完善所带来的不确定性，获得自我优化和发展，在转型经济中的市场主体往往依赖于自身所拥有的社会资本（Peng & Heath，1996；Xin & Pearce，1996）。往往初创企业的成长和其所拥有的社会资本二者之间存在正向相关性（Hansen & Wernerfelt，2010）。李雪莲等（2015）考察了公务员背景的中国家庭在创业中的表现，发现公务员家庭的寻租动机使得家庭职位背景对创业选择具有显著的正向作用。社会资本不但为初创企业提供前期发展所需的基本创业资源和信息（Watson，2007；Lans et al.，2008；Hansen，2011），而且使其通过模仿学习获得创业能力和机会（Ozgen & Baron，2007；朱红根、解春艳，2012；郭红东、丁高洁，2013）。比如，Djankov 等（2006）就提出中国企业家一般拥有同样也是企业家的家庭成员或者小时候的伙伴。

由于创业先行者具有榜样作用，农村地区过去的创业传统会对后面欲开展创业的农民自然产生影响（Esteban，2007）。张玉利等（2008）发现，广泛的社会交往、高层次的关系网络在帮助创业者发现新的创业机会方面有着不可替代的作用。蒋剑勇和郭红东（2012）的研究也表明，农民的创业意向会随着其周围家人、亲戚或朋友的成功创业案例的增加而得到增强，其所处的社会关系网络的支持能够进一步增加农民创业的信心。创业者可以通过社会资本获得大量资金、信息等外部稀缺要素进而提高创业行动效率（Brüderl Preisendörfer，1998；Liao & Welsch，2005）。黄洁（2010）、苏岚岚（2017）等研究发现，农民创业者的社会资本对农村微型企业初创效果有显著的正向影响。Yael（2004）选取了加拿大安大略省 3 个偏远农村社区作为调查样本，并得出结论：内聚型社会资本有其天然的优越性，农民创业者乐于分享市场信息、并有助于提高其创业技能，甚至可以获取关键的有形资源，这都有助于企业经营业绩的提升。Besser 和 Miller（2013）通过调查美国农村创业者，认为农村企业的创业绩效受到桥梁型社会资本的影响；社会资本丰裕的情况下，更能帮助创业者降低其员工流失率和运营成本，并在资金筹措甚至提高客户黏性方面有所助益。为了获得创业成功，中国农民同样严重依赖自身的社会资本（蔡莉等，2013；郭铖等，

2017；马良等，2017）。这是因为社会资本中广泛的关系网络对获取行业信息和有效客户资源起到至关重要的作用（马光荣等，2011）。金迪、蒋剑勇（2014）认为对于一个新企业而言，创业者通过个人网络或者商业网络所累积的相关信息、经验以及物质资源能正向影响企业的运营。

四 外部环境对农民工返乡创业影响研究

（一）政策支持与返乡农民工创业

Yusuf（1995）的研究认为，政府是否提供强有力的创业政策支持，直接影响创业成功与否。政府的政策环境影响创业及创业企业成长（Klapper，2006；陈文超等，2014），Hildenbrand（2008）指出，实施一个好的农村创业策略，不仅有利于帮助农村地区的非农产业发展，促进其产业多元化，同时也能够保留农民的身份。Fortunato（2014）认为，农民的创业活动对农村经济转型有极大的促进作用，其能够创造出更多的就业机会，并挖掘当地农民的潜力。North 和 Smallbone（2006）走访了 10 个偏远农村，涵盖德国、希腊、波兰、葡萄牙和英国等，根据其调研得出结论，各个国家推行的农村创业政策在效果上有着明显差异，这些差异主要受到地方政府在政策干预经验方面的影响，同时也和该创业政策是否符合当地实际情况相关。特定地区制度环境对该地区创业效果具有显著影响（Manolova，2008；Stenholm，2013）。Kader 等（2009）在马来西亚 5 个州中选取部分参与"一区一产业"项目的农村企业作为调查样本发现，这些企业之所以获得成功，关键外部因素之一就是当地政府的推动和支持。Tate（2010）以英国什罗普郡农场主为调查对象，使用 1997—2009 年的面板数据，得出结论为农民的创业行为普遍受到了欧洲农业和政策环境变化的影响。吴磊和郑风田（2012）主要关注创业环境对于农民工返乡创业选择的影响，调查结果表明，政策环境对农民工返乡创业选择有显著影响。政府支持力度（张应良、汤莉，2013）是影响农民创业绩效的重要因素；政策支持能通过减少农民创业者在创业时的交易成本，降低创业风险，从而提升他们的创业意愿（朱红根，2013）。与之相反，税负则对小微企业的创业效果起到负向作用（史达、朱荣，2013）。政府支持创业政策的不断完善，其通过创业效果的提高，进而强化返乡创业农民工正向的心理状态（Edoardo，2015）。

（二）区域环境与返乡农民工创业

在社会环境方面，区域经济发展水平、基础设施建设等外部环境特征会对创业者创业行为产生重要影响（Djankov et al.，2001；Glaeser & Kerr，2009；Ghani et al.，2013；陈刚，2015）。对返乡农民工而言，外部环境特征既可能蕴藏创业机会，有益于其创业行为，也可能对农民的创业活动形成约束（Stathopoulou et al.，2009）。

对于农村的经济发展而言，农村的基础设施既是其保障，也是重要的先决条件。具有相对完善的基础设施的农村地区，有助于当地企业提高其经营效率，并能够不断吸收引进新的创业企业（Fox & Porca，2001）。除此之外，随着通信技术的发展，不少学者就该技术可能对农民创业的影响进行了探讨（Galloway & Mochrie，2005；Labrianidis，2006；Noruwa & Emeka，2012）。另外，我国农村地区地域辽阔，差异化的农村地理位置也是影响农民创业活动的因素之一。越是地处偏远的农村地区，通常其人口密度较低、基础设施相对薄弱、与目标市场接轨的情况更差，与城市郊区的农村地区相比，劣势较为明显。由此导致不同区域的农民创业成效亦有较大的差异（Pelloni，2006）。地理位置靠近大城市的农村地区，其得天独厚的地理优势与城市地区形成互补的联系，并借由"借用规模"效应共享核心城市生发的货币型外部经济以及技术型外部经济（Phelps et al.，2001）。

（三）信贷的可获得性与返乡农民工创业

Evans 和 Jovanovic（1989）结合美国的调查数据分析后得出结论，创业者的财富水平显著正向影响其创业选择。郑风田等（2006）也论证了资金短缺成为制约农民创业的关键因素之一，（Afrin et al.，2009；Alemu，2017）认为农民创业是否成功与能否获得信贷支持有着紧密的联系。国内外学者对创业融资问题有着较为全面的讨论，Sanchez（2001）估测了个人通过正规或非正规渠道获取贷款的概率。Heino（2006）证实了墨西哥微小初创企业的启动资金市场中存在流动性约束。而在我国，农村信贷市场存在明显的金融约束，超过60%的农户遭遇金融约束（张应良等，2015），西部地区甚至达到75.37%（徐璋勇，2014）。爱德华·肖（1988）认为，发展中国家所存在的货币化程度不高、客观存在的二元金融结构、政府对金融的过度管制、不完全的金融市场是农户面临金融约束的主因，使得他们在金融市场上的议价能力处于下风，无法从正规信贷渠道获得足额资金。正规金融机构倾向于为素质高、经验丰富、个人资产较多的农民提供贷款（肖华芳、包晓岚，2011）。金融资源是家庭创业的重要因素，如果遭受金融约束，创业者的创业水平将受到严重影响（Evans & Jovanovic，1989；卢亚娟等 2014），Van Praag（2005）的研究发现在创业阶段初期的资金约束对初创企业的生存和后续发展存在显著的负向影响。Parker 和 Van Praag（2006）在对荷兰企业调查的基础上，构建了一个金融约束的连续变量来研究金融约束对企业家经营绩效的影响，研究结果表明金融约束放松与平均经营收入的增加存在显著的正相关关系。Rajan 和 Zingales（1998；2003）发现，如果区域金融较为发达，将直接促进新企业的增加和成长。Bianchi（2010）认为，融资的便利程度越高，越能促进该区域中的创业者实现自我经济上的成功。而 Hvide 和 Møen（2007）通过对挪威家庭的创业经营进行研究，结果发现金融约束与企业经营绩效之间呈现 M 形关系，这一研究结论表明过于充裕的流动性并不一定对创业企业绩效的增加有好处。

而就我国的创业情境而言，获得银行贷款的农民工更易获得较高的创业绩效（赵德昭，2016）。张海宁等（2013）的研究也发现，相对于城镇家庭的创业，农户会遇到更严苛的金融约束，如果对其进行缓解，将有可能获得边际效用更高的创业收益。

刘杰和郑风田（2011）在对金融约束进行分类的基础上研究其对农户选择是否创业与具体创业类型的影响，发现金融约束对我国农民创业业态选择具有显著的、一致的阻碍作用，但是正规金融约束与非正规金融约束对创业业态选择的影响上存在差异，正规金融约束对农户创业产生抑制作用，而非正规金融约束则不对农户的创业产生显著影响。但与此相反的是，Beck 等（2015）在使用中国农村家庭的调查数据进行讨论后发现，正规金融在对企业发展方面的推动力有限，而非正规金融则有力促进了中国农村地区的小微企业发展。张海洋和袁雁静（2011）研究发现，农村地区新型融资渠道和方式的增加，不但有助于提高创业发生率，而且能够提高农户的创业成功率。但是，也有文献通过实证讨论后认为，金融服务环境的改善并不必然提高农民的创业绩效（朱红根等，2015）。为缓解农户所面临的金融约束，学界提出一些创新的融资方式，例如立足于农户现有的人际网络，提供联合担保贷款（张海宁等，2013）、发展集团授信（Group Credit）、土地抵押贷款等（平新乔等，2012）。

第四节 本章小结

作为全书研究的基础，本章对农民工返乡创业的相关理论和研究脉络进行了基本回顾。围绕研究主题，本章首先回顾了国外经典理论，包括可持续生计理论、创业理论、人力资本理论、社会资本理论等；可持续生计理论为本章的开展奠定了理论基础，本书的展开将着重围绕可持续生计理论进行。

在可持续生计视角下，作为农户中的特殊群体，三峡库区返乡农民工基于脆弱性背景，结合相应的政策、制度和措施，以自身所占有的有限的生计资本作为可持续生计框架的核心，对自己创业的业态选择进行决策，从而产生相应的生计结果。从这一角度上看，可持续生计分析框架完全适用于本研究的分析。具体地，返乡农民工创业问题的可持续生计分析框架主要由脆弱性背景（创业的内外部环境）、生计资本（返乡农民工个人占有的资源禀赋）、生计策略（创业业态）、政策及制度过程（政策支持）、榜样影响（氛围作用）以及生计结果（创业水平等）构成。

梳理和总结了国内外相关文献，并指出相关研究的不足。改进与完善现有文献，是本书研究的重要切入点。返乡农民工创业，是一个被人口经济学、农业经济学、社会学、政治学等各学术流派正在展开热烈讨论的话题。如何在这其中另辟蹊径，需要站在文献这个"巨人"的肩膀上进行不懈的努力。因此，在搜集和整理国内外相关文献的基础上，对基本概念进行厘清，分析各研究领域对这一话题的讨论成果，是积累研究基础的关键一小步。

现有文献在农户生计资本与生计策略关系方面的讨论较为全面，已经取得较为丰富的成果，对脱贫地区农户的生计改善和提高返乡农民工创业绩效方面有着较强的借鉴意义。但是我们也注意到，类似于三峡库区等脱贫且生态脆弱的地区的返乡农民工在进行创业等家庭生计改善活动过程中，与其他地区不同，他们不仅面临自身禀赋的约束，同时还遭遇外部生态环境的硬约束。这与其他地区有着较大的区别。现有文献主要集中于讨论普通农户生计资本对其生计策略选择的影响，而对于返乡农民工创业影响因素识别鲜少涉及。创业的具体业态，作为返乡创业农民工所选择的生计策略，同样受其自身占有的资源禀赋所制约。农民工既具有农民的职业特征，又兼有产业工人的职业属性，从可持续生计视角分析返乡农民工创业问题，一方面有利于延伸和拓展农民工生计问题研究的内涵，另一方面更利于厘清微观层面上个体农民工进行生计选择与宏观层面上的政策效果二者之间的联系，这样的分析及讨论可以成为返乡农民工在生计选择相关问题研究方面的有益补充。

同时，由于国情及发展水平的差异，国内外对农村地区创业问题研究的侧重点不同，国外文献不但关注经济社会环境对创业活动的影响，也进行了外在自然环境对创业活动的制约研究，并且认为，创业活动可以创造新机会解决环境与社会经济问题；国内对农民工返乡创业的影响因素研究相对较成熟，并对经济社会环境影响农民工返乡创业活动进行了探索，侧重关注农民工返乡创业的社会效益，但忽视了区域自然环境保护如长江上游地区大规模生态环境保护对当地返乡农民工创业效果的胁迫影响，尤其是生态环境脆弱、脱贫成果不稳定、居民家庭收入来源单一的三峡库区生态环境保护对当地农民工返乡创业效果的影响尤为显著。因此，在可持续生计视角下讨论三峡库区的返乡农民工创业问题，能够较好地拓展现有文献的研究成果，并对创业研究特别是返乡农民工创业方面的研究形成较好的补充。

第三章

三峡库区返乡农民工创业的外部环境分析

我们在可持续生计视角下讨论三峡库区返乡农民工创业问题，绕不开创业活动与该地区特殊的经济及自然环境之间的关系。为此，本章内容将通过数据比较呈现三峡库区返乡农民工的创业环境，包括三峡库区的经济及产业发展的变化趋势，区域自然生态在时间上的变化，以及区域农地资源及其变化。此外，本章还着重分析该样本地区的经济环境与自然环境对返乡农民工创业存在的潜在影响，为后面的深入研究提供分析的基础。

外部环境是否是直接影响区域创业活动的根本原因，取决于区域的自然环境、社会经济背景、农户的应变能力、农户可供考虑的选择方案和各种机会成本等多元化因素影响，因此需要结合外部自然与社会环境的脆弱性来对影响返乡农民工的原因进行分析。环境压力触发了自然生态系统服务支持功能的退化，结果导致社会经济系统脆弱性增加，其潜在结果是引起了一系列的生计问题。在评价极端的自然灾害事件的严重性的大小与受其影响人口的生计脆弱性高低呈正相关。这也表明，外部环境变化与区域生计活动具有明显的地域性差异，欠发达地区的生计活动更易受环境变化的影响。总而言之，生计活动是区域自然环境及社会—经济系统相互作用的共同结果,不同地区由于自然环境、社会经济环境等的差异,环境变化对地区生计活动的影响存在显著差异。

第一节 样本区域界定

三峡库区位于北纬29°—31°50′、东经106°20′—110°30′的长江流域腹心地带,四川盆地与长江中下游平原的结合部,东南、东北延伸至鄂西,西南与川黔接壤,西北与川陕相邻,跨越鄂中山区峡谷及渝东北岭谷地带,北屏大巴山、南依川鄂高原。三峡库区因三峡工程而成,由于三峡水利水电工程的建设,致使沿三峡工程以上的大片长江流域被淹没,沿长江西起重庆市江津区,东至湖北省宜昌市夷陵区。

当前,针对三峡库区范围界定的文献主要有两种,一种范围界定的依据是因三峡工程建坝蓄水而被淹没的部分长江流域,涉及重庆市和湖北省两省市的26个区县,其中湖北4个区县,重庆22个区县。当三峡库区蓄水位为标准蓄水位175米时,库区西起重庆市江津区,东至宜昌市夷陵区,东西跨度长达600千米。以标准水位蓄水后淹没的范围来界定三峡库区,其研究的重心在于库区的地质灾害预警与防治、生态环境建设与保护等综合整治方面。由于以淹没范围这一定义所界定的三峡库区范围较广,不同区域的经济社会水平和资源环境禀赋差异较大,所以国家从区域发展的特殊性出发,将三峡库区划分为库首、库腹、库尾三大区域。库首区域即三峡库区湖北段(简称湖北库区),涵盖恩施州的巴东县和宜昌市的兴山县、秭归县、夷陵区4个区县;库腹区涵盖万州区、涪陵区、丰都县、武隆区、忠县、开州区、云阳县、奉节县、巫山县、巫溪县、石柱县11个区县;库尾区涵盖渝中区、大渡口区、江北区、沙坪坝区、九龙坡区、南岸区、北碚区、渝北区、巴南区、江津区、长寿区 11 个区。库腹区与库尾区共同组成三峡库区重庆段（简称重庆库区）。

另一种界定依据以移民工作为核心。在这一界定中，三峡库区一般只包含湖北 4 区县和重庆 15 区县等移民人数较多的区县，共计 19 个，而将移民数量少的重庆主城中 7 个城区排除在库区范围之外。以移民工作界定三峡库区，一方面缩小了库区范围、减少了库区建设资金摊薄情况，另一方面加强了库区移民统一管理和政策制定。此外，库区内部分区县属于秦巴山区和武陵山区连片特困区域，经济水平落后、居民基本生活保障欠缺，而重庆主城区经济社会发展水平处于西部领先地位，库区 19 区县与重庆主城区存在经济、社会发展水平梯度差，因此在界定三峡库区受援区县范围时，《全国对口支援三峡库区合作规划（2014—2020 年）》对三峡库区的范围界定采用移民工作标准，即文件中的受援区县为 19 个县（区），包括湖北省宜昌市夷陵区、秭归县、兴山县，恩施土家族苗族自治州巴东县；重庆市巫山县、巫溪县、奉节县、云阳县、万州区、开州区、忠县、石柱土家族自治县、丰都县、涪陵区、武隆区、长寿区、渝北区、巴南区、江津区。在这一界定中，库区同样按照前述标准对库首、库腹进行划分，而在库尾中对无移民安置任务的 7 个主城中的区剔除。

从上述界定三峡库区的标准中可以看出，由于研究对象和关注领域的不同，三峡库区的范围存在着一定的差异。但是针对经济增长、社会发展、民生改善问题特别是针对返乡农民工创业问题时，显然不能将经济发展水平较高的重庆主城中的 7 个城区与经济发展水平较低的库腹与库首地区相提并论。因此如果没有特别的说明，本书的样本群体主要是《全国对口支援三峡库区合作规划（2014—2020 年）》中所界定的三峡库区范围内的返乡创业农民工，统计口径亦与此范围保持一致。

本部分的分析按照国家对三峡库区的区域划分标准，即把三峡库区划分为三大区域，包括库首、库腹、库尾，基于此开展对三大区域的农民工返乡创业问题研究。以期使得本研究所得结论尽量符合现实情况，为库区返乡农民工创业发展提供有益的借鉴。

第二节　三峡库区的独特性

三峡库区因修建三峡枢纽工程而产生，位于长江流域腹心地带，其区域范围按照受三峡工程淹没影响的地区计算，区域面积约5.8万平方千米，跨重庆与湖北两省市。其与传统的自然地理、人文地理、经济地理、流域生态学等划分的地理和生态单元以及根据区域经济、空间经济、产业布局结合自然地理划分的经济单元不同，三峡库区作为一个有着鲜明特点的独特的地理单元，形成别具一格的"五位一体"体系，同时也是一个复合巨系统。

第一，具有高行政级别的政治独特性。三峡工程经国家最高权力机关审议通过，是迄今为止唯一经全国人大审议通过的建设项目，国内外其他工程难以比拟；三峡工程建设委员会办公室直属国务院，是开展三峡工程建设和移民工作的高层次决策机构，由国家领导人（国务院总理或副总理）直接负责管理。

第二，具有典型的空间区域二元结构的经济独特性。库尾地区经济高度发达，经济体量大，经济服务化程度高；而库腹、库首地区经济发展落后，人口密度大。是我国国家级、省级重点脱贫连片区域，存在较高的脱贫人口量。

第三，具有移民问题复杂的社会独特性。库区移民规模巨大，截至移民任务完成后的2011年底，三峡库区搬迁安置城乡移民总量达到129.64万人，创下世界水利水电工程移民之最；截至目前，包括政府组织外迁、自主外迁，全库区共外迁农村移民16.6万人，安置范围扩大到库区以外的全国10个省（直辖市）；全国对口支援库区移民规模空前，支援方包括21个省（区、市）、10个大城市、国家有关部门和单位[①]；库区移民还面临缺少合适移民安置地点和移民配套保障体系复杂等难题。

第四，生态系统功能复合交叉和融合集中的环境独特性。三峡水库是我国最大的战略性淡水资源库，其回水末端紧邻长江上游珍稀特有鱼类国家级自然保护区，堪称生物多样性的宝库，也是许多濒危珍稀动植物的家园。而库区下接中下游江湖复合生态系统，是长江流域生态环境保护和修复的主要控制节点，对于流域生态环境变化和江湖关系演变具有重要调控作用，维系着整个长江流域的生态平衡的稳定。

第五，多个地理单元交接的地理独特性。三峡库区分别是我国地势第二、第三阶梯的交接区，是长江中上游的交接区，是秦巴山区和武陵山区的交接区，是渝、鄂、川、陕跨省市交接区。三峡库区所呈现出来的这种多元的交接区在某种程度上造成了三峡库区的历史地理、自然地理、人文地理、经济地理等多元化与边缘化的特殊性。

在中国乃至世界范围内，三峡库区是最具有代表性和典型性的特大型水利水电库区，库区独特的地理单元内自然、经济、社会、历史等多重因素相互叠加，库区经济发展与生态环境建设任务重、难度大、要求高。

以三峡库区独特地理单元为载体，系统研究库区返乡农民工创业问题，在丰富和发展创业理论和促进交叉学科构建新研究范式的

---

① 国务院：《国务院关于全国对口支援三峡库区合作规划（2014—2020年）的批复》（http://www.gov.cn/zhengce/content/2014-08/26/content_9053.htm）。

第三节 三峡库区经济发展特征

一 三峡库区的经济总量变化趋势

由于在三峡工程上马前长时间讨论，库区基础设施在规划布局和推进建设方面均进度迟缓，经济发展受阻十分严重。2016年三峡库区地区生产总值7761.47亿元[①]，占全国GDP的1.04%。其中，湖北库区（库首）为860.3亿元，占当年全湖北省地区生产总值的2.63%；重庆库区（库腹、库尾）为6901.17亿元，占当年全重庆市地区生产总值的38.9%。根据《长江三峡工程生态与环境监测公报2017》显示，三峡库区2016年19个区县实现地区生产总值（GDP）7761.47亿元。人均GDP为5.25万元。其中重庆库区实现地区生产总值6901.17亿元，人均GDP为5.18万元，比当年重庆市人均GDP低0.61万元[②]。

从表3-1中可以看出，近年来，三峡库区的地区生产总值虽然保持基本平稳的增长态势，整体趋势与全国保持基本一致，但各年度增速明显高于全国水平（见图3-1）。

2016年，三峡库区地区生产总值累计增速季度间最大差距为0.2个百分点，而2014年和2015年的最大增速差分别为1.0和1.1个百分点，经济运行态势明显趋向平稳。

---

① 除了另行注释来源之外，本章中的数据均根据中华人民共和国环境保护部和国务院三峡工程建设委员会办公室发布的2011—2017年《长江三峡工程生态与环境监测公报》整理获得。

② 根据《重庆市2016年国民经济和社会发展统计公报》，2016年重庆市人均GDP为57900元。

表3-1　　　　　　　　三峡库区地区生产总值①

年份	全国国内生产总值（亿元）	三峡库区地区生产总值（亿元）	国内生产总值年度增长率（%）	三峡库区地区生产总值年度增长率（%）
2010	413030.3	3415.55	10.64	18.70
2011	489300.6	4444.66	9.54	16.88
2012	540367.4	5111.06	7.86	13.90
2013	595244.4	5708.26	7.76	13.20
2014	643974.0	6320.59	7.30	11.30
2015	689052.1	6992.06	6.90	11.10
2016	743585.5	7761.47	6.70	10.50

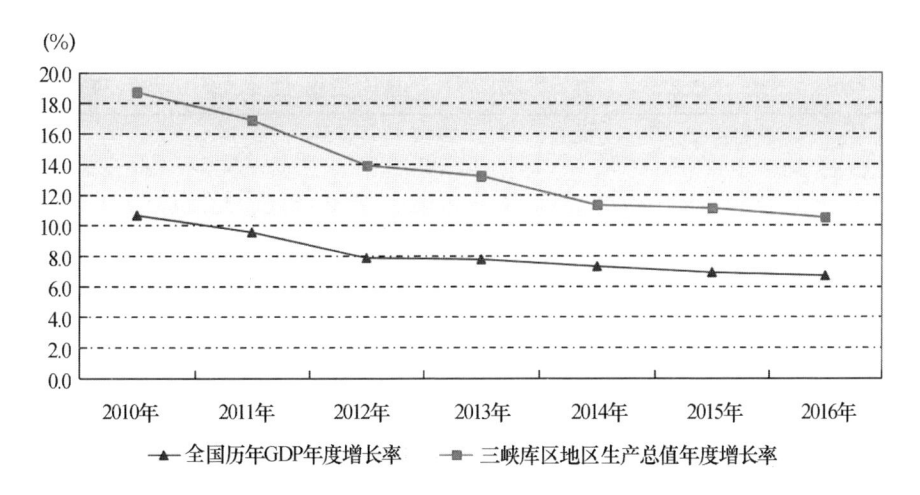

图3-1　三峡库区地区生产总值年度增长率

在区域比较方面，以2016年为例，重庆库区（库腹、库尾）

---

① 三峡移民搬迁安置工作完成前，经济统计口径及数据稳定性不足。2009年底，三峡移民搬迁安置任务如期完成。为了提高数据的可比性，本书中的宏观统计数据主要采用自2010年之后的统计数据。

地区生产总值为 6901.17 亿元，占当年三峡库区地区生产总值的 88.92%，湖北库区（库首）地区生产总值为 860.3 亿元，占当年三峡库区地区生产总值的 11.08%（见表 3-2）。

表 3-2　　　　　三峡库区地区生产总值区域比较

年份	全国国内生产总值（亿元）	三峡库区地区生产总值（亿元）	重庆库区地区生产总值（亿元）	湖北库区地区生产总值（亿元）
2010	413030.3	3415.55	3087.01	328.54
2011	489300.6	4444.66	4000.01	444.65
2012	540367.4	5111.06	4564.67	546.79
2013	595244.4	5708.26	5062.21	646.05
2014	643974.0	6320.59	5610.90	709.69
2015	689052.1	6992.06	6208.06	784.00
2016	743585.5	7761.47	6901.17	860.30

三峡库区由于经济底子薄，资本、技术和信息等资源严重短缺，尚未形成包括劳动力市场、资本市场、消费市场在内的完整的市场体系，对资源配置水平形成了直接的影响，直接体现为要素流动不畅，优势资源开发利用长期处于低层次的开发状态，没有获得有效转化，经济产出效益低。显然，这种状态将传导至该地区所开展的创业活动之中，不但提高了创业的成本，而且会降低其成功概率。

二　三峡库区三次产业比较

从表 3-3 和表 3-4 的比较上看，近几年来三峡库区的第一产业增加值与全国的第一产业增加值相比较，非常接近，相差不大（见图 3-2）。但在第二产业增加值和第三产业增加值的比较上，则有非常明显的差异。

表3-3　　　　　全国三次产业增加值比较　　　　　（单位：%）

全国三次产业构成	2010年	2011年	2012年	2013年	2014年	2015年	2016年
第一产业增加值	9.5	9.4	9.4	9.3	9.1	8.8	8.6
第二产业增加值	46.4	46.4	45.3	44.0	43.1	40.9	39.9
第三产业增加值	44.1	44.2	45.3	46.7	47.8	50.2	51.6

表3-4　　　　三峡库区地区三次产业增加值比较　　　　（单位：%）

三峡库区三次产业构成	2010年	2011年	2012年	2013年	2014年	2015年	2016年
第一产业增加值	11.4	10.9	10.7	10.3	9.8	9.6	9.7
第二产业增加值	57.7	59.3	57.6	54.9	51.0	50.0	49.2
第三产业增加值	30.8	29.7	31.7	34.8	39.2	40.4	41.1

从内部变化上看，由表3-4可知，三峡库区第一产业占比整体呈下降趋势，由2010年的11.4%下降至2016年的9.7%，下降趋势非常缓慢。第二产业比重整体也呈下降趋势，由2010年的57.7%下降至2016年的49.2%，下降了8.5个百分点。第三产业则整体呈上升趋势，由2010年的30.8%上升至2016年的41.1%，上升10.3个百分点。也即自2010年移民工作初步完成以来，第三产业整体呈现上升趋势，而区域内第一、第二产业占比均呈缓慢下降趋势，这就表明库区内自移民工作初步完成以来，产业结构处于不断调整升级当中，呈现出从工业中期向工业化后期过渡的特征。截止到2016年，第二产业增加值占比49.2%，仍处于主导地位。由于第二产业是以工业为主，可见在三峡库区工业发展速度较快。

```
    (%)
   14.0
   12.0
   10.0
    8.0
    6.0
    4.0
    2.0
    0.0
       2010年   2011年   2012年   2013年   2014年   2015年   2016年
       ▲ 全国国内生产总值第一产业增加值    ■ 三峡库区地区生产总值第一产业增加值
```

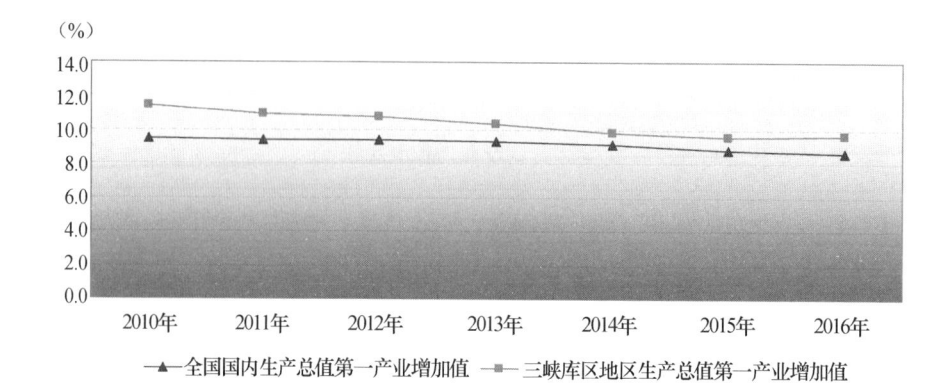

图 3-2 三峡库区地区生产总值第一产业增加值比较

从产业结构来看，2016 年库区三次产业结构为 9.7∶49.2∶41.1，虽然总体上库区非农产业比重达到 90.3%，但是第二产业占比接近五成，是库区经济增长的支撑力量。

从非农产业内部结构看，虽然第三产业显示出强劲的发展势头，在第二产业比重较上年降低了 0.8 个百分点的同时，第三产业比重仍提高了 0.7 个百分点，二、三产业比重差距在逐渐缩小。但是我们也从图 3-3 的比较上可以看出，三峡库区的第二产业增加值比全国第二产业增加值长期高出近 10 个百分点。而从图 3-4 的比较上，三峡库区的第三产业增加值比全国第三产业增加值长期低 10 个百分点左右。

根据上述分析，可以发现库区中的三产结构所存在的问题对返乡农民工创业存在着严重的影响。随着工业化进程的加速，一、二、三产业在经济结构中的比重依次递升，资源逐次流动。在一般情况下，当第二产业发展相对稳定时，资源会逐步向第三产业流动，使得第二产业比重下降，第三产业获得长足发展。根据上述分析来看，三峡库区的产业结构虽然在逐步改善，非农产业占比在缓步提高。但从上文的分析中，三峡库区内的第二产业占比仍然非常高，是库区经济增长的主要力量；而吸纳就业最强的第三产业占比

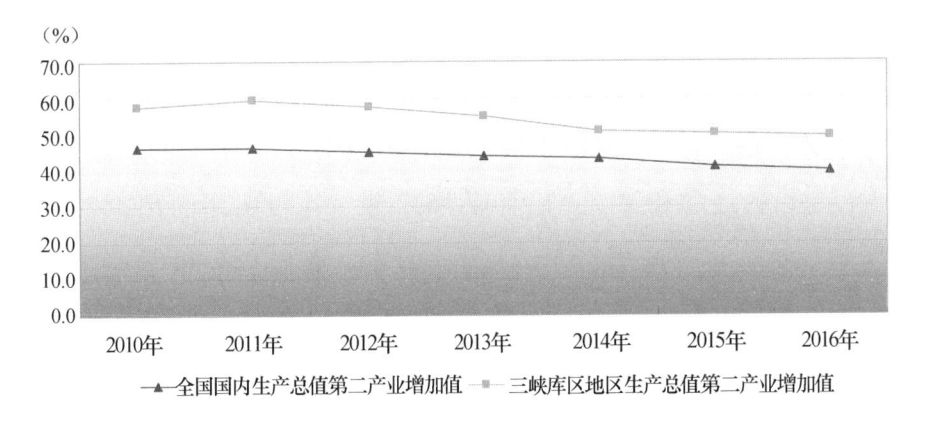

图 3-3　三峡库区地区生产总值第二产业增加值比较

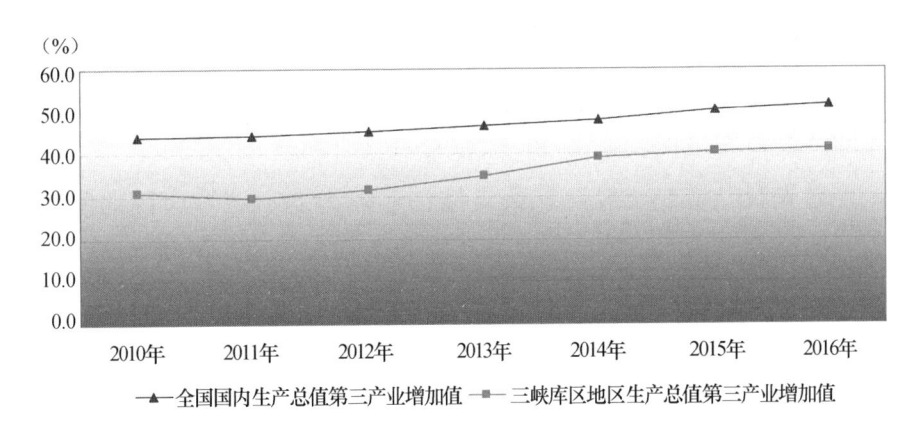

图 3-4　三峡库区地区生产总值第三产业增加值比较

则长期较大幅度落后于全国平均数。在本书田野调查中发现，三峡库区的第三产业受第一、二产业的制约，发展滞后，且产业分布仍以传统行业为主，例如商贸、餐饮、住宿、运输服务业等，而高端服务业例如通信、金融等行业发展缓慢，库区第三产业发展尚处于较低层次。

此外，三峡库区存在的产业空心化问题，对返乡农民工的创业同样有着重要的影响。在开展三峡工程论证工作之前，库区内大部分区县经济发展本就处于较低水平。在论证工作开展后，国家控制三峡库区的投入和发展，库区经济发展在较长一段时间内发展相对停滞。在三峡工程正式实施后，对以库区工业企业为主的"关、破、停"，促使库区的产业空心化进一步加剧。因三峡工程建设，迁建和关闭工矿企业1632家。淹没房屋面积3473.15万平方米，其中城镇1831.24万平方米，农村921.44万平方米，工矿企业720.47万平方米。淹没工矿企业1549个（不含湖北省非工矿企业、重庆市汛后影响企业）。淹没公路816千米，输变电线路1986千米，通信线路3526杆千米，广播线路4480杆千米；淹没码头601个，水电站114处（装机91735千瓦），抽水站139处（装机9933千瓦）[1]。累计搬迁安置移民127万人[2]。

综合上述分析，可以看出，库区经济底子及产业结构都存在较大的问题，对地区创业活动的开展存在着非常大的制约。

首先，经济底子较薄导致支撑创业能力弱。三峡库区的库腹、库首地区是我国18个重点集中连片脱贫地区之一，位于欠发达地区，处于欠发达阶段。长期以来，一方面，由于本身地理位置限制加之基础设施建设水平低，三峡地区库腹、库首地区交通不便、信息闭塞，无法吸引人才、技术、信息、资金等关键要素，区域内工业化进程迟缓，城镇化步伐趋缓；另一方面，国家对三峡库区的重点生态功能区的区域定位，进一步限制了三峡库区库腹、库首地区经济发展，造成其经济基础十分薄弱，绝大部分区县是国家或市级重点脱贫县，人均GDP、可支配收入、财政收入显著低于全国及全市平均水平。因地方财力不足，库区基础设施建设长期滞后，交

---

[1] 国务院：《三峡库区的淹没情况》（http：//www.gov.cn/ztzl/2006 - 01/02/content_145309.htm）。
[2] 国务院三峡办：《三峡工程已搬迁移民127万人 安置任务基本完成》（http：//www.gov.cn/jrzg/2009 - 09/12/content_1416384.htm）。

通、水电、信息等公共基础设施供给严重不足。

比如，三峡库区库腹、库首地区内60%的乡镇和90%的村无任何污水处理设施；因缺乏稳定运行经费来源，加之管网配套率差，近一半的已建污水处理设施运行不正常或未运行。再以交通设施为例，虽然在三峡工程建设前期获得了一定的发展，但基础设施建设重点放在淹没移民重新安置的集镇和片区，而且受当时投入资金和建设标准限制，道路通达程度低，通行能力与资源条件、经济社会的发展诉求严重不适应。2016年，库区高速公路里程占库区公路总里程的1.7%，比重庆市和湖北省平均水平分别低0.2%和0.5%[①]。尤其是三峡库区地处内陆，地理位置上具有相对劣势，而库区交通设施网络密度小、等级低，快速通道尚未形成，出境通道、县际之间、县城与乡镇之间交通通达状况不佳，较高的通联成本及时间成本难以在外向型经济中取得竞争优势，直接导致农民工返乡创业及其扩张成本难以降低，从而使得返乡农民工创业的销售半径突破受阻，多以本地销售为主。

其次，产业空心化实质是产业转型带来的遗留问题，即产业结构的动态演变中新旧产业的转型升级没有实现正常衔接。为了保证三峡工程的建设进度以及库区内人民生命财产安全，政府制定的移民搬迁政策具有较强的时限性和强制性。要求传统产业限时退出，而新兴产业发展又具有一定的滞后性，产业成熟期推迟，这就直接导致了新旧产业之间的衔接出现"空心"现象。产业空心化在三峡库区的主要表现就是库区内缺乏强有力的支柱产业，传统行业在短时间内迅速退出，而新产业的发展尚需时间，一时难以及时弥补传

---

① 根据《2016年重庆市收费公路统计公报》和《2016年湖北省收费公路统计公报》，2016年库区公路里程数为94760公里，其中，高速公路里程1647公里，而当年重庆市全市高速公路里程2742.8公里，占公路总里程140105公里的1.9%；湖北省全省高速公路5686.1公里，占公路总里程260000公里的2.2%。

统行业退出带来的影响。简单而言就是旧的支撑点因时空变迁而丧失,新的增长点的培育则陷入发展乏力的困境。库区响应国家号召,顺利完成了"百万大移民"的历史重任,但同时也使得整个库区被动错失产业发展的宝贵时机,当全国整个大环境在经济大发展的时候,三峡库区内产业发展滞后,出现严重的产业空心现象,直接导致现有产业的产业链较短,产业化项目的全局性支撑力弱,导致资金、技术等生产要素流出,库区内返乡农民工创业内容有限,难以支持返乡农民工创业业态选择的多样化。

当前,三峡库区产业发展在产业结构高级化过程中尚处于较低阶段,区域产业化发展程度不高,尚未通过高度的社会化分工和专业化协作形成产业集群,产业集聚效应较弱,产业链短和配套渠道不齐备,对返乡农民工创业机会的供给水平较低。

三 三峡库区城乡居民收入比较

2016年,库区全体常住居民人均可支配收入2.14万元。其中城镇常住居民人均可支配收入2.9673万元,农村常住居民人均可支配收入1.1584万元。而重庆库区全体常住居民人均可支配收入2.1887万元,其中城镇居民可支配收入2.9935万元,农村居民可支配收入1.1605万元,比全国城镇居民和农村居民人均可支配收入分别低0.3681万元和0.0758万元[①]。显然,三峡库区无论城镇居民还是农村居民,他们的可支配收入均低于全国平均水平。收入水平决定着居民的购买欲望和购买能力。对于三峡库区返乡农民工创业活动而言,当地居民收入水平长期处于低位,直接影响着该地区居民的消费欲望与消费能力,从而间接冲击了返乡农民工创业的成功概率。

---

① 根据中华人民共和国《2016年国民经济和社会发展统计公报》,2016年全国城镇居民人均可支配收入33616元,农村居民人均可支配收入12363元。

第四节 三峡库区的人口动态及其就业

一 三峡库区的人口变化特征

当前我国人口统计数据主要分析户籍人口和常住人口，若要研究三峡库区人口变化的总体规律，必须要从三峡库区户籍人口和常住人口两方面进行分析，这样才能较为全面地反映出三峡库区人口变化的特征。

首先，户籍人口变化。一方面，户籍人口虽然呈现出忽减忽增的变化规律，但总体上变化不大。另一方面，随着重庆市户籍制度改革的深化，农业人口市民化进程的加快，占库区总人口的三分之二的农业人口呈现缓慢减少的趋势；相对应地，非农业人口则呈现逐年递增趋势。另外，在常住人口方面，总体上呈现出增长的趋势，尤其是在重庆库区，常住人口近几年增长速度较快。

其次，人口密度高。在表3-5中可以看到，三峡库区内的人口超载严重。根据统计数据，库尾地区人口密度最低的江津区达到400人/平方千米。更值得重视的是，库腹的万州区、涪陵区、忠县、开州区、云阳县等区县的人口密度都超过250人/平方千米，奉节县、巫山县、夷陵区、秭归县等地区也超过150人/平方千米。

表3-5　　　　　　　　三峡库区人口结构　　　　　　（单位：万人）

年份	户籍总人口	农业人口①	非农业人口	常住人口	重庆库区常住人口	湖北库区常住人口
2010	1674.90	1213.60	461.30	—	—	—
2011	1672.77	1147.51	525.26	—	—	—

① 由于从2014年起，根据重庆市政府统一部署，重庆库区的部分区县不再依据户口性质进行统计，转为依据常住人口进行统计，所以从2014年起不再区分农业人口和非农业人口。

续表

年份	户籍总人口	农业人口①	非农业人口	常住人口	重庆库区常住人口	湖北库区常住人口
2012	1677.65	1135.03	542.62	—	—	—
2013	1683.28	1129.82	553.46	—	—	—
2014	1689.61	—	—	1457.09	1309.16	147.93
2015	1706.67	—	—	1465.28	1317.18	148.10
2016	1689.09	—	—	1479.44	1331.01	148.43

最后，城镇化进程快。库区产业非农化和人口向城镇集聚进程进一步加快，城市功能和辐射能力持续增强，城镇化率逐步提高。2016年，库区城镇化率达到56.52%，较上年提高了1.84个百分点。其中，湖北库区城镇化率为46.47%，提高4.50个百分点；重庆库区城镇化率为57.64%，提高1.54个百分点。从上述数据可以看出，库区各区域表现出显著的城镇化差异：从城镇化速度的角度上看，湖北库区高于重庆库区，库首地区的城镇化速度最快，库腹地区次之，库尾地区最低；从城镇化水平的角度上看，重庆库区则高于湖北库区，库尾地区的城镇化水平最高，库腹地区次之，库首地区最低。

重庆库区特别是库尾地区处于城镇化后期阶段，逐步摆脱了经济发展过度依赖于劳动力的模式，而是逐步转为以技术进步和提升管理水平作为发展的核心驱动力的模式，此时区域内形成人口的相对动态均衡。农村人口难以继续大规模地向城市转移，而是保持在足以保障农业生产的水平。相对均衡且合适的农村人口规模使得劳动生产效率提高，这部分农村居民也由此获得了较好的收益，这也是库尾地区城镇化速度相对缓慢的原因。而正处于城镇化中期阶段

---

① 由于从2014年起，根据重庆市政府统一部署，重庆库区的部分区县不再依据户口性质进行统计，转为依据常住人口进行统计，所以从2014年起不再区分农业人口和非农业人口。

的库首、库腹地区，还有较大的空间来快速推进区域内的城镇化进程。

二 三峡库区人口就业结构的变动

就业结构指的是按照不同的标准划分整个劳动者群体，对他们进行归类，计算出各类别所占百分比。按照不同的划分标准，可分为就业部门结构、经济类型结构、地区结构等。我国人口普查中就业人数的统计是严格按照《国民经济行业分类》来进行统计的。根据普查数据中的各地区行业大类的统计数据可以计算得到全国、重庆市和三峡库区三次产业人口就业情况（见表3-6）①。

表3-6 三峡库区人口就业变化趋势比照表

普查次序	地区	合计	三次产业就业人口数（万人）			占总就业人口的比重（%）		
			一次产业就业人口	二次产业就业人口	三次产业就业人口	一次产业就业占比	二次产业就业占比	三次产业就业占比
第五次普查	全国	6687.45	4305.17	1124.40	1257.88	64.38	16.81	18.81
	重庆市	158.72	115.50	18.75	24.47	72.78	11.81	15.41
	三峡库区	103.30	70.84	13.97	18.49	68.58	13.53	17.89
第六次普查	全国	7154.80	3458.42	1728.40	1967.93	48.34	24.16	27.50
	重庆市	137.46	69.09	27.44	40.92	50.26	19.97	29.77
	三峡库区	94.30	42.20	20.33	31.77	44.75	21.56	33.69

根据表3-6，通过第五次全国人口普查与第六次全国人口普查

---

① 国家统计局：《人口普查公报》（http://www.stats.gov.cn/tjsj/tjgb/rkpcgb/）。

结果上的比较，可以看出三峡库区第一产业就业人口占比明显下降，从68.58%降至44.75%；第二产业和第三产业的就业人口占比均有明显提升，分别从13.53%和17.9%提升到21.56%和33.69%。很明显，这一结果与我国总体产业结构转型规律是吻合的。随着三峡库区经济的发展，劳动力人口从第一产业向第二、三产业移动，这和经济社会发展规律相符合。

根据表3-6，通过对第五次人口普查结果与第六次人口普查结果进行比较可以发现，三峡库区第一产业就业人口下降最快，下降了23.83个百分点，同期全国和重庆市第一产业就业人口的统计数据则分别下降16.04和22.52个百分点。在这两次普查中，三峡库区第三产业就业人口上升最快，上升15.8个百分点。而同期全国和重庆市则分别上升8.7和14.36个百分点。通过上述对比，可以发现三峡库区居民三次产业就业结构处于逐步优化过程中。但通过上述数据的比较也可以看出，正是由于库区的经济发展水平长期落后于全国平均水平，使得该地区的就业结构明显地受到了全国的就业结构的渐次传导的影响，呈现逐步向好的状态。

第五节　三峡库区生态环境基底特征

一　三峡库区的农地资源

地区农地资源的多寡，能够直接影响返乡农民工创业的业态选择，更重要的是，其能够直接影响返乡农民工在涉农行业的创业成本与创业的便利程度。对于三峡库区的人口与区域自然禀赋之间的关系而言，农地资源的开发利用程度甚至是影响该地区生态环境的一个重要指标。

表3-7　　　　　　　三峡库区耕地规模变化趋势　　　　　（单位：公顷）

年份	农用地面积	库区耕地面积	旱地面积	水田面积
2010	342031	224058	126722	97336
2011	380864	257928	153548	104380
2012	410812	274422	165968	108454
2013	412563	275661	167249	108412
2014	411426	278706	170556	108150
2015	409780	277880	170040	107840
2016	409247	277158	169851	107307

三峡库区山高坡陡，人多地少，农用地资源匮乏。平原河谷等适宜耕种用地仅占库区总面积的4.3%，山地占总面积的74%，丘陵占到了总面积的21.7%。三峡库区蓄水以后，因各种原因导致库区农用地进一步减少。以2016年的数据为例，根据表3-7可以看出，三峡库区农用地面积为409247公顷，人均耕地面积仅为0.027公顷，尚达不到一亩地，总面积比2015年下降0.13%，并呈连年下降趋势。在这其中水田面积107307公顷，旱地面积169851公顷，柑橘面积77905公顷，茶园面积14334公顷，中药材面积4827公顷，其他作物种植面积35023公顷。耕地面积占农用地的67.7%，其中水田占26.2%，旱地占41.5%。园地面积占农用地的32.3%，其中柑橘园占19.0%，茶园占3.5%，中药材占1.2%，其他种植面积占8.6%。与上年相比，农用地面积存在缩小现象。

从不同坡度农用地结构上看（不含水田），小于10度的农用地面积为66942公顷，10—15度的面积为95189公顷，13—25度的面积为93977公顷，大于25度的面积为31347公顷。从不同海拔农用地结构来看，小于500米的农用地面积为232499公顷，500—800米的面积为123083千公顷，800—1200米的面积为44585公顷，大于1200米的面积为9080公顷。与上年相比,高海拔农用地面积有所减少,低海拔农用地面积有小幅增加。

因人多地少,人地矛盾十分尖锐,陡坡开垦严重,库腹、库首地区15度以上的坡耕地合计比重达60%以上;25度以上的陡坡耕地合计比重达30%左右。

二 三峡库区的自然禀赋

(一) 三峡库区的地质地貌特征

三峡库区地质地貌特征主要表现为地势起伏较大。三峡库区位于长江上游段东端,地跨川、鄂中低山峡谷和川东平行岭谷低山丘陵,包含台地、平坝、丘陵、低山、中山等主要地貌类型,分别占7.62%、2.95%、27.22%、33.99%、28.21%。库区内长江南岸属武陵山区、长江北岸则跨秦巴山区,全区地貌区划为板内隆升蚀余中低山地,地处我国第二阶梯的东缘,总体地势西高东低,地形复杂,大部分地区山高谷深,岭谷相间。库区东西部海拔高程一般为500—900米,中部海拔高程一般为1000—2500米,地势起伏度由东至西呈现先增大后减小的空间格局,地势起伏度大的区域主要分布在武陵山区,其中巫溪、兴山、巴东、巫山、秭归、奉节、云阳等7县的地势起伏度在150米以上。重庆主城区的地势起伏度较低,仅为62.43米;巫溪的地势起伏度最大,为226.15米;兴山的地势起伏度次之,为202.20米;巴东的地势起伏度居第三位,为196.95米。

(二) 三峡库区的气候条件

三峡库区地处我国中亚热带湿润地区,年平均气温14℃—18℃,无霜期300—340天。海拔500米以下的河谷地带大于10℃,年积温为5000℃—6000℃,气候具有冬暖、夏热、春早、秋凉、多雨、霜少、湿度大、云雾多、风力小等特点,水热条件优越,垂直气候带特征明显。三峡库区雨量充沛，年平均降水量1000—1300毫米。库区水热条件的垂直差异比水平差异更明显。自中部河谷向两侧外围山地，地面高程每上升100米，年降水量增加约55毫米，气温下降约0.4℃—0.6℃。

三 影响返乡农民工创业的区域生态态势

近年来，随着三峡工程完成，三峡库区进入后续发展阶段，生态环境建设保护取得了一定成效，库区自然生态系统退化的趋势得到了一定程度的遏制：森林覆盖率由2002年的28.8%提高到2016年的49.08%，森林面积达到283.01万公顷。长江干流9个断面年度总体水质均达到或优于Ⅲ类。从各月情况看，全年各月份水质均达到或优于Ⅲ类[①]。但是，三峡库区生态问题处理是一项长期而复杂的系统工程，涉及领域多，波及范围广，环境的恢复很难在短时间内见效，对返乡农民工创业的制约将长期存在。

第一，库区生态环境脆弱、地质灾害频发。三峡库区属于我国地形第二阶梯向第三阶梯过渡地带，山多地少，山地丘陵超过98%；山高坡陡，最大相对高差超过2500米；地形破碎，自然生态系统稳定性较差，极易受到干扰和破坏，自古以来就是崩塌、滑坡等地质灾害多发区域。加上该地区水热分布不均，夏季降水量高、雨强大，结合三峡库区地面起伏变化巨大等特殊的地形地貌条件，降水重力侵蚀较为普遍，导致自然灾害频发。特别是连续经历2006年干旱、2007年洪涝和2008年冰冻等历史罕见灾害后，区域森林生态系统退化严重，生物多样性进一步降低。仅在1982年至2002年的20年间，三峡库区所在江段共发生重大崩塌、滑坡73处

---

① 数据根据中华人民共和国环境保护部和国务院三峡工程建设委员会办公室发布的《2017年长江三峡工程生态与环境监测公报》整理。

(年平均3.6处)，曾使长江干、支流堵江断航。三峡水库正常运营后，水库水位每年在145米至175米之间往复升降，对库区沿岸地形的重塑、整体斜坡稳定性产生巨大影响，加之水体对库区地壳的压力加剧，导致山体滑坡、泥石流、地震、溶蚀沉降等地质灾害发生概率大大增加，直接影响库区数百万人的生产生活。2016年，三峡库区监测的地质灾害隐患点（崩塌、滑坡、不稳定库岸）共4847处，全年变形的地质灾害隐患点113处，发生明显变形的有43处，达到险（灾）情预警级别的有18处，比2015年增加38.5%。自然灾害频发不仅影响经济发展，严重威胁人民群众生命财产安全，而且区域内生态系统的稳定性也受到了不同程度的冲击。

第二，库区水土流失严重。因三峡库区人多地少，陡坡开垦严重，一些生态环境脆弱的农村地区、高山地区和地质灾害易发区分布着大量的常住人口。这种人地矛盾十分尖锐的状况很难在短时间内缓解，因此三峡库区内水土流失十分严重。据统计，库腹、库首地区中度及以上水土流失面积占土地总面积的42.7%，占重庆市中度及以上流失面积的46.99%。这些区域主要分布在云阳县、开县、奉节县、巫溪县、巫山县和海拔500—1500米的低山丘陵区，水土流失占国土面积的比例高于全国37%的平均水平和长江流域31.2%的平均水平，其面积广、强度高、问题严重的特征十分明显。

第三，库区水体保护压力巨大。随着库区及上游经济社会快速发展，入库污染负荷不断加大。一方面，由于生产的需要所增加的农药和化肥的用量，随着陡坡耕地开垦后的水土流失而进入库区水体；另一方面，库区中超载的人口的生活废水进入水体，这两方面的原因导致水体富营养状态进一步恶化。2015年，三峡库区城镇生活污水排放量为8.15亿吨，其中化学需氧量排放量为12.41万吨。

而到2016年,三峡库区城镇生活污水排放量则为12.12亿吨,其中化学需氧量排放量为14.04万吨。由于人多地少,人们为了实现粮食增产,增加农药化肥的施用量,使得超量的化学物质进入水体。2016年,三峡库区19个区(县)共施用农药(折纯量)518.5吨,全年流失农药33.5吨;共施用化肥(折纯量)11.95万吨,单位面积用量为0.29吨/公顷,通过农用地小区监测计算,库区全年化肥流失总量为1.06万吨。未充分利用的农药和化肥随着水土流失进入各级水体,成为水体富营养化的首要因素,对三峡水库水质造成巨大威胁。而且库区蓄水后水流速变缓,水体自我净化能力降低,受资金和技术制约,污染防治措施难以全面实施,治理严重滞后。随着经济快速发展,面源污染等负荷还在加重,库区水体保护压力巨大。监测显示,三峡库区库腹、库首地区长江干流水质已从三峡水库蓄水初期的以Ⅱ类为主降为以Ⅲ类为主,2016年长江干流监测断面均为Ⅲ类水质,三峡库区38条主要支流水体处于富营养状态的断面比例为3.9%—46.8%,处于中营养状态的断面比例达到3.2%—93.5%。在2008年,三峡库区累计发生水华13起,涉及河流11条;而到2016年,三峡库区吐溪河、抱龙河、童庄河、神农溪、草堂河、梅溪河、磨刀溪、长滩河、汤溪河、东溪河、黄金河、澎溪河、珍溪河、芒溪河、壤渡河、池溪河和汝溪河等17条主要次级河流部分河段,多次出现水华现象,水华暴发频率呈现逐年增加的趋势,暴发持续时间延长,不仅在春夏常规季节频发,在秋季也开始发生水华现象。

四 影响返乡农民工创业的三峡库区功能定位

首先,三峡库区是国家重点生态保护区。库区地处四川盆地与长江中下游平原结合部,涉及三峡库区水土保持重点生态功能区、秦巴山生物多样性生态功能区和武陵山生物多样性与水土保持重点生态功能区等 3 个国家重点生态功能区，对保障国家生态安全具有重要意义。三峡水库回水末端与长江上游珍稀特有鱼类国家级自然保护区紧邻，下接中下游江湖复合生态系统，是流域生态环境保护和修复的主控节点，对于流域生态环境变化和江湖关系演变具有重要调控作用。同时，巫溪县和开州区北部地区也属于秦巴山地水源涵养区，是南水北调丹江口水库水源的重要涵养区和控制区，对维持秦巴山区生态支持系统和国家南水北调水源安全具有重要的生态战略意义。但本区域山地地势较为陡峭，容易形成水土流失，是典型的生态敏感区和生态脆弱区。

其次，三峡库区是国家重要水源地。中国人口众多，人均水资源拥有量不及世界人均水平的三分之一，中国可持续发展过程面临的重要自然制约因素之一就是水资源短缺，且水资源时空分布不均。可以说水安全是中国未来必须面对的重大的国家安全问题之一。长江流域多年平均年水资源总量约一万亿立方米，约占全国水资源总量的35%，关系着长江流域特别是中下游流域 3 亿多人的用水安全。三峡水库蓄水总量为 393 亿立方米，是全国最大人工水库，作为南水北调中线工程补充水源，是国家重点用水保障区域，可覆盖近四分之一的幅员范围，为全国超一半的人口提供用水保障；同时，三峡水库巨大的水资源调节功能，可以实现水资源时间、空间的合理调配，达到流域水资源的高效利用和可持续利用。

由于三峡库区特殊的功能定位，国家对该地区的经济开发一直持审慎态度，在产业布局上严格控制化工、医药、电子等污染较重的产业项目，禁止有可能发生重大污染事故的产业项目进入库区，以保护三峡的生态环境。在实际实践中，还划定了畜禽禁养、限养区，对养殖规模进行适度控制，并要求畜禽养殖场需要配套建设废弃物处理和储存设施，落实最严格的水资源管理制度。显然，这一系列基于三峡库区特殊功能定位所出台的刚性政策，对保护三峡水库水体和周边生态环境有着非常重要的作用，但同时也对三峡库区返乡农民工的创业产生非常大的影响。比如：提高了返乡农民工创业的门槛条件，增加了创业成本，缩小了他们创业的业态选择面等。

第六节 本章小结

农民工返乡创业，首先面临的是创业的环境，包括外部自然环境、经济环境乃至文化环境等。因此，对区域外部环境的讨论，这是本书的正常开展不可绕开的环节。

本章在划定的区域范围内首先对该地区的经济基础进行了分析，发现三峡库区经济底子较薄导致支撑区域创业能力弱。作为我国18个重点集中连片脱贫地区之一，交通不便、信息闭塞，难以吸引科技、信息、资金等要素，库腹、库首地区工业化和城镇化进程滞后。因地方财力不足，库区中基础设施建设长期滞后，交通、水电、信息等公共基础设施供给严重不足，库区交通设施网络密度小、等级低，快速通道尚未形成，出境通道、县际之间、县城与乡镇之间交通通达状况不佳。从可持续生计视角上看，这意味着三峡库区返乡农民工的物质资本占有严重不足，较高的通联成本及时间成本难以在外向型经济中取得竞争优势，直接导致农民工返乡创业及其扩张成本难以降低，从而使得返乡农民工创业的销售半径突破受阻。

其次，在分析库区的产业结构之后，发现当前三峡库区产业发展在产业结构高级化过程中尚处于较低阶段，三峡库区的第三产业受第一、二产业的制约，产业发展滞后，表现出严重的产业空心化，区域产业化发展程度不高，产业化项目的全局性支撑力弱，尚未通过高度的社会化分工和专业化协作形成产业集群，产业集聚效应较弱，产业链短和配套渠道不齐备，导致资金、技术等生产要素流出，库区内返乡农民工创业内容有限，难以支持返乡农民工创业业态选择的多样化，对返乡农民工创业机会的供给水平较低。

最后，对三峡库区农民工返乡创业自然环境子系统的现状进行分析，发现三峡库区的人口超载严重，生态环境较脆弱，自然灾害频发，水土流失严重，农地资源稀缺，返乡农民工所占有的自然资本匮乏。同时加上国家对该地区保护的诸多硬性限制性条件，使得农民工返乡创业业态的选择受到诸多制约。

总之，由于三峡库区特殊的地理形态，自然灾害频发，结合其特殊的功能定位，国家对该地区的经济开发持审慎态度。因此，无论是自然的刚性条件还是法律法规的硬性要求，三峡库区的返乡农民工创业都面临着非常强的外部约束。

第四章

返乡创业农民工可持续生计评价指标体系的构建及数据的调查

第一节 返乡创业农民工可持续生计评价指标体系的构建

在可持续生计分析框架中,生计资本是框架的关键核心。人们可以合理使用所占有的生计资本,并选择合适的生计策略进行生计活动,从而达到突破脆弱性背景的制约,实现生计结果高效率输出的目的。从这一意义上看,返乡农民工要实现创业活动持续有序开展,必须充分发挥其个人能力、禀赋、外界环境等各类因素的作用。在可持续生计视角下对上述因素进行评价,不仅需要考虑创业活动的特点,同时还需要考虑返乡农民工个人禀赋、三峡库区区域经济基础、生态环境等特征。因此,构建契合返乡农民工创业实际情况的可持续生计评价指标体系,准确反映出三峡库区返乡创业农民工的生计资本数值,并分析出这些生计资本对创业活动的影响,将有利于地方政府采取政策对生计资本作出调整,实现创业活动与区域可持续发展的良性互动。

一 返乡创业农民工可持续生计评价指标的遴选

可持续生计评价指标体系的主体由返乡农民工生计资本的五个

方面构成：人力资本、社会资本、金融资本、自然资本与物质资本。本章遵循"现象观察—问题提出—问题解决"三部曲，从可持续生计内在要求出发，分别在五大生计资本中选择若干具有代表性的指标进行赋值、标准化处理以及权重分配。所构建的评价概念框架如图4-1所示。

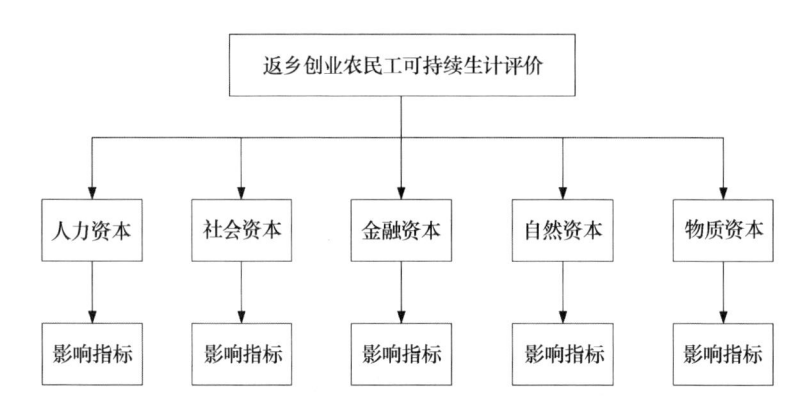

图4-1 返乡创业农民工可持续生计评价指标体系的框架

首先，参考国内外学者在可持续生计分析框架下已有的量化研究，结合三峡库区特有的生态环境特征、资源禀赋特征及三峡库区返乡创业农民工家庭生计特征，按照契合度、可比性、科学性的原则，对返乡创业农民工可持续生计评价指标进行初步遴选。

其次，结合返乡农民工创业的特质及其背景，本章调整了指标体系，使得调整后的测量指标及指标量化数值更加符合三峡库区返乡创业农民工的情况，选出使用频率较高、符合创业活动诉求的30个指标如表4-1所示。

表 4-1　　返乡创业农民工可持续生计的初始评价指标集

人力资本	社会资本	金融资本	自然资本	物质资本
受教育程度	担任村干部	创业初始投入资金	创业场地的满足程度	本地交通运输方便程度
家庭尚在上学的学生人数	在创业中雇请亲戚人数	从银行贷款难易程度	本地平整的土地资源存量	创业过程中获取技术支持的难易程度
接受过创业相关知识的培训	家庭周边有创业成功的人	从银行以外的渠道借款难度	本地的地貌特征	经营生产用水方便程度
在外地打工时长	有近亲属从政或经商	家庭经济状况	创业计划受自然环境影响程度	经营生产用电方便程度
创业与打工的工作内容相关程度	社交能力	初始投入资金来源	地质灾害影响经营生产的程度	网络使用方便程度
—	—	创业资金筹集渠道	创业计划受环保要求约束程度	利用互联网资源的频度
—	—	—	—	手机信号强弱程度
—	—	—	—	市场信息获得难易程度

最后借助相关领域专家的力量，综合考虑返乡农民工生计资本与其创业之间的关系，对初选出的指标的独立性与重要性进行逐一评价，据此筛选出符合样本区域返乡农民工创业实际情况的指标。专家的具体打分和相关步骤如下。

（1）专家选择，选取 6 名具有农业经济和创业管理学科背景的正高级职称的专家。

（2）列表，给定初选出来的评价指标的打分范围为 0—100。

（3）打分，发给每个专家一份列表，让其进行打分。

（4）将 6 名专家初选出来的 30 个评价指标评分构成矩阵 j，其中，行表示一位专家对所有指标的评分，列表示所有专家对某个指标的评分。

$$D = \begin{bmatrix} d_{1,1} & d_{1,2} & \cdots & d_{1,30} \\ d_{2,1} & d_{2,2} & \cdots & d_{2,30} \\ \vdots & \vdots & \vdots & \vdots \\ d_{6,1} & d_{6,2} & \cdots & d_{6,30} \end{bmatrix}$$

（5）将每一行的指标评分相加，得出所有指标的总分，然后将总分除该行的每个指标的评分，得出每个指标的权重。如 $r_{ij} = d_{i,j}/(d_{i,1} + d_{i,2} + \cdots + d_{i,30})$，其中 c，$j = 1,2,\cdots,30$。将所有指标的权重构成新的矩阵 α_0，有

$$E = \begin{bmatrix} r_{1,1} & r_{1,2} & \cdots & r_{1,30} \\ r_{2,1} & r_{2,2} & \cdots & r_{2,30} \\ \vdots & \vdots & \vdots & \vdots \\ r_{6,1} & r_{6,2} & \cdots & r_{6,30} \end{bmatrix}$$

（6）求出每个评价指标的平均权重，即 γ_j，$j = 1,2,\cdots,30$。

（7）选出权重较高的评价指标。

通过专家打分法最终得到20个指标，如下一节所示。具体筛选流程如图4-2所示。

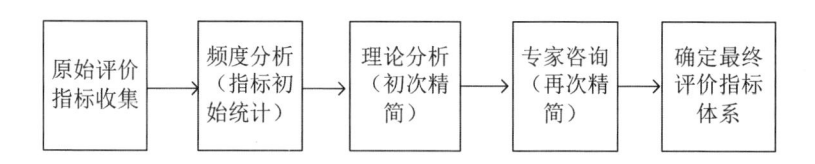

原始评价指标收集 → 频度分析（指标初始统计）→ 理论分析（初次精简）→ 专家咨询（再次精简）→ 确定最终评价指标体系

图4-2 返乡创业农民工可持续生计评价指标筛选流程

二 返乡创业农民工五大生计资本指标的确定及赋值

(一) 人力资本指标及其赋值

返乡创业农民工的人力资本主要指返乡创业农民工拥有的知识、能力、技能及健康状况。农民工的人力资本能够使农民工通过创业取得相应的生计目标,其质量和数量决定了农民工驾驭其他资本的范围和能力。由于健康状况较难量化,同时考虑到三峡库区农民工的务工经历及接受创业培训可能对其创业机会的发现及后续经营有重要影响作用,本章主要核算文化水平因素,同时还考察了其接受过的创业培训、外出务工经历两个变量。因此,通过专家打分,主要选取受教育程度、接受创业培训经历以及外出务工时长三类指标测量农民工的人力资本(表4-2)。

表4-2　　　　返乡创业农民工人力资本指标及赋值

	分项指标	赋值
x_1	受教育程度	小学及以下赋值1;初中赋值2;高中或高职或中专赋值3;专科或高职及以上赋值4
x_2	接受创业培训经历	接受过,很有用赋值3;接受过,没什么用赋值2;没接受过赋值为1
x_3	外出务工时长	实际时长(年)

(二) 社会资本指标及其赋值

返乡农民工的社会资本是指:出于实现其生计策略的目的,在此过程中所得到各种社会资源的支持,包括其社会关系网络以及个人参与的社区组织。返乡农民工的社会资本是一个较难量化的指标。在三峡库区的农村社会中,返乡农民工是否曾为村干部、家庭重要外部关系从政或经商,直接能够影响家庭在农村社会中的地位,在资源获得、信用评估,特别是对返乡农民工创业均可能有较大的正向影响。而针对本书所讨论的话题，在类似的生产环境和资源获得可能性下，周边是否有创业的人对家庭的创业具有非常重要的参照和影响作用，可以在创业遭遇市场风险时，获得较好的帮助和支持。因此，在社会资本指标中，本章纳入了是否曾担任村干部（x_4）、周边有创业成功的人（x_5）、有近亲属从政或经商（x_6）等3个变量（表4-3）。

表4-3　　　　　　　返乡创业农民工社会资本指标及赋值

	分项指标	赋值
x_4	是否曾担任村干部	是赋值为1；否赋值为0
x_5	周边有创业成功的人	有，且对我影响较大赋值为3；有，但对我影响较小赋值为2；没有赋值为1
x_6	有近亲属从政或经商	有，且对我影响较大赋值为3；有，但对我影响较小赋值为2；没有赋值为1

（三）金融资本指标及其赋值

金融资本是指返乡农民工可自主支配的资金和可筹措的各种资金，包括返乡农民工在创业中的投资能力和农户从各种渠道获得的资金。返乡农民工的金融资本可以转化为其他形式的资本，灵活性较强，同时，返乡农民工金融资本的不足会限制他们创业的发展。初投资金规模指的是返乡农民工在创业时，所能筹集到用于经营的资金额度；返乡农民工获得借款机会指标则从信用社或银行、亲戚朋友邻居等方面加以衡量，融资渠道既有金融机构例如银行、小额贷款公司等，也包括非金融机构例如亲戚朋友借款筹的资金。本章采用如下指标：初投资金规模（x_7）、融资难易程度（银行渠道）（x_8）、融资难易程度（非银行渠道）（x_9）来测量金融资本（表4-4）。

表4-4　　　　　　　返乡创业农民工金融资本指标及赋值

分项指标		赋值
x_7	初投资金规模	5000元以下赋值为1；5000元—1万元赋值为2；1万—5万元赋值为3；5万—10万元赋值为4；10万—50万元赋值为5；50万—100万元赋值为6；100万元以上赋值为7
x_8	融资难易程度（银行渠道）	很难赋值为1；比较难赋值为2；一般赋值为3；比较容易赋值为4；很容易赋值为5
x_9	融资难易程度（非银行渠道）	很难赋值为1；比较难赋值为2；一般赋值为3；比较容易赋值为4；很容易赋值为5

（四）自然资本指标及其赋值

自然资本是指返乡农民工家庭为了创业所需，在其业态选择过程中，其所处的自然环境中所蕴含有价值的资本，即是有价值的自然资源存量和环境服务。由于在三峡库区中，返乡农民工创业具体行业不同，如果单纯使用一般的自然资源进行分析，所获得的回归结果可能与分析的目标产生偏差。受制于三峡库区的功能性要求，三峡库区内对自然资源利用的首要原则是可持续发展。由此三峡库区返乡农民工家庭不可能对区内自然资源无顾忌地滥加利用。具体到本章中，考虑到三峡库区的实际情况，创业对场地的诉求是刚性的，因此为了便于比较，本章引入返乡农民工创业场地的满足程度（x_{10}）以及本地平整的土地资源存量（x_{11}）、本地的地貌特征（x_{12}）、创业计划受自然环境影响程度（x_{13}）、地质灾害影响经营生产的程度（x_{14}）等变量来测量自然资本（表4-5）。

表4–5　　　　　返乡创业农民工自然资本指标及赋值

分项指标		赋值
x_{10}	创业场地的满足程度	有足够的创业场地赋值为3；有创业场地，但不够赋值为2；没有创业场地赋值为1
x_{11}	本地平整的土地资源存量	非常多赋值为5；比较多赋值为4；一般赋值为3；比较少赋值为2；很少赋值为1
x_{12}	本地的地貌特征	河谷平坝赋值为3；丘陵赋值为2；山地赋值为1
x_{13}	创业计划受自然环境影响程度	完全没有影响赋值为5；没有影响赋值为4；一般赋值为3；有影响赋值为2；有很大影响赋值为1
x_{14}	地质灾害影响经营生产的程度	完全没有影响赋值为5；没有影响赋值为4；一般赋值为3；有影响赋值为2；有很大影响赋值为1

(五) 物质资本指标及其赋值

物质资本是指返乡农民工在创业过程中所能使用的基础设施和物资设备。一般包括生产用房、自有物质条件（房屋除外）、能源以及公共基础设施条件。但考虑到返乡农民工创业的业态选择多样，对生产用房以及自由物质条件的要求不同，因此在本书中，主要使用创业所需要的水电等能源以及交通、通信等基础设施条件作为物质资本的指标进行测量。具体地，本章使用本地交通运输方便程度（x_{15}）、经营生产用水方便程度（x_{16}）、经营生产用电方便程度（x_{17}）、网络使用方便程度（x_{18}）、手机信号强弱程度（x_{19}）和市场信息获得难易程度（x_{20}）对返乡农民工进行创业的物质资本进行刻画（表4–6）。

表4-6　　　　返乡创业农民工物质资本指标及赋值

	分项指标	赋值
x_{15}	本地交通运输方便程度	非常方便赋值为5；方便赋值为4；一般赋值为3；不方便赋值为2；很不方便赋值为1
x_{16}	经营生产用水方便程度	非常方便赋值为5；方便赋值为4；一般赋值为3；不方便赋值为2；很不方便赋值为1
x_{17}	经营生产用电方便程度	非常方便赋值为5；方便赋值为4；一般赋值为3；不方便赋值为2；很不方便赋值为1
x_{18}	网络使用方便程度	非常方便赋值为5；方便赋值为4；一般赋值为3；不方便赋值为2；很不方便赋值为1
x_{19}	手机信号强弱程度	非常强赋值为5；较强赋值为4；一般赋值为3；较弱赋值为2；很弱赋值为1
x_{20}	市场信息获得难易程度	非常容易赋值为5；容易赋值为4；一般赋值为3；不容易赋值为2；很不容易赋值为1

三　返乡创业农民工可持续生计指标体系

通过细化返乡创业农民工的人力、社会、金融、自然、物质等五大生计资本衡量标准，构建出三峡库区返乡创业农民工可持续生计指标体系，具体如表4-7。

表4-7　　　　返乡创业农民工可持续生计指标体系

生计资本种类	具体衡量指标	指标含义
人力资本	受教育程度	受教育程度作为人力资本的核心指标，其表示返乡农民工全部的在校接受教育的经历，可以直接反映返乡创业农民工个人所具备的具有可比性的人力资本存量。本指标对返乡农民工的初始受教育程度进行赋值：小学及以下赋值1；初中赋值2；高中或高职或中专赋值3；专科或高职及以上赋值4

续表

生计资本种类	具体衡量指标	指标含义
人力资本	接受创业培训经历	创业相关知识培训指的是返乡农民工在创业过程中所接受的直接有助于其创业的培训，培训的提供方一般为当地政府部门，或者相关公益机构。接受过创业培训可以提升返乡农民工的个人人力资本，从而降低其创业的风险。按照其培训史和培训效用进行赋值：接受过，很有用赋值3；接受过，没什么用赋值2；没接受过赋值为1
	外出务工时长	返乡农民工在外出务工时，学习了特定的生产技能，掌握一定的经营管理知识，了解特定的商品或服务的市场营销方式等。外出务工经历作为返乡农民工人力资本特殊的提升途径，对其创业有着非常重要的作用。在本研究中，使用其实际外出务工年限作为本指标的代理变量
社会资本	是否曾担任村干部	担任村干部指的是返乡农民工在村委会中有担任村支书、村委会主任、会计、治保主任、妇女主任等服务所在村村民职务的经历。村干部任职经历在农村经济活动中，是一种含金量较高的社会资本，可以为相关人员获取稀缺资源
	周边有创业成功的人	家庭周边有创业成功的人是指样本对象的邻居或自己家庭生产经营活动范围内创业并获得周边村民一致认可其创业成功的人。周边有能够起到榜样作用的创业成功人，能够为返乡农民工提供模仿和学习的机会。结合创业的实际，依据其效用进行赋值：有，且对我影响较大赋值为3；有，但对我影响较小赋值为2；没有赋值为1
	有近亲属从政或经商	在本书中，近亲属指的是与家庭主要成员有血缘关系的人。有近亲属从政或经商，能够降低返乡农民工创业的阻力和风险。结合创业的实际，依据其效用进行赋值：有，且对我影响较大赋值为3；有，但对我影响较小赋值为2；没有赋值为1

续表

生计资本种类	具体衡量指标	指标含义
金融资本	初投资金规模	创业初始投入资金可以反映返乡创业农民工在创业时，可以支配的资金规模。5000 元以下赋值为 1；5000 元—1 万元赋值为 2；1—5 万元赋值为 3；5—10 万元赋值为 4；10—50 万元赋值为 5；50—100 万元赋值为 6；100 万元以上赋值为 7
	融资难易程度（银行渠道）	依据获得融资的难易程度赋值：很难赋值为 1；比较难赋值为 2；一般赋值为 3；比较容易赋值为 4；很容易赋值为 5
	融资难易程度（非银行渠道）	依据获得融资的难易程度赋值：很难赋值为 1；比较难赋值为 2；一般赋值为 3；比较容易赋值为 4；很容易赋值为 5
自然资本	创业场地的满足程度	创业场地指的是返乡农民工在开展创业活动时所需要满足的基本场地条件。依据创业场地的满足程度赋值：有足够的创业场地赋值为 3；有创业场地，但不够赋值为 2；没有创业场地赋值为 1
	本地平整的土地资源存量	本地平整的土地资源指的是基础资源通达，已经实现平整的熟地资源，按照创业中扩展用地的可能性进行赋值：非常多赋值为 5；比较多赋值为 4；一般赋值为 3；比较少赋值为 2；很少赋值为 1
	本地的地貌特征	按照地形起伏程度赋值：河谷平坝赋值为 3；丘陵赋值为 2；山地赋值为 1
	创业计划受自然环境影响程度	按照创业前的受影响程度进行赋值：完全没有影响赋值为 5；没有影响赋值为 4；一般赋值为 3；有影响赋值为 2；有很大影响赋值为 1
	地质灾害影响经营生产的程度	地质灾害是影响库区居民生产生活的一个重要因素。按照创业中的受影响程度进行赋值：完全没有影响赋值为 5；没有影响赋值为 4；一般赋值为 3；有影响赋值为 2；有很大影响赋值为 1

续表

生计资本种类	具体衡量指标	指标含义
物质资本	本地交通运输方便程度	按照便利程度进行赋值：非常方便赋值为5；方便赋值为4；一般赋值为3；不方便赋值为2；很不方便赋值为1
	经营生产用水方便程度	按照便利程度进行赋值：非常方便赋值为5；方便赋值为4；一般赋值为3；不方便赋值为2；很不方便赋值为1
	经营生产用电方便程度	按照便利程度进行赋值：非常方便赋值为5；方便赋值为4；一般赋值为3；不方便赋值为2；很不方便赋值为1
	网络使用方便程度	按照便利程度进行赋值：非常方便赋值为5；方便赋值为4；一般赋值为3；不方便赋值为2；很不方便赋值为1
	手机信号强弱程度	按照信号强弱程度进行赋值：非常强赋值为5；较强赋值为4；一般赋值为3；较弱赋值为2；很弱赋值为1
	市场信息获得难易程度	按照难易程度进行赋值：非常容易赋值为5；容易赋值为4；一般赋值为3；不容易赋值为2；很不容易赋值为1

第二节　样本数据的采集

一　样本的选取

书中所用数据主要来自课题组2017年7月至2018年2月在三峡库区开展的返乡农民工创业的实地调查，部分数据则来自2019年暑假展开的补允调查。在田野调查中，主要采用参与性农户评估方法（PRA）对正在进行创业实践，且至少已经开始创业一年以上的库区返乡农民工，或曾经有一年以上创业实践但由于各种原因暂时结束创业的库区返乡农民工进行调查以获取相关数据。本书以三峡库区为样本地区，共含19个区县。库区中各区县的经济发展程度、基础设施等有较大的差异。为了体现三峡库区自身的社会经济分异规律，保证抽样样本的有效性，本书把三峡库区返乡创业农民工按分层因素进行分层抽样。由于农民工返乡创业活动并不具有普遍性，在三峡库区范围内，库首、库腹与库尾地区经济发展差异很大，在农民工返乡创业发生频率上也有着较大的差距。比如，万州区是三峡库区的中心城市，而开州区则是全国首批返乡农民工创业典型示范县（区）；同时经济发展水平与农业人口数量与劳动力数量在不同区县之间存在较大差异。因此，本书参照库首、库腹、库尾的格局进行抽样，采用考虑区县2016年度人均GDP进行分层抽样设计。共计有9个抽样框：（1）库首经济大区县层；（2）库首经济中区县层；（3）库首经济小区县层；（4）库腹经济大区县层；（5）库腹经济中区县层；（6）库腹经济小区县层；（7）库尾经济大区县层；（8）库尾经济中区县层；（9）库尾人口小区县层。这9个层共同构成三峡库区返乡创业农民工代表性样本。为了使样本集中，以及对所在区域均具有代表性，本书对每个层内，按照按2016年度人均GDP对区县排序后进行抽样。分别确定江津区、长寿区、涪陵区、万州区、开州区、忠县、巫山县、巫溪县、奉节县9个区县作为本书的调查区域[①]。由于农民工返乡创业并不是一种普遍性的经济活动，因此，在本书的调查中最基本的调查区域以乡镇为基本单位。

通过随机抽样和有条件筛选相结合，在以上9个（区）县中抽选3个乡镇，最后选出的27个乡镇（街道），库首有9个，库中有9个，库尾有9个（具体是：江津区珞璜镇、支坪镇、白沙镇，长寿区凤城街道、但渡镇、邻封镇，涪陵区焦石镇、蔺市镇、石沱

---

① 虽然奉节县、巫山县和巫溪县一般被划为库腹，但实际上其经济发展水平、地形地貌及基础设施等均与湖北省内的库首地区非常接近，地理位置也与库首四区县相邻，因此在本书中将其作为库首地区的数据进行处理。

镇，万州区长岭镇、新田镇、太安镇，开州区临江镇、谭家镇、赵家镇，忠县忠州镇、拔山镇、黄金镇，巫山县巫峡镇、官渡镇、大溪乡，巫溪县土城乡、文峰镇、通城镇，奉节县康乐镇、新民镇、永安镇）。27个样本乡镇（街道）共计发放问卷1500份，其中1163份问卷被成功收回，回收率为77.53%。问卷回收后对全部问卷资料进行审读，对关键问项有缺失及有明显逻辑错误的问卷进行剔除，最后进入本书分析框架的共1105份数据，问卷有效率达95%。由于各个样本乡镇的返乡农民工创业氛围不一，因此在上述各个乡镇中所获取的样本数量也有差异。具体样本分布情况见表4-8。

在问卷调查结束后，我们根据问卷的调查情况进行了回访。回访人群包括三类，第一类为部分样本地区的人力资源与社会保障局的相关负责人、返乡创业农民工工作经办人员；第二类为样本对象所在村的村干部；第三类为具体样本对象。在回访过程中，一共获得访谈记录76份。

表4-8　　　　　　　　返乡创业农民工样本分布

范围	区县	乡镇（街道）	有效样本数
库尾	江津区	珞璜镇	35
		支坪镇	38
		白沙镇	46
	长寿区	凤城街道	41
		但渡镇	31
		邻封镇	26
	涪陵区	焦石镇	39
		蔺市镇	45
		石沱镇	29

续表

范围	区县	乡镇（街道）	有效样本数
库腹	万州区	长岭镇	56
		新田镇	37
		太安镇	36
	开州区	临江镇	88
		谭家镇	77
		赵家镇	86
	忠县	忠州镇	37
		拔山镇	42
		黄金镇	39
库首	巫山县	巫峡镇	26
		官渡镇	34
		大溪乡	21
	巫溪县	土城乡	25
		文峰镇	28
		通城镇	33
	奉节县	康乐镇	35
		新民镇	38
		永安镇	37
合计	—	—	1105

二 问卷设计及结构

（一）问卷的设计过程

在实证研究中，设计调查问卷是至关重要的一步。通过调查问卷所收集到的一手数据是否真实和有效，直接决定了实证研究结论的科学性和可靠性。为使得本书使用的调查问卷尽可能科学合理，在问卷设计过程中主要采取了以下几个方面措施。

一是着力提高调查问卷量表的内容效度，这一点主要通过文献梳理与开展实地调研二者结合来进行把控。调查问卷设计的核心内容之一是描述并测量与研究相关的潜变量。本书的潜变量包括人力资本、社会资本、金融资本、物质资本和自然资本。在梳理相关文献的基础上，提炼出现有生计资本研究的主流观点，对文献中上述变量的测量进行充分的研讨和借鉴，并进一步呈现在调查问卷的不同部分；在此基础上通过向专家请教、和返乡创业农民工面对面交流，反复斟酌问卷中相关变量及测量题选项设置的合理性，完成调查问卷内容的初步界定，力争做到调查问卷的科学合理又能使得受访者易于理解。

二是征求相关研究学者及部分区县人力资源与社会保障局负责返乡农民工创业的工作人员意见。将初步设计的调查问卷，针对其中生计资本测量指标的合理性问题，寻求相关研究学者的意见。并咨询了三峡库区部分区县的人社局工作人员以及移民办工作人员，听取他们关于问卷中提及的库区支持创业政策相关问题的意见，据以进一步修改和完善调查问卷的内容。

三是调查问卷预调研。在调查问卷形成后，正式实地调研之前，课题组于2017年7月在重庆市开州区赵家镇、长沙镇进行了预调研，邀请返乡创业农民工进行问卷调查，目的在于验证样本对象能否准确理解调查问卷设置的各题目及选项，以及能否通过填写问卷清楚表达其真实情况。进一步的，与区人社局负责返乡农民工创业工作的相关领导以及具体工作人员进行座谈，借助他们的工作经验为问卷内容提出建议，据此对问卷进行小幅度调整，从而最终形成以返乡创业农民工为调研对象的调查问卷，具体如附录所示。

(二) 问卷的结构

本书围绕三峡库区返乡农民工创业议题，在家庭层面及个人层面上设计收集与创业相关的不同信息，如图4-3所示。

第一，返乡创业农民工背景情况。家庭情况、个人基本信息与外出务工信息作为返乡农民工创业基本背景信息收集。在调查中，课题组收集的家庭背景信息包括家庭人口、家庭创业前后经济来

第四章 返乡创业农民工可持续生计评价指标体系的构建及数据的调查 / 85

返乡创业农民工基本背景情况
- 家庭基本情况：家庭住址、人口基本情况、家庭经济情况、家庭负担情况等
- 个人基本情况：出生年份、性别、婚姻状况、受教育程度、村干部任职经历等
- 外出务工情况：务工地点、务工起始时间、务工时长、务工行业和具体内容等

创业准备与实践
- 创业准备：创业意愿（主动创业、被动创业）、创业风险认知、创业计划详尽程度、创业诱发机会识别、创业难点预判、创业优势认知、创业培训参与程度等
- 创业实践：创业开始时间、创业次数、创业初投资金额、资金来源、雇员人数、经营行业和具体经营内容、经营形式、营销半径等

创业效果
- 创业成功 → 下一步打算 / 成功关键因素评价
- 创业失败 → 下一步打算 / 失败关键因素评价

创业支持
- 内部支持：个人创业能力评价：市场意识、管理能力、社交能力等
- 外部支持：
  - 政府支持：税费优惠、用地优惠、创业项目供给、创业补贴、技术支持等
  - 社会网络支持：周边有创业成功的人（龙头和榜样作用）、亲戚从政或经商等
  - 金融支持：创业资金筹措来源、正规融资渠道和非正规融资渠道融资难易程度
  - 生态环境支持：区域地形地貌、可用土地、地质灾害频率等
  - 基础设施支持：区域交通、水电、网络、通信等获取的难易程度等

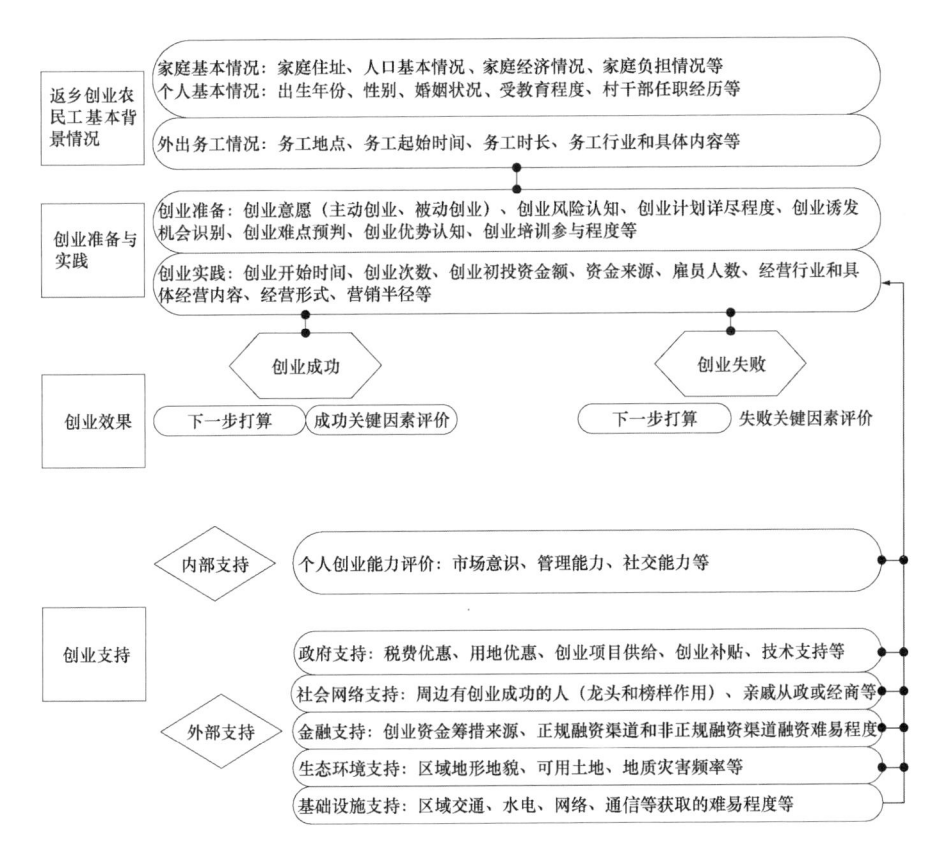

图 4-3　三峡库区返乡农民工创业问卷结构

源、收入结构、家庭负担、家庭资产、家庭消费等；收集的个人背景信息包括年龄、性别、婚姻状况、受教育程度、担任村干部经历等信息；收集的外出务工信息包括：他们外出务工的地点、外出务工起始时间、外出务工的总时长、外出务工的行业和他们在务工过程中所从事的具体工作内容等。

第二，创业的准备与实践。创业前的准备与创业的具体实践信息收集，则是紧紧围绕中心议题所展开的信息收集重要部分。在创业准备相关信息收集方面，课题组对返乡农民工的创业意愿，也即其是否主动创业的信息进行采集；此外还对返乡农民工的创业风险

认知、创业计划详尽程度、创业诱发机会识别、创业难点预判、创业优势认知、创业培训参与程度等信息进行了采集。而在创业具体实践方面，课题组围绕议题，对返乡农民工创业开始时间、创业的次数、创业初投资金额、资金来源、雇员人数、经营行业和具体经营内容、经营形式、营销半径等信息进行采集。

第三，创业的效果。创业效果是创业准备与创业实践的具体落脚点。创业准备和实践的开展，目的都是追求创业效果最优化。课题组通过对返乡农民工创业收益评价、创业前景评价等方面采集了他们对自己创业的效果评价，在此基础上，分别针对明显表示创业成功与失败的创业者的未来计划进行采集，并获取其创业成功或失败的关键因素。

第四，创业支持。在创业支持方面，课题组通过对返乡农民工自身的能力以及外部的支持进行数据收集。在自身能力方面，主要是围绕本书的议题，对其市场意识及判断能力、管理能力、社交能力等方面的信息进行采集。在外部支持方面，则通过政府政策支持、金融支持、社会网络支持、生态环境支持、区域基础设施支持等方面的若干指标的数据信息进行采集。在政府支持方面，主要采集政府税费优惠、土地使用优惠、创业项目供给、创业补贴、技术支持等方面的信息；在社会网络支持方面，则重点关注返乡创业农民工周边能够给其进行模仿和学习的、具有创业龙头和榜样作用的创业者，此外还收集其近亲属从政或经商等方面的信息；在金融支持方面，重点收集了样本对象创业资金筹措的具体来源、他们在正规融资渠道和非正规融资渠道融资难易程度等数据；在生态环境支持方面，由于三峡库区严峻的生态态势，对返乡农民工创业的顺利进行有着潜在的压力，因此，课题组对样本对象所在地区的地形地貌、可用土地、地质灾害频率、生态冲击等信息进行了采集；而在基础设施支持方面，则重点关注影响创业效率和创业成本的区域交通、水电、网络、通信等获取的难易程度等方面的信息。

第三节 农民工对返乡创业的响应

本节根据三峡库区生态环境的区域分异特征,描述返乡农民工对创业的响应及获得的支持。农民工对返乡创业的响应,是指返乡农民工在发现创业机会后,调动自己的积极性,并动员自己能支配的全部资源,所进行的一系列创业准备活动以及相应的创业实践。

一 样本对象的个人特征和家庭禀赋

(一) 样本对象的个人特征

在调查所获得的信息中,返乡创业农民工样本中,68.69%的创业者为男性,这表明,一方面,农村地区的创业活动对创业者体力和精力上有着较强的依赖。另一方面,相对于女性,男性的大局观更强,能更好地判断市场走向,对创业的方向选择具有更好的判断力。而且,创业所需要的冒险精神也是男性所具有的特征之一。

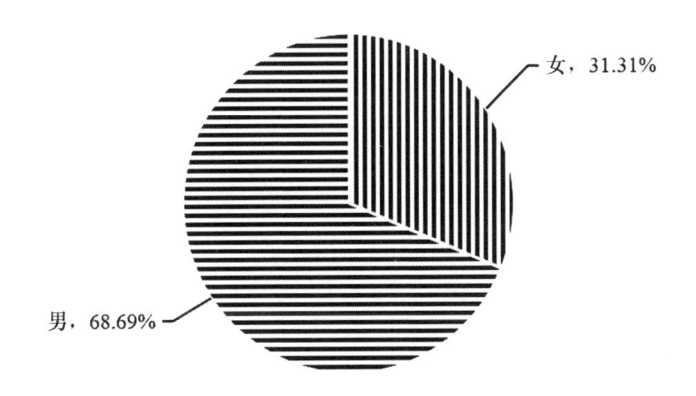

图 4-4 返乡创业农民工性别比例

根据图4-5中的比值可以看出，三峡库区返乡创业农民工的年龄分布呈橄榄形结构，第一是41—50岁，占42.26%，第二为31—40岁，占比为29.86%，第三则为30岁以下的年轻人，占比为18.28%，最后则为51岁及以上，占比不到一成，为9.59%。综合来看，绝大部分返乡创业者的年龄处于31—50岁之间，这部分返乡创业农民工合计占比超过七成，达到72.12%。显然，青壮年阶段的返乡农民工是创业的主体。

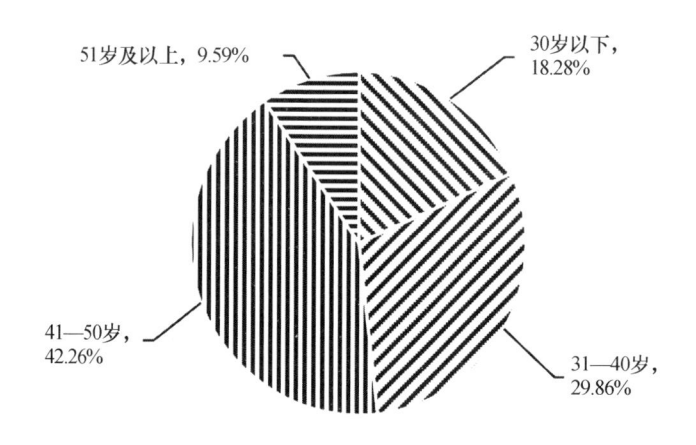

图4-5　返乡创业农民工年龄范围

据图4-6可以看出，82.35%的样本对象为已婚或者有生活伴侣状态。这可能的原因在于在农村地区创业，稳定的家庭结构可以为创业活动的顺利开展提供良好的支持作用。此外，农村地区的创业活动的开展，所需要克服的困难较多，一般情况下很难"单打独斗"，对合作伙伴的要求较高。因此，家庭的生活伴侣便是充任创业合作伙伴这一角色的不二人选。

从图4-7中可以看出，三峡库区中返乡农民工的初始受教育程度较低，其中初中文化程度及以下水平占比超过一半以上，达到

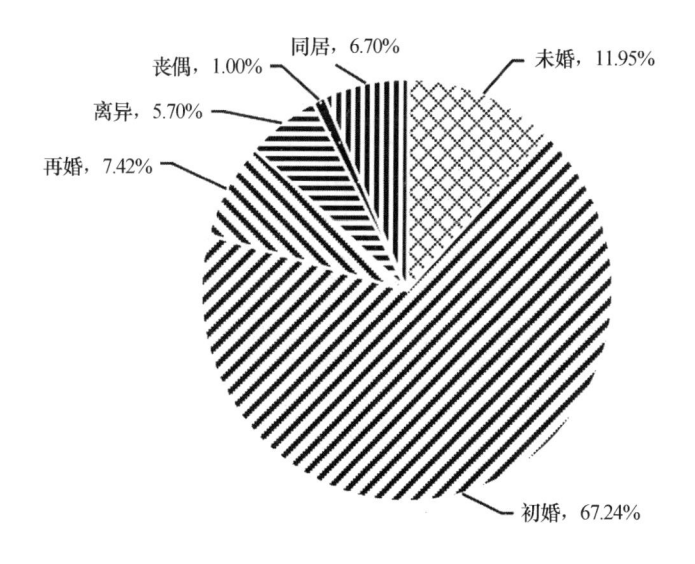

图 4-6 返乡创业农民工婚姻状况

54.75%。这意味着,一方面三峡库区的教育水平仍有待提高,另一方面,创业活动受创业者个人人力资本存量水平影响,库区内的创业活动有可能受到这一因素的制约。

在图 4-8 中,统计了返乡创业农民工在外出务工时所从事的行业。从图 4-8 中可以发现,从事制造业、建筑业以及餐饮住宿业的比例明显比其他行业高,分别达到 22.08%、17.65% 和 16.29%。这三个行业的特点在于其都属于劳动密集型行业,因此吸纳劳动力的能力较强。

(二)样本对象家庭禀赋

从图 4-9 中可以看出,样本家庭中的人口规模最为集中的是 3 口人家庭,占到总样本的 34.21%,其次为 4 口人家庭,占到总样本的 31.49%,5 口人家庭则排在第三位,占总样本的 18.46%,上述三类规模家庭合计占总样本的 84.16%。这意味着,在三峡库区返乡创业农民工家庭中,3—5 口人的核心家庭占绝大部分。

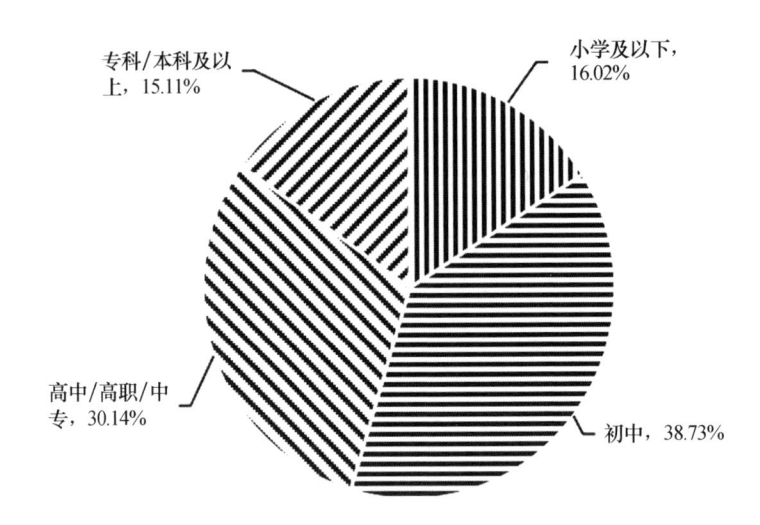

图4-7 返乡创业农民工初始教育程度

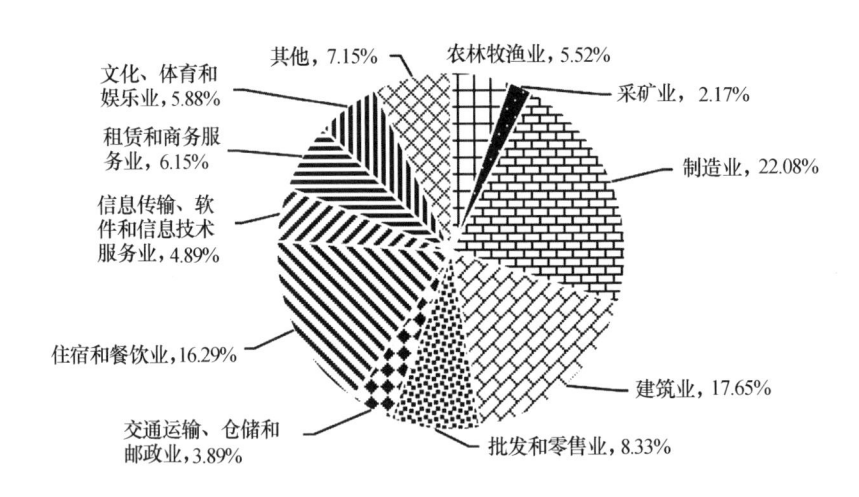

（饼图数据：小学及以下，16.02%；初中，38.73%；高中/高职/中专，30.14%；专科/本科及以上，15.11%）

图4-8 返乡创业农民工外出务工行业

（饼图数据：农林牧渔业，5.52%；采矿业，2.17%；制造业，22.08%；建筑业，17.65%；批发和零售业，8.33%；交通运输、仓储和邮政业，3.89%；住宿和餐饮业，16.29%；信息传输、软件和信息技术服务业，4.89%；租赁和商务服务业，6.15%；文化、体育和娱乐业，5.88%；其他，7.15%）

进一步，我们通过图4-10观察三峡库区返乡创业农民工家庭劳动力的情况。在图4-10中可以看出，三峡库区返乡创业农民工家庭劳动力规模主要集中在2—3人，其中2个劳动力的家庭占

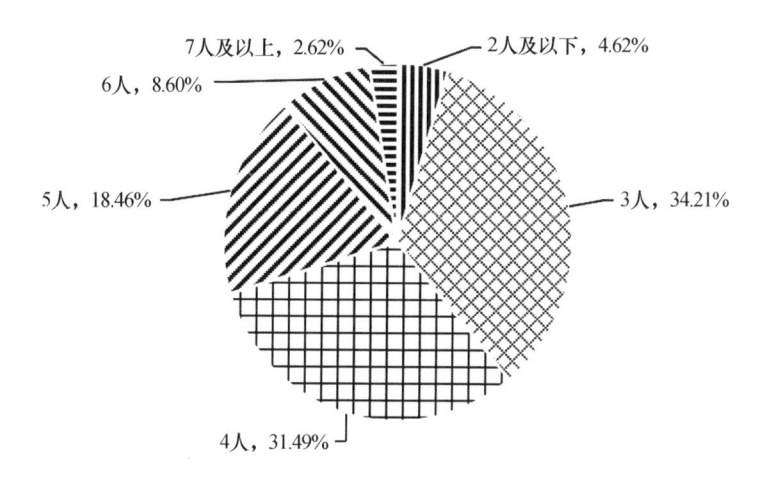

饼图数据：
- 7人及以上，2.62%
- 6人，8.60%
- 5人，18.46%
- 4人，31.49%
- 3人，34.21%
- 2人及以下，4.62%

图 4-9　返乡创业农民工家庭规模

55.93%，超过了总样本的一半以上，3个劳动力的家庭则占21.45%，这两类家庭合计占总样本的77.38%。显然，这与三峡库区返乡创业农民工家庭的规模有着密切的关系。家庭规模越大，劳动力使用数量越多。

创业者的家庭经济状况是创业活动能够启动和持续的重要保障，也是充分体现创业者创业效果的重要指标。据图4-11可以发现，87.96%的返乡创业农民工家庭经济在"一般"及以上。这意味着，农村地区的创业活动的顺利启动，需要家庭具有一定的经济实力；也在一定程度上反映出，大部分样本对象的创业已经逐步走向正轨。

创业前的家庭主要经济来源可以在一定程度上反映创业启动资金的来源。在图4-12中我们看到，86.06%的返乡创业农民工在创业前的家庭主要经济来源依赖他们在外打工的收入。由于农民工进城务工的工资一般较低，创业者的创业启动资金规模一般较小。根据调查就发现，一半以上创业者的初投资金额在10万元以下。

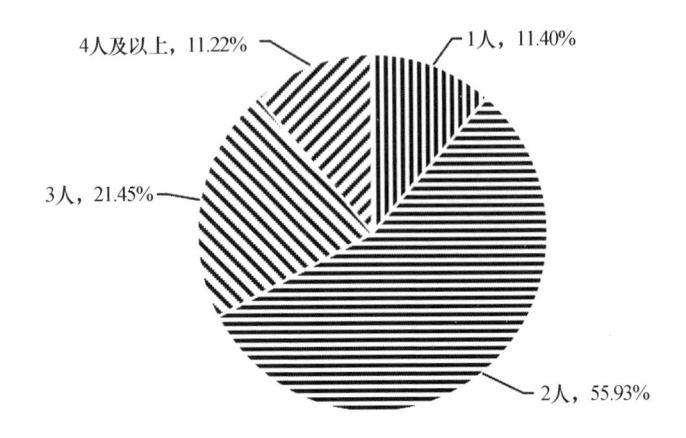

图4-10　返乡创业农民工家庭劳动力规模

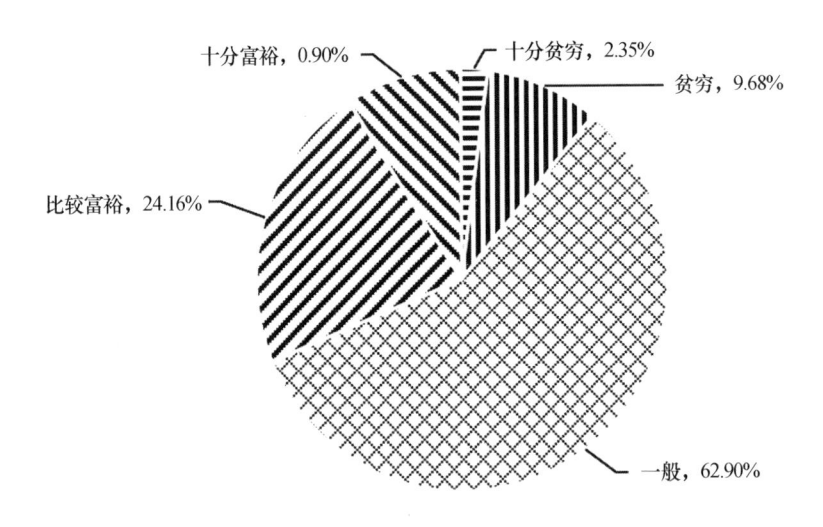

图4-11　返乡创业农民工家庭经济状况

家庭当前的主要经济来源是体现创业效果的重要指标,可以反映出返乡农民工创业的成效。在图4-13中,表明家庭当前的主要

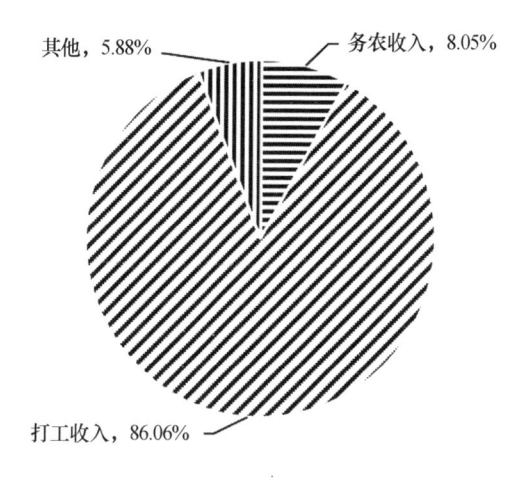

图 4-12 返乡农民工创业前家庭主要经济来源

其他，5.88%
务农收入，8.05%
打工收入，86.06%

经济来源为创业带来的收入达到 66.7%，这意味着，有一半以上的返乡创业农民工实现了成功创业。而有 33.3% 的返乡创业农民工仍然依赖打工、务农等其他渠道维持家庭的正常开支，这也就是说，在返乡创业的农民工群体当中，仍然有三分之一的创业活动没有见到效果。

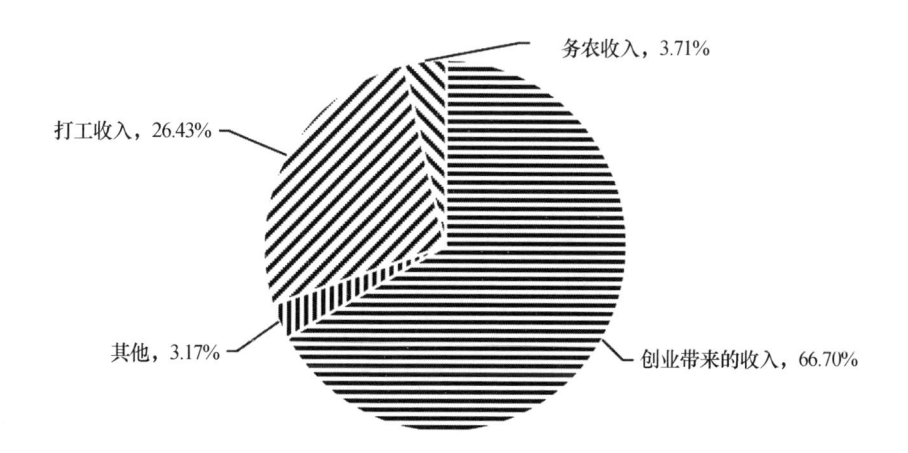

务农收入，3.71%
打工收入，26.43%
其他，3.17%
创业带来的收入，66.70%

图 4-13 返乡农民工家庭当前主要经济来源

二 返乡农民工对创业的准备

返乡农民工对创业的准备指的是他们在发现创业机会之后,为实现创业所做的一系列安排或筹划。这些安排或筹划大部分是有计划进行的,与创业活动的顺利实施密切相关,从创业前一直持续延伸到创业开始之后的一段时间。

返乡农民工在外出务工时,有可能积累了创业所需的知识或培养了相应的能力。表4-9反映了返乡农民工创业行业与其务工行业之间的关联程度。从表4-9中可以看出,30.59%的返乡创业农民工表示其创业所选行业及创业内容与外地打工的经历有着密切的联系;有31.76%的返乡创业农民工则表示其创业与打工经历有一点关系;其余37.65%的返乡创业农民工表示创业活动的开展与其打工经历没有什么关系。

表4-9　　返乡农民工创业行业与外出务工行业的关联程度

选项	小计	比例(%)
有很大关系	338	30.59
有一点关系	351	31.76
没什么关系	416	37.65

创业活动的顺利开展,离不开某些关键因素的驱使和激发。在返乡农民工的创业活动中,他们对这些关键因素的占有程度,甚至直接决定其创业成功与否。根据表4-10可以看出,对于创业的诱发因素,返乡创业农民工反映最为重要的是"有类似经验""有相关人际关系积累"和"亲朋提供资源"这三项。显然,个人的务工经历对创业行业选择以及创业活动的开展有着非常重要的作用。另外,个人的社会资本方面的作用也不容忽视,可以获得更好的外

部支持，降低自己创业的阻力和风险。

> 1997年退伍之后，我就去外地打工，偶然进入一家游乐设施公司，由于工作的原因让我对游乐玩具的研发有了极大的兴趣，后来经过长时间地调查发现游乐设施这个行业目前市场前景大好，我对这个市场有百分之百的信心，当时游乐玩具产地都在东部的温州、上海和扬州，整个西南地区没有生产厂家，而市场上，由于人们的生活水平越来越高，新建的大型楼盘都要配套游乐健身设施，这已经成为房地产开发的潜规则，没有游乐设施的楼盘，就会给人品质很差的印象，就会不好卖。（访谈对象：重庆美康游乐设备制造有限公司总经理刘绍生；访谈地点：奉节县县城；访谈时间：2017年7月18日）

表4-10　　　　返乡农民工创业诱发因素评估

选项	平均综合得分
有类似经验	4.93
有相关人际关系积累	4.05
亲朋提供资源	3.94
地域资源优势	2.89
有技术背景（如：有相关研究成果或专利）	2.26
开业容易	2.09
政府支持	1.27
家族有较好的经济实力	0.72
其他	0.42

具有一定的冒险精神是创业活动顺利启动的必要前提条件。而返乡创业农民工对创业风险的态度，可以在一定程度上反映出他们

的冒险精神。在表 4-11 中，返乡创业农民工认为创业风险比较大的比例超过四分之三，达到 75.47%。

表 4-11　　返乡农民工对创业风险的评估

选项	小计	比例（%）
创业风险很大	291	26.33
创业风险比较大	543	49.14
创业风险一般	221	20.00
创业风险比较小	43	3.89
创业风险很小	7	0.63

访谈者：您当时是怎么想到回家开养鸡场的呢？

苟绍英：为了孩子回家读书啊，一直打算回来。后来听到别人说，就回来开养殖场，本来是打算养猪，猪一头可以卖几千，一只鸡只是几十块。但是养猪成本太高，要二三十万，死一头就是几千块。所以最后选择了养鸡。

访谈者：那您觉得创业最大的困难是什么？

苟绍英：钱嘛。

访谈者：是怎么解决的呢？

苟绍英：借嘛。自己有一些，然后又找亲戚朋友借了一些，因为一些原因也没有弄到贷款，只有靠借了。

访谈者：您觉得现在创业是成功了还是失败了？

苟绍英：肯定是失败了啊，已经亏了好几万了，这一年又有那个禽流感，已经亏了一两万了。（访谈对象：苟绍英；访谈地点：开州区临江镇和胜村；访谈时间：2017 年 7 月 20 日）

返乡农民工创业一般有主动创业与被动创业之分。主动创业的返乡农民工，能力较强，准备较为充分，创业的成效一般较好。被动创业则属于生存型创业，谋求通过创业实现家庭生计。根据调查发现，返乡创业农民工当中，有47.47%的受访者明确表示自己是主动创业，这个比例接近一半。有21.52%的受访者表示自己是被动型创业。其余的31.02%受访者态度较为模糊，没有表现出明确的倾向性态度。

表4-12　　　　　　　返乡农民工创业的主被动态度对比

选项	小计	比例（%）
01 抓住好的创业机会	336	37.09
02 没有更好的工作选择	195	21.52
03 前面两个都是	281	31.02
04 当时有好的工作岗位，但创业机会更好	94	10.38

我们家世代都是农民嘛，包括我自己在出去打工之前我也是在屋头种地。后来就跟着我们一个大队的人去东莞打工。虽然在打工的途中还是挣了点钱，但是后来家里的孩子大了，老人管不住，老人又老了，种地又不行，所以我就想回来。再加上当时屋头的地还是宽，大队里头对种水果也还有补助政策，所以我就先租了一些土地。后来尝到了点甜头，就包了山种水果蔬菜，养鸡子鸭子牛羊这些。（访谈对象：开州区种养大户李继军；访谈地点：重庆市开州区临江镇；访谈时间：2017年7月17日）

创业计划是创业活动能够顺利开展的前提。如果在创业前进行一定的创业规划，可以对创业活动开展后遇到潜在的困难和风险有较为准确的预估，从而有效避免创业过程中的经营风险，从而降低创业失败率，提高创业成功率。但是我们在表4-13中发现，只有20.27%的返乡创业农民工表示在创业前有详细的计划；有56.92%的返乡创业农民工表示有初步的计划，但不是很详细；而剩下的22.81%的返乡创业农民工则表示，在创业前没有计划，随着创业活动的开展，走一步算一步。

表4-13　　　　　　　　返乡农民工创业计划细化程度

选项	小计	比例（%）
没什么计划，走一步算一步	252	22.81
有一些计划，但不是很详细	629	56.92
有详细计划	224	20.27

创业形式是返乡创业农民工创业时所选择的具体形式。通过表4-14可以发现，有超过一半以上的返乡创业农民工选择自己创业，没有与他人合作，这个比例达到65.7%。而有29.86%的返乡创业农民工则选择与其他人合伙进行创业。这两个比值表明，由于农村地区创业规模和创业范围有限，单个家庭可以支持创业活动的开展。因此返乡创业农民工更愿意自己创业，而不是采用与他人进行合作。

表4-14　　　　　　　　返乡农民工创业形式

选项	小计	比例（%）
自己创业	726	65.70
与其他人合伙创业	330	29.86
投资入股	33	2.99
合作社创业	16	1.45

我当时也是在自己学驾校的时候觉得这个还不错,来钱快。而且感觉近两年大家生活好了,都想买个车。买车肯定就要学车,觉得这个市场大,就和朋友几个一起合伙搞了这么个驾校。(访谈对象:开州德胜驾校老板李德胜;访谈地点:开州区云峰社区;访谈时间:2017年7月18日)

创业资金来源是影响创业活动开展的重要因素。在表4-15中可以发现,返乡农民工创业资金主要来源于自己个人的储蓄、家人的资助以及亲戚朋友的借贷。这表明,返乡农民工的创业活动的开展主要依赖自己的资金积累,农村地区的创业活动外部融资仍然非常困难。

表4-15　　　　返乡农民工创业资金筹措渠道

选项	平均综合得分
个人储蓄	8.08
家人资助	5.56
亲戚朋友借贷	4.39
生意伙伴	1.85
银行商业性贷款	0.90
其他社会关系	0.73
银行政策性贷款	0.70
其他	0.16
风险投资	0.02

从图4-14中可以看出,返乡创业农民工初投资金额在10万元以下的占样本总数的一半以上。50万元以下更是占绝大多数。这可以看出,农民工的创业投资规模普遍较小。

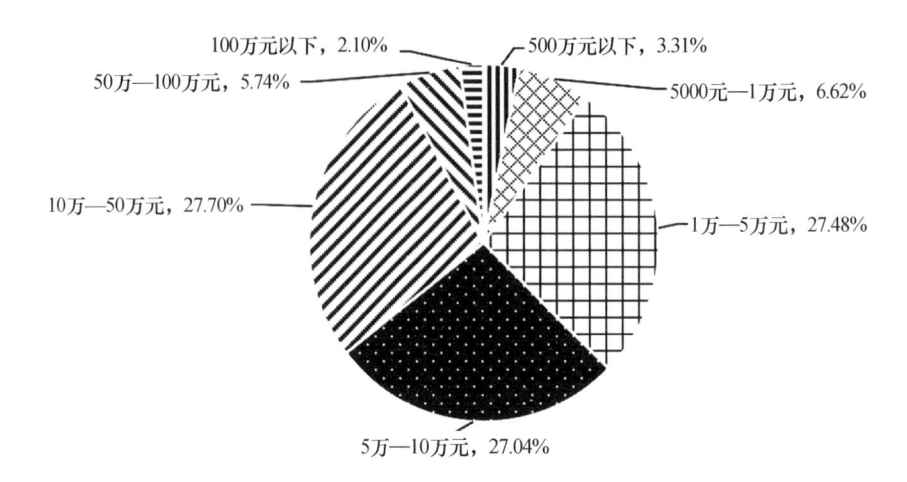

图4-14 返乡创业农民工初投资金额占比

根据图4-15可知,在产品或服务销售区域方面,有超过四分之三的返乡创业农民工表示他们的产品或服务主要在本地完成销售,只有3.76%的受访者表示他们的产品主要销往外地。显然,返乡农民工创业活动的主要市场在本地,严重依赖本地居民的消费能力。这也在一定程度上反映出,本地区居民家庭的经济水平将对返乡农民工创业活动的开展有着非常大的制约作用。

在图4-16中,可以发现样本对象在除了自己家人之外,雇请2人及以下的占到大部分,比例为60.13%;雇请3—5人的占比17.7%;雇请6—10人的占比8.9%;11人及以上的则为13.25%。显然,从雇工数量上看,样本对象的创业规模都较小。

创业的目标在于创业成功,在表4-16中可以看到,有41.06%的返乡农民工表示自己的创业是成功的;而有接近一半的返乡农民工则表示自己现在的状态说不清,这部分农民工占比为49.23%;而剩下的9.71%则表示自己的创业已经失败。

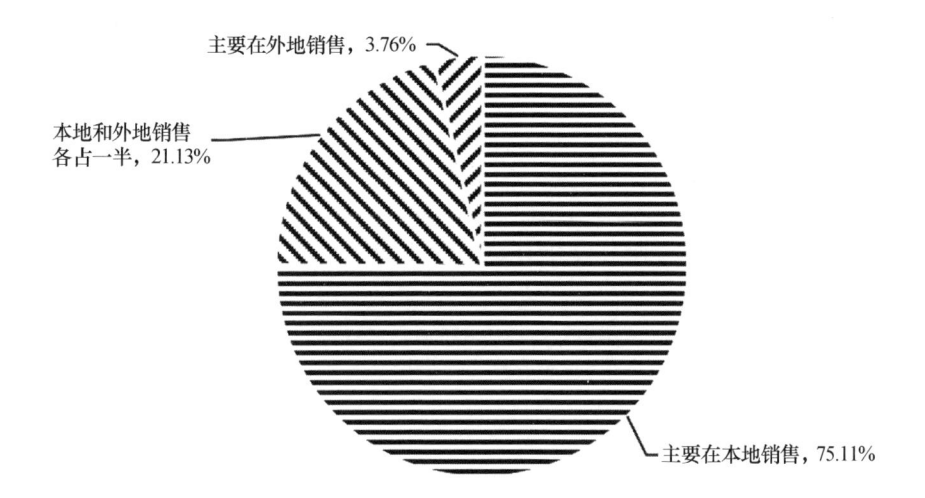

图 4-15 返乡创业农民工营销半径

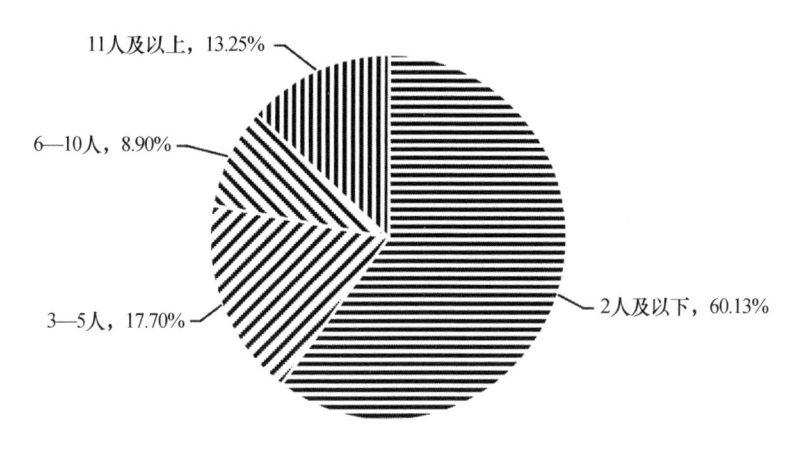

主要在外地销售，3.76%
本地和外地销售各占一半，21.13%
主要在本地销售，75.11%

图 4-16 雇工人数占比

11人及以上，13.25%
6—10人，8.90%
3—5人，17.70%
2人及以下，60.13%

表 4-16　　　　　返乡农民工创业效果的自我评估

选项	小计	比例（%）
我创业成功了	372	41.06
说不清	446	49.23
我创业失败了	88	9.71

在表 4-17 中,反映出创业成功的农民工的下一步安排。在受访的返乡创业成功的农民工中,有 56.45% 表示,要总结经验,进一步扩大生产经营;而 43.55% 的受访者则表示目前先维持现状,态度较为稳健。

表 4-17　　　　　　　　返乡农民工创业进程计划

选项	小计	比例(%)
总结经验,扩大生产	210	56.45
暂时不动,维持现状	162	43.55

创业活动的开展,必须依赖一定的条件和因素才能取得创业的成功。在表 4-18 中可以看到,有 28.49% 的返乡创业农民工将自己取得创业成功归因于自己对市场发展有着准确的判断;而有着 15.59% 的返乡农民工则表示自己在创业过程中管理恰当,才取得创业成功;有 11.56% 的返乡农民工表示,创业成功的关键在于资金有保障。显然,通过前两个主要因素可以看出,影响创业成功最重要的因素是自己的能力。

表 4-18　　　　　　返乡农民工创业成功关键因素评估

选项	小计	比例(%)
政府部门政策扶持	36	9.68
资金有保障	43	11.56
对市场发展的判断准确	106	28.49
自己的管理恰当	58	15.59
我对本地的资源优势使用得当(如本地的风景好,我就从事旅游)	36	9.68

续表

选项	小计	比例（%）
本地的交通通信等基础设施好	6	1.61
自己有技能	56	15.05
亲戚朋友支持我创业	19	5.11
其他	12	3.23

而根据表4-19显示，在创业失败的返乡农民工中，只有26.14%的受访者表示在总结教训之后，将进行第二次创业；剩下的73.86%则表示暂时不考虑再创业。从这个数据比较可以看出，创业活动的成败对返乡农民工的冲击很大。

表4-19　　　　　　　返乡农民工创业失利后的计划

选项	小计	比例（%）
总结教训，再创业	23	26.14
再出去打工	30	34.09
暂时歇一歇	35	39.77

与表4-19形成鲜明对比的是，表4-20反映了在创业失败的农民工中，认为创业失败的主要因素在于自己对市场发展的判断失误和自己的管理不够好，比值分别达到35.23%和28.41%。这从侧面可以反映出，返乡创业农民工的自身能力和素质对创业的效果有着非常重要的决定作用。

表4-20　　　　返乡农民工创业失利关键因素的评估

选项	小计	比例（%）
政府部门和政策不扶持	4	4.55
贷款难	1	1.14
对市场发展的判断失误	31	35.23
自己的管理不够好	25	28.41
没有使用好本地的资源优势	6	6.82
本地的交通通信等基础设施差	0	0
自己没有技能	9	10.23
亲戚朋友反对我创业	1	1.14
其他	11	12.5

第四节　样本对象得到的外部支持

返乡农民工创业所获得的支持，主要是指除却本人的意志和自身的资源之外，其创业活动所从外部获得的支持。在本小节中，我们首先呈现样本地区返乡创业农民工的诉求，进一步呈现了他们对所获得的支持所进行的评价。

在表4-21中，有35.38%的返乡创业农民工最希望获得政府财政补贴，从而降低自己的创业成本，而20.54%的返乡创业农民工则希望政府出台相应的措施帮助他们开拓市场，提高创业成功率。

表4-21　　　　返乡创业农民工对政府的诉求

选项	小计	比例（%）
给予补贴	391	35.38
提供技术	95	8.60

续表

选项	小计	比例（%）
税费优惠	126	11.4
提供信息	64	5.79
开拓市场	227	20.54
提供场地	93	8.42
相关培训指导	64	5.79
政府不要指手画脚	30	2.71
其他	15	1.36

政府帮助了我很多，租地这些手续的办理都很顺利，政府当时还给了2万元补贴，还有10万元的创业免息贷款，这次我来报批的这个项目，如果合格了也有15万元的补贴。最近政府的一些政策也很好，让我的压力也减轻了很多，收益颇多。（访谈对象：云阳县广鑫食品有限责任公司总经理邬前彬；地点：重庆市云阳县农业委员会办公室；访谈时间：2017年7月27日星期四）

在创业中主要遇到的问题是资金问题，开始的时候需要投入大量现金，在开始考虑时想的靠银行贷款，在实际过程中也是采用的这个方式，因为申请的是微型企业，所以政府有专门针对微企的政策，所以贷款也很好地办下来了，对问题解决也是比较满意的。现在想想，最大的支持就是国家对微型企业的扶持，特别是无息贷款，这个帮助是真的很大，解决了我们厂运作的资金问题。（访谈对象：珞璜镇玻璃纤维厂陈老板；访谈时间：2017年7月25日）

在表4-22中，26.61%的受访返乡农民工表示其在创业过程中面临的关键难点是缺少资金支持；有22.62%的受访者则表示在当前的经济形势下，自己所选择的行业市场行情不好；而有17.65%的返乡创业农民工则表示自己的创业活动受到最大的制约源于自己缺少经验和技术。显然，超过一半以上的返乡农民工创业所面临的问题主要在这三个方面：资金、技术以及外部市场环境。

表4-22　　　　　　　返乡农民工创业面临的关键难点

选项	小计	比例
缺少资金	294	26.61
缺少经验和技术	195	17.65
缺少人才	69	6.24
市场行情不好	250	22.62
缺少市场信息	152	13.76
政府的政策不够好	36	3.26
政府管得太多	19	1.72
不知道做什么项目	36	3.26
缺土地	20	1.81
其他	34	3.08

根据表4-22中的数据，返乡创业农民工面临的最集中的问题是缺少资金。在表4-23中，我们调查了返乡农民工通过正规渠道融资的难易程度。从中可以看出，明确表示通过正规渠道实现创业融资的返乡农民工只有12.12%，也就只有一成多的受访者表示通过正规渠道融资容易。而54.94%的农民工表示从银行等正规渠道融资困难。

表4-23　　　　返乡创业农民工正规渠道融资难易程度

选项	小计	比例（%）
很难	213	19.28
比较难	394	35.66
一般	364	32.94
比较容易	126	11.40
很容易	8	0.72

在贷款政策上，从来都是锦上添花，不愿雪中送炭。对于成长初期刚成立的企业无法得到贷款。创新产业没有特殊政策关心，民营经济体很难获得贷款。并且现有贷款要求实物担保，而对大多数的初创企业来说，有效资产较少，例如还没有获得房产证的工厂，银行不愿意提供贷款。（访谈对象：重庆市云阳县五彩田园总经理曾先生；访谈时间：2017年7月20日；访谈地点：重庆市云阳县五彩田园）

返乡农民工在贷款方面遭遇到非常严苛的瓶颈，政府对返乡农民工创业贷款额度是10万—15万元，第一年免息，第二年国家补贴利息的三分之二，第三年国家补贴利息的三分之一，但贷款获取的难度很高，要求提供个人担保，或提供物保。个人担保要求是财政供养人员，同时物保要求商品房、门市抵押。对于返乡农民工来说，这两项条件都相当苛刻。形成的局面是虽然政府提供了贴息贷款的政策，但农民工获得的可能性太低了。（访谈对象：重庆市云阳县人社局创业指导科李元全科长；访谈时间：2017年7月20日；访谈地点：重庆市云阳县人社局）

在融资方面，开州运用公务员担保或者房屋抵押担保的形式二选一，或者相互联保，相互联保的形式现阶段运用较少。

其中房屋抵押，有房产证即可，不需要进行评估。开州区一年合计放款额度 3 亿（单户不超过 10 万额度），在小额创业担保贷款方面取得了连续 11 年重庆市第一的成绩。放款效率较高，一周左右放款，坏账率低，99.95% 能够按期还款。最近国家政策有所改变，增加条件，要求倒查五年没有商业贷款记录。该条件会给贷款工作增加很大的局限性，我们作为返乡农民工创业业务主管部门，已经向有关部门提出意见。

开州区的融资担保工作取得了一定的成绩。例如格子衬衣品牌"姜依轩"从贷款 10 万元起家，到现在自己设计生产，年销售服装 70 余万件，同品类在淘宝搜索排行第二位。（访谈对象：重庆市开州区就业局邓学实副局长；访谈时间：2017 年 8 月 7 日）

进一步，我们调查了返乡创业农民工非正规渠道的融资难易程度。表 4-24 的数据充分表明，17.65% 的返乡农民工表示通过非正规渠道融资创业容易；41.27% 的返乡农民工表示非正规渠道融资难。通过与表 4-23 进行比较可以发现，返乡创业农民工认为非正规渠道融资相对容易。

表 4-24　　返乡创业农民工非正规渠道融资难易程度

选项	小计	比例（%）
很难	134	12.13
比较难	322	29.14
一般	454	41.09
比较容易	179	16.20
很容易	16	1.45

刚开始的时候，每个季度到头，所有的货款都要结一部分，账头上的钱就去了一大笔，又要心焦没得钱进新的货，一天累死累活，搞一活事（忙活半天的意思），挣点钱都交了房租水电，那个时候娃儿也不敢要，就连结婚，也只是办了个酒席借了点钱打货款。后头实在没钱，借了高利贷，没钱还的时候，高利贷就上门催。那个时候啊，遭了些孽。（访谈对象：连锁超市老板张平；访谈地点：重庆市巫山县官渡镇；访谈时间：2017年7月22日）

政府对返乡农民工创业的政策支持力度大小，直接关系到他们创业成本及阻力的大小。在表4-25中可以看出，超过五成的返乡创业农民工表示对政府相关业务部门开展的工商、税务以及土地等支持政策方面表示满意。

表4-25　　返乡创业农民工对政府工商、土地及税收等支持政策的满意度

选项	小计	比例（%）
非常满意	127	11.49
满意	476	43.08
一般	404	36.56
不满意	84	7.60
很不满意	14	1.27

在土地政策上，对农户的土地没有达到保护的目的同时还制约发展，土地体制僵化。例如农户土地上修农用设施，如建温室玻璃房，希望能达到农旅结合的目的，但在审批的时候就认为不再是农用土地，改变了土地用途，认定并无相关文件，

土地性质按运营管理，就要计入商业环节，不再享受农业相关优惠政策。

在用工政策上，过于强调工人是弱势群体，殊不知企业才是弱势群体。打个比方，雇工按惯例会有3个月试用期，劳资双方看是否合适，3个月后工人决定是否去留，通常流失的概率也比较大。但国家规定即便是试用期也要交劳动保险，增加企业成本。（访谈对象：重庆市云阳县五彩田园总经理曾先生；访谈时间：2017年7月20日；访谈地点：重庆市云阳县五彩田园）

在税收政策上，一产业按现行税收政策——不征收农税的背景下已经非常低。而对第三产业（开州区境内依托一区三园的发展，园区内企业前3年内都是0租金，以孵化的形式进行扶持），目前的情况来看，随着企业的发展，已经有企业顺利完成孵化，自行寻找建设生产场地。也有企业为了享受村镇低成本的劳动力资源，通过拆分的方式，例如制鞋厂，将主要零配件通过拆分到各乡镇进行生产，最终将各零部件运至总部进行总包，成型包装。虽需要承担运输成本，但由此便于招工，且工人可以吃住在家，降低劳动力成本，同时也能兼顾家里农活，亦工亦农。（访谈对象：重庆市开州区就业局邓学实副局长；访谈时间：2017年8月7日）

政府财政支持，是提高返乡农民工创业水平的一项重要政府举措，可以提高其创业积极性和降低他们的创业成本。在受访者当中，有33.15%的返乡农民工表示他们获得过政府创业补贴，受益比例达到了三分之一（表4-26）。

表4-26　　　　　返乡农民工创业获得的政府财政支持

选项	小计	比例（%）
获得过财政补贴	300	33.15
没有获得过财政补贴	605	66.85

访谈者：您开始创业时，政府给您什么支持没？

陈帝万：政府在我们刚开始建的时候，也没给我们什么帮助，只是建起以后哒，嗯，就是国家可以给你补助两三万块钱。然后啊，政府通知我们去培训。但是还要我们将十万块钱打入工商局，那三万块钱才会给你。

访谈者：那十万块钱什么时候可以取出来啊？

陈帝万：一个月之后就可以取出来了，作为流动资金嘛。其实就是考验你嘛，不管怎样都要凑齐十万块钱嘛。

（访谈对象：奉节养猪大户陈帝万；访谈时间：2017年7月23日）

政府帮助了我很多，租地这些办理手续都很顺利，政府当时还给了2万元补贴，还有10万元的创业免息贷款，这回过来审批这个项目，合格了也有15万元的补贴。最近政府的一些政策也很好，让我的压力也减轻了很多，收益颇多。（访谈对象：云阳县广鑫食品有限责任公司总经理邬前彬；地点：重庆市云阳县农业委员会办公室；访谈时间：2017年7月27日星期四）

而在创业经营生产的过程中，有可能遇到各种问题，需要向外部寻求支持和救助。如果当地同行业间的经济活动较为活跃，则解决问题的概率越大，反之越小。此外，如果所遇到的问题或症结技术含量不高，那么也有可能在本地获得解决。在表4-27中，接近六成的返乡创业农民工表示，当他们在经营生产过程中遇到问题时，能够在本地寻求到技术支持。

表 4-27　　　　　　　返乡农民工创业获得的技术支持

选项	小计	比例（%）
能在本地获得技术支持	537	59.53
不能在本地获得技术支持	365	40.47

> 我记得 2015 年的时候，那个时候我们养的鸡子突然死了一些，当时吓惨了，自己不懂专业技术，就赶紧找了些技术员来，后来他们说就是天气太热了鸡棚不卫生，给鸡吃的东西又不太干净。当时我就下定决心以后一定还是要多学点这种系统专业的知识。（访谈对象：开州区种养大户李继军；访谈地点：重庆市开州谭家镇；访谈时间：2017 年 7 月 17 日）

由于返乡农民工长期在外务工，其中相当一部分没有获得系统的创业及经营知识。因此，在创业前的培训及创业过程中的指导便显得非常重要，不但可以降低创业的盲目性，而且可以提高创业的成功率。在表 4-28 中，只有 26.33% 的受访者表示对政府提供的创业培训及创业指导不满意。显然，在样本地区中，政府在创业培训及指导等方面的供给较为充足，基本上能够满足当地返乡创业农民工的诉求。

表4-28 返乡农民工对创业培训、创业指导等支持政策的满意度

选项	小计	比例（%）
非常满意	64	5.79
满意	290	26.24
一般	460	41.63
不满意	228	20.63
很不满意	63	5.70

创业者的素质不高，而且创业者通常年龄较大，虽然淘到第一桶金，但受限于文化程度和素质，往往发展受到限制。政府方面通常会购买中介机构的服务进行创业指导。对于到政府申请创业贷款的返乡农民工，都会被引导参加创业培训班，为了满足返乡农民工的需求，还通过开办夜班的方式进行培训。在培训内容上主要以实用为主，包括消防、工商、环保等方面的内容都会进行培训。

此外返乡创业者综合素质不高还体现在当经济形势发生变化时，创业者受制于自身文化素养及能力，导致其创业受到很大影响。例如制衣行业，制衣厂普遍的方式是在外地接单，要么获得一手订单，通常利润高体量大；要么获得分包订单，通常利润相对较低且体量不大。当经济下行，订单不稳定，养不住人，导致规模逐步萎缩。针对这种情况，政府出面召集制衣行业厂，成立制衣协会，打算以制衣协会出面，接一手订单，再分包给协会内制衣厂进行生产，抱团发展的思路。但最终由于牵头厂商的问题，没有顺利实施。（访谈对象：重庆市开州区就业局邓学实副局长；访谈时间：2017年8月7日）

创业项目是返乡农民工进行创业的载体。在样本地区，地方政府针对本地区的实际情况和产业规划，形成了一定规模的项目库，并提供一定的支持。通过表4-29中数据可以看出，返乡创业农民工对本地政府所提供的创业项目表示不满意的只有25.71%，也就是说将近四分之三的返乡农民工对政府提供的创业项目持肯定的态度。

表4-29　　　　返乡农民工对创业项目供给的满意度

选项	小计	比例（%）
非常满意	49	4.43
满意	310	28.05
一般	462	41.81
不满意	211	19.10
很不满意	73	6.61

在开州区农民工创业项目选择方面，没有制约性项目。但开州区有自有的项目库，这个项目库是区发改委立项，结合了本地自身重点产业发展，项目库一般包含几百个项目，并且是动态更新的。项目选择上仅是给创业者一定的指导方向，具体的项目实施还是按照创业者的实际情况来。举个例子，如果按照项目库是某村镇有某养殖业的项目，但其他村镇如有相关返乡创业人员认为有商机同样可以采用。

在政府支持方面，我们开州每年春节都会召开外出务工人员乡情会，邀请在外地务工有一定影响力和成就的先进分子通过座谈的方式进行分享和交流，同时政府相关部门和机构分享发展思路及重点项目，有意向的返乡农民工可以按照情况进行对接。（访谈对象：重庆市开州区就业局邓学实副局长；访谈时间：2017年8月7日）

第五节 本章小结

首先，本章在可持续生计视角下，从理论探讨出发，结合返乡农民工群体的特征、三峡库区生态环境、自然资源禀赋、区域经济基础、创业特点等，从人力资本、社会资本、金融资本、自然资本与物质资本等五个方面，选取了适合量度三峡库区返乡创业农民工的指标体系，并对其进行赋值，最终形成了返乡创业农民工可持续生计评价指标体系，从而为接下来的研究奠定基础。

其次，在文献工作的基础上，结合了三峡库区返乡农民工创业问题的研究诉求，确定了调查问卷形成的基本原则。在问卷的设计过程中，分别征求了专家学者以及样本地区政府相关部门的工作建议，并通过预调研的方式测试问卷的合理性和适切性。在上述基础上逐步对问卷进行调整和完善，充分保障问卷设计的科学性。问卷结构主要包含返乡创业农民工的个人特征和家庭禀赋信息、创业的准备与实践、创业的效果、所获得的创业支持等几大方面内容。在样本选取过程中，我们采用科学的分层抽样方式进行抽样。并采用参与性农户评估方法收集了样本对象的数据。同时，我们在调查问卷的基础上进行了随机回访，丰富了调查的信息来源，从而获得多方位更全面的信息。在调查中，一共获得1105份有效问卷信息，获得76份访谈记录。

再次，对样本对象的个人特征及其家庭禀赋进行了描述性分析后发现，返乡创业农民工以男性为主，青壮年居多，受教育程度较低，外出务工行业多为劳动密集型产业；绝大多数的创业家庭为核心型家庭，劳动力数量大部分为2—3人，家庭的主要经济来源大多已经从务工渠道转为创业渠道。

在返乡农民工对创业的准备方面，他们大多认识到创业具有一定的风险，因此较多的样本对象选择与打工经历相关的行业进行创业，并且一半以上的农民工在创业前进行了相应的计划。在创业实践中，对市场的判断正确与否直接决定着他们创业的成败。在创业实践中，他们的初次投资额都很小，雇工人数大部分为2人及以下，主要的营销活动在本地完成，销售半径较小。从这几个指标可以看出，三峡库区的返乡农民工创业规模小、水平不高。在创业效果上，有四成认为自己已经创业成功。

最后，在对创业支持的评价方面，大部分的返乡创业农民工对政府政策的支持持肯定态度。这表明，三峡库区的各地政府对返乡农民工的创业进行了大力的支持，为返乡农民工创业活动的顺利展开打下较好的政策基础。但是在融资方面，大部分返乡创业农民工表示融资十分困难，这是制约他们创业的瓶颈之一。

综合返乡农民工的创业响应及所获得的支持两个方面的描述性信息可以发现，三峡库区的地方政府在对返乡农民工创业方面的支持力度较大，但由于个人禀赋、地区经济发展水平以及融资困境等各方面的原因，库区中的返乡农民工的创业活动仍处于较低的水平。

第 五 章

返乡农民工生计资本及其创业业态差异

根据党中央、国务院的决策部署,2015年以来,国务院办公厅先后出台系列文件①,支持农民工返乡创业,农民工的返乡创业热情被迅速激发。据人力资源和社会保障部的监测显示,2017年第四季度返乡农民工中,选择创业的占10.9%,创业范围覆盖一、二、三产业②。农民工返乡创业有利于激活农村资源要素,是实施乡村振兴战略的重要内容③。但是,在地理空间上,中国的脱贫地区和生态脆弱的地区存在着较强的耦合关系④,这些地区的农民工返乡创业的业态选择面临着外部环境的强约束。三峡库区⑤是我国重要

---

① 分别是《关于支持农民工等人员返乡创业的意见》(2015)、《国务院办公厅关于支持返乡下乡人员创业创新促进农村一二三产业融合发展的意见》(2016)和《关于进一步支持农民工等人员返乡下乡创业的意见》(2018)。
② 石佳:《进一步支持农民工等人员返乡下乡创业》(http://www.scio.gov.cn/32344/32345/37799/37791/tw37793/Document/1617258/1617258.htm.)。
③ 李沐:《进一步支持农民工等人员返乡下乡创业〈意见〉政策解读》(http://www.scio.gov.cn/34473/34515/Document/1617831/1617831.htm.)。
④ 佟玉权、龙花楼:《脆弱生态环境耦合下的贫困地区可持续发展研究》,《中国人口·资源与环境》2003年第2期。
⑤ 三峡库区是我国长江上游的重点生态保护区,是全国18个集中连片脱贫地区之一,人口密度350人/平方千米,是全国平均水平的2.1倍。在库区超过千万的人口规模中,农业人口占总人口的67.8%,是西南地区农民工重要输出源之一。

的战略性淡水资源库，在长江生态链上有着非常重要的地位。为了保护好三峡库区的生态环境以及其水体，国务院要求，在三峡库区，要增强水土保持与水源涵养功能，确保上游及库区水质保持优良[①]。在区域产业发展上，特别强调要注意促进三峡库区内相关产业的布局与该地区生态及资源环境相协调[②]，避免产生污染转移和环境风险聚集[③]。这就意味着，返乡农民工在三峡库区等生态环境重点保护区的创业业态选择受到很强的限制。作为生态脆弱的典型地区，三峡库区农民工返乡创业活动一方面可以促进库区居民的安稳致富、提高库区自我发展能力，但另一方面也对三峡库区脆弱的生态环境构成压力，经济发展与生态保护的冲突在加大[④]。因此，在可持续生计分析框架下研究三峡库区等生态环境脆弱区域的农民工返乡创业的业态选择方向，对缓解类似地区经济发展与生态保护之间的冲突，促进返乡农民工在生态环境约束条件下选择合适的创业业态，推进实施乡村振兴战略，实现区域社会经济可持续发展，具有重要的借鉴意义。

第一节 返乡创业农民工占有的生计资本差异

返乡创业农民工是农村地区特殊的群体，他们虽然是农民的组成部分，但其在实践生计过程中，所需要的生计资本与普通农民有着较大的区别。参考国内外学者在可持续生计分析框架下已有的生

[①] 《国务院关于印发全国国土规划纲要（2016—2030年）的通知》（http://www.gov.cn/zhengce/content/2017-02/04/content_5165309.htm）。

[②] 黄云、廖铁军：《三峡库区农业适度规模经营的影响因素及动态变化》，《重庆工商大学学报》（社会科学版）2018年第1期。

[③] 《国务院关于依托黄金水道推动长江经济带发展的指导意见》（2014-09-25）[2019-05-20]，http://www.gov.cn/zhengce/content/2014-09/25/content_9092.htm。

[④] 甘宇、邱黎源、胡小平：《返乡农民工人力资本积累与创业收入的实证分析——来自三峡库区的证据》，《西南民族大学学报》（人文社科版）2019年第3期。

计资本量化研究①②③，结合三峡库区特有的生态环境特征、资源禀赋特征及三峡库区返乡创业农民工家庭生计特征进一步调整了指标体系，使得调整后的测量指标及指标量化数值更加符合三峡库区返乡创业农民工的情况。根据各类资本的可获得程度，我们对他们所占有的人力资本、社会资本、金融资本、自然资本、物质资本分别展开陈述。本书所用指标主要采用三峡库区返乡创业农民工评价的方式获取。

一 人力资本指标

人力资本指标指的是返乡农民工家庭为了生活和发展所需、其实施生计策略过程中必须拥有的劳动力质量，包括拥有的用于谋生的知识、技能水平以及劳动能力等。在本书中，我们选取农民工的受教育程度作为主要代理变量。考虑到三峡库区农民工的务工经历及接受创业培训可能对其创业的启动及后续经营有重要影响作用，我们还考察了其外出务工时长、接受过的创业培训等两个变量。

在人力资本指标中，样本对象的受教育程度主要为中学程度，其中初中水平占比38.73%，小学及以下受教育程度16.02%，这两部分人数合计超过总样本量的一半。这意味着大部分库区返乡创业农民工的受教育程度为初中及以下水平，受教育程度不高。在培训方面，表示接受过培训的返乡创业农民工为398人，占比43.93%。表明政府提供的创业培训覆盖面接近一半的人数。但是，

---

① Jiggins J., "How Poor Women Earn Income in Sub–Saharan Africa and What Works Against Them", *World Development*, Vol. 7, 1989, pp. 953–96.

② Sharp K., "Measuring Destitution: Integrating Qualitative and Quantitative Approaches in the Analysis of Survey Data", *IDS Working Paper*, 2003, pp. 217–233.

③ 李小云、董强、饶小龙等：《农户脆弱性分析方法及其本土化应用》，《中国农村经济》2007年第4期。

我们也观察到，在接受过创业培训的样本对象中，有一部分样本对象表示没从培训中获得支持，这部分样本占比13.58%。在样本对象的务工时长中，大部分样本对象的外出务工时长主要集中在3—10年这个区间，这部分样本占比高达65.56%。

二 社会资本指标

社会资本在生计资本语境下，是指返乡农民工家庭为了生活和发展所需，其实施生计策略过程中可以加以利用社会资源的数量及质量。在三峡库区的农村社会中，返乡农民工是否曾为村干部、家庭重要外部关系从政或经商，直接能够影响家庭在农村社会中的地位，在资源获得、信用评估，以及对家庭生计策略的变化方面均可能有较大的正向影响。而针对本书所讨论的话题，在类似的生产环境和资源获得可能性下，周边是否有创业的人对家庭的创业具有非常重要的参照和影响作用，可以在创业遭遇市场风险时，获得较好的指导和支持。

在社会资本指标中，我们选取了农村社会中常见的几类社会资本。在样本对象中，9.82%有担任村干部的经历。在回答"周边是否有创业成功的人"时，有85.65%的样本对象作出了肯定回复。这表明创业具有传导效应，良好的创业氛围可以促进创业活动的发生。但是我们也观察到，明确表示这些创业成功的人对自己影响较大的占44.04%，而明确回答这些创业成功的人对自己影响不大的占到41.61%的比例。在回答"有没有亲戚从政或经商"这一问项中，合计共有73.84%的样本对象作出肯定回答。在这其中，占样本对象的42.27%认为这些亲戚并未对自己创业有明显的影响，而31.57%的样本对象则表示，这些亲戚对自己创业有很大的影响。

三 金融资本指标

金融资本在生计资本语境下,是指返乡农民工家庭为了生活和发展所需,其实施生计策略过程中可以调配的资金,主要包括家庭年收入、可获得的贷款等。贷款渠道包括金融机构(例如银行、小额贷款公司)和非金融机构(例如亲戚朋友借款筹的资金)。本书采用返乡农民工创业初投资金规模、家庭的年收入、正规信贷的可获得性、非正规信贷的可获得性来衡量金融资本。

在金融资本指标中,对于创业初投资金主要在1万—5万元、5万—10万元和10万—50万元之间,这三个幅度的占比都为27%左右。考虑到这三个区间的宽度,明显可以发现,返乡农民工创业的初投资金主要集中于1万—10万元之间,初投资金额度并不高。而在"上一年度家庭收入"这一问项的回答中,则呈现较为分散的现象,家庭收入为10万元以下占比42.5%。这显现出创业初投资金与家庭的年度收入之间存在一定的正相关关系。在融资可得性中,超过一半的样本对象明确表示正规渠道融资较为困难,相对而言,非正规渠道融资虽然也不是十分顺畅,但比正规渠道难度小一些。

四 自然资本指标

自然资本在生计资本语境下,是指返乡农民工家庭所能够支配的、蕴含在其所处自然环境中有价值的资本,即是有价值的自然资源存量和环境服务。由于返乡农民工创业具体行业不同,如果单纯使用一般的自然资源进行分析,所获得的回归结果可能与分析的目标产生偏差。受制于三峡库区的功能性要求,三峡库区内对自然资源利用的首要原则是可持续发展。创业对场地的诉求是刚性的,为了便于比较,我们引入返乡农民工创业所需场地、家庭所能支配的平整耕地存量等变量来测量自然资本。

在自然资本指标中，88.3%的样本对象表示有合适的创业场地，其中，占样本总量37.31%的调查对象表示目前的创业场地仍然不足。对于"本地平整的土地存量"这一问项，接近一半的样本对象表示本地平整土地较少。这严重制约了创业活动的开展和扩大。而在本地的地貌特征之中，72.63%的样本对象表示为山地，这与三峡库区的地貌特征相吻合。虽然只有不到10%的样本对象表示本地地质灾害较多，但是在"创业计划是否受到库区自然环境的影响"这一问项中，16.89%的样本对象表示他们的创业计划受到库区自然环境明显的影响，15.34%的样本对象表示他们的经营活动受到库区地质灾害的影响。

五　物质资本指标

物质资本在生计资本语境下，是指返乡农民工家庭在实施生计策略过程中，所使用到的除自然资源以外的物质，主要包含基础生产资料和公共基础设施两大类。由于创业方向和行业存在差别，因此在生产资料上难以比较。但是，地区基础设施对于该区域所有返乡农民工的创业决策和创业效益有重要影响，在三峡库区中，基础设施是存在较大区域差异的，这对于返乡农民工创业的影响不言而喻。因此，我们使用地区交通、用水、用电等的便利程度对该地区的基础设施进行刻画。

在物质资本指标中，超过20%的样本对象认为本地的交通运输不便利；而对于用水和用电便利程度上，超过10%的样本对象持否定的态度；对于网络和无线通信，超过20%的样本对象对这两项指标不满意，直接导致接近一半的样本对象认为本地获取市场信息便利程度不高。

第二节 可持续生计分析框架下的返乡农民工创业业态选择

一 返乡农民工创业业态总趋势

农户生计策略的选择，是基于自身所占有并可以自主支配的生计资本所作出的经济决策。同样，在返乡创业农民工群体之中，创业是其最重要的家庭生计，其同样需要根据自身占有并可以自主支配的生计资本对创业业态进行选择。对于返乡创业的农民工而言，业态选择的过程就是他们生计策略选择的过程。

首先，我们观察三峡库区返乡农民工创业所选择的业态频数，这个指标表示农民工创业所选业态的具体样本数（见表5-1）。返乡农民工创业所选业态中，频数最高的四类业态分别为"住宿和餐饮业""批发和零售业""农林牧渔业"和"居民服务、修理和其他服务业"，其创业频数分别为212、191、187和91，均明显高于其他业态，这四类业态的频数总和占样本总数的75.17%，也即大部分返乡农民工选择这四类业态进行创业。

表5-1　　　　　　　　返乡农民工创业业态选择

返乡农民工创业业态	具体内容	频数	与务工内容相关的频数
农林牧渔业	鸡鸭鹅鱼兔猪牛羊蜂等养殖、蛙虾等特种养殖、瓜果菜蔬食用菌等经济作物种植、草药、鲜花盆栽园林培育等	187	32
采矿业	河沙、采石、煤矿等	5	1
制造业	服装、鞋袜、五金、玻璃、电子等	60	37
建筑业	建筑、装修、门窗定做、建材	52	26

续表

返乡农民工创业业态	具体内容	频数	与务工内容相关的频数
批发和零售业	日常生活用品、家电、药品、衣服鞋袜、零食副食、果蔬、化妆品、烟酒、花卉、饲料、灯饰、机动车、农具批发零售等	191	45
交通运输、仓储和邮政业	物流、快递、客货运	18	11
住宿和餐饮业	农家乐、火锅店、蛋糕店、饮品店、包子店、面馆、烧烤、料理、快餐、早点、夜市、咖啡厅、酒楼、休闲度假山庄、特色小吃、旅馆	212	105
信息传输、软件和信息技术服务业	网吧、打印复印、广告制作、传媒公司、淘宝平台	22	10
租赁和商务服务业	房屋租赁中介、自行车租赁、汽车租赁	13	5
居民服务、修理和其他服务业	美容、茶楼、机动车家电维修、房屋维修、管道安装、理发修脚、针灸按摩、足浴理疗、红白喜事	91	31
文化、体育和娱乐业	培训机构、KTV、健身房、书店、音乐器材、福彩、麻将馆、儿童游乐、溜冰场、台球馆	51	23
其他	花艺店、生物医药开发等	4	3

其次，我们观察返乡农民工创业业态与其务工期间的工作内容的相关频数，可以发现，选择"住宿和餐饮业"的农民工有接近一半曾经在务工时有类似的工作经验。与"住宿和餐饮业"不同，选择在"批发和零售业""农林牧渔业"和"居民服务、修理和其他服务业"创业的农民工，在务工期间所从事的工作内容大多与现在创业业态无关。

调查信息显示,选择"住宿和餐饮业"这一项的绝大部分调查对象实际从事的是餐饮业和食品加工,选择"批发和零售业"这一项的绝大部分调查对象实际从事的是零售业,这是由于餐饮业和零售业进入门槛低,初投资金少,市场有刚性需求,创业风险较小,在外出务工积累一定的创业资金和学习到管理经验后,可以较快地实现创业,并能在短时间内实现资金的回笼,或发现风险并及时进行调整,从而实现保本增效的目的。而选择"农林牧渔业"的返乡农民工,大多是基于所选业态的技术门槛低,并且自己有长期从事农业劳动的经历,积累了相关种养技能。

二 不同业态选择下的生计资本差异

表5-2呈现了不同业态选择下的人力资本指标差异情况。我们发现,选择"农林牧渔业"的返乡农民工不但处于小学及以下文化水平的占比比总样本高出接近10个百分点,初中文化水平的占比也明显高于其他业态。这表明选择"农林牧渔业"的返乡创业农民工大部分文化程度较低。与之相对应的是,在回答"是否接受过相关创业培训"这一问项时,选择"批发和零售业""住宿和餐饮业"以及"居民服务、修理和其他服务业"的返乡农民工超过半数均表示"没有接受过",而选择"农林牧渔业"的返乡农民工有47.25%表示接受过相关创业培训,并且从中受益很大。我们认为,这与选择"农林牧渔业"的返乡农民工的初始受教育程度低有很大关系,他们通过培训弥补了初始受教育程度的不足。此外,相对于其他业态而言,规模化种植养殖具有一定的技术门槛,需要较强的管理能力,因此通过培训,他们可以提高创业的成功率。

表5-2　　　　　　　不同业态选择下的人力资本指标差异

人力资本指标	划分标准	农林牧渔业 数量	农林牧渔业 占比(%)	批发和零售业 数量	批发和零售业 占比(%)	住宿和餐饮业 数量	住宿和餐饮业 占比(%)	居民服务、修理和其他服务业 数量	居民服务、修理和其他服务业 占比(%)
受教育程度	小学及以下	51	28.02	32	17.02	39	18.40	13	14.13
	初中	86	47.25	70	37.23	95	44.81	43	46.74
	高中/高职/中专	32	17.58	64	34.04	53	25.00	26	28.26
	专科/本科及以上	13	7.14	22	11.70	25	11.79	10	10.87
接受过相关培训	接受过,很有用	86	47.25	29	15.43	55	25.94	29	31.52
	接受过,没什么用	26	14.29	25	13.30	29	13.68	11	11.96
	没接受过	70	38.46	134	71.28	129	60.85	52	56.52
外出务工时长	2年及以下	10	5.49	29	15.43	29	13.68	10	10.87
	3—6年	69	37.91	77	40.96	81	38.21	43	46.74
	7—10年	43	23.63	61	32.45	59	27.83	25	27.17
	11年及以上	60	32.97	21	11.17	43	20.28	14	15.22
家庭劳动力规模	1人	18	9.89	11	5.85	10	4.72	7	7.61
	2人	82	45.05	110	58.51	129	60.85	58	63.04
	3人	52	28.57	43	22.87	50	23.58	15	16.30
	4人及以上	31	17.03	24	12.77	23	10.85	12	13.04
雇请熟练工人的方便程度	非常方便	16	8.79	16	8.51	27	12.74	7	7.61
	方便	64	35.16	97	51.60	112	52.83	28	30.43
	一般	70	38.46	51	27.13	56	26.42	23	25.00
	不方便	27	14.84	24	12.77	17	8.02	21	22.83
	很不方便	5	2.75	0	0.00	0	0.00	3	3.26

表5-3显示,选择"农林牧渔业"的返乡农民工对社会资本的依赖程度较高。首先,选择"农林牧渔业"的返乡农民工有担任村干部经历的占比为23.08%,即选择"农林牧渔业"的返乡农民工超

过五分之一曾经担任村干部。而选择在"批发和零售业"创业并且有担任村干部经历的返乡农民工仅占这一业态的7.45%,占比率位居第二。显然,选择"农林牧渔业"与选择其他业态的返乡农民工相比,在担任村干部这一经历上有着较为悬殊的差异。其次,在回答"周边有没有创业成功的人?"和"有没有亲戚从政或经商?"这两个问项时,对这两个问项回答持肯定态度并明确表示帮助较大的农民工中,选择"农林牧渔业"的返乡农民工占比均最高。综合选择在"农林牧渔业"创业的返乡农民工的上述特点,可以看出种植养殖业态对自身社会资本依赖程度比其他业态要高。一方面,种植养殖业态对资金、土地、水源等资源诉求较高,担任村干部这一经历可以提高返乡创业农民工获取这些稀缺资源的便利程度;另一方面,农业领域创业不仅受市场因素影响,同时也受自然因素影响,风险较其他业态要大,具有高度的不确定性,通过从周边创业成功和政商领域的亲友中获得信息和经验等方面的支持,有助于降低创业的风险,进而提高创业的成功率。

表5-3　　　　　　　　不同业态选择下社会资本差异

社会资本指标	划分标准	农林牧渔业		批发和零售业		住宿和餐饮业		居民服务、修理和其他服务业	
		数量	占比(%)	数量	占比(%)	数量	占比(%)	数量	占比(%)
是否担任过村干部	是	42	23.08	14	7.45	9	4.25	2	2.17
	否	140	76.92	174	92.55	203	95.75	90	97.83
周边有没有创业成功的人	没有	37	20.33	27	14.36	24	11.32	10	10.87
	有,但对我影响较小	64	35.16	86	45.74	97	45.75	43	46.74
	有,且对我影响较大	81	44.51	75	39.89	91	42.92	39	42.39

续表

社会资本指标	划分标准	农林牧渔业		批发和零售业		住宿和餐饮业		居民服务、修理和其他服务业	
		数量	占比(%)	数量	占比(%)	数量	占比(%)	数量	占比(%)
有没有亲戚从政或经商	没有	60	32.97	58	30.85	46	21.70	22	23.91
	有,帮助较小	64	35.16	78	41.49	104	49.06	49	53.26
	有,帮助较大	58	31.87	52	27.66	62	29.25	21	22.83

表5-4显示,返乡创业农民工对外融资普遍困难。对于正规渠道融资的可得性,只有10%左右的返乡农民工表示相对容易,超过50%的农民工明确表示从正规渠道融资困难;非正规渠道融资可得性虽然比正规渠道融资可得性略高,20%左右的返乡农民工觉得非正规渠道融资相对容易,但这是一个非常低的比值。从总体上看,返乡创业农民工融资十分困难,与所选创业业态的差异关系不大。归根到底,返乡农民工创业规模小、资产少、可抵押的资产不足,融资问题始终备受困扰,大多存在自身流动资金不足的缺陷。尽管近年来中央对"三农"问题十分重视,从政策上给予大力的支持,但是正规金融机构基于规避风险的考虑,对涉农贷款管理十分严格,贷款审核流程较长,导致返乡创业农民工通过正规渠道融资的难度增加,时间成本也比较高。虽然非正规渠道融资能为返乡农民工创业活动提供流动资金,但这些非正规渠道融资的成本一般比正规渠道融资明显偏高,无形中将增加创业农民工的负担。

表 5-4　　　　　　　　不同业态选择下的金融资本差异

金融资本指标	划分标准	农林牧渔业 数量	农林牧渔业 占比(%)	批发和零售业 数量	批发和零售业 占比(%)	住宿和餐饮业 数量	住宿和餐饮业 占比(%)	居民服务、修理和其他服务业 数量	居民服务、修理和其他服务业 占比(%)
正规渠道融资可得性	很难	23	12.64	31	16.49	37	17.45	18	19.57
	比较难	72	39.56	62	32.98	68	32.08	31	33.70
	一般	69	37.91	77	40.96	75	35.38	29	31.52
	比较容易	16	8.79	19	10.11	31	14.62	12	13.04
	很容易	2	1.10	0	0.00	1	0.47	2	2.17
非正规渠道融资可得性	很难	10	5.49	17	9.04	20	9.43	10	10.87
	比较难	59	32.42	53	28.19	58	27.36	29	31.52
	一般	79	43.41	82	43.62	93	43.87	40	43.48
	比较容易	31	17.03	35	18.62	36	16.98	11	11.96
	很容易	3	1.65	1	0.53	5	2.36	2	2.17

对样本对象在不同业态①选择下的自然资本②差异分析后发现：首先，在涉农创业样本对象的回答中，表示"有足够的创业场地"的占 65.38%，表示"有创业场地，但不够"的占 30.77%，即绝大部分选择"农林牧渔业"的农民工表示创业场地基本上满足了自己的创业需要，这意味着库区内的种植养殖规模化程度并不高。但是，我们结合调查发现，选择"农林牧渔业"业态的农民工中，超过四成表示他们的创业受到自然环境的影响，比如在回答"库区常见的滑坡崩塌库岸坍岸边坡失稳等地质灾害是否影响经营生产"这一问项时，就有超过 30% 的涉农创业样本对象表示自己的创业活动受到影响。显然，正是由于库区自然环境欠佳，山地为主要地

---

① 具体的业态划分与表 5-2、表 5-3 及表 5-4 一致，下同。
② 自然资本指标包括：创业场地的满足程度、本地区平整土地的规模、本地区的地貌特征、创业计划受库区自然环境影响程度、经营生产过程中受地质灾害影响程度、本地区地质灾害发生的频率等指标。

貌，使得他们的创业规模难以扩大。相对而言，其他农民工选择了其他业态，对自然环境的诉求相对较低。选择"批发和零售业"和"住宿和餐饮业"业态的返乡农民工认为自然环境对他们的创业活动"有很大影响"和"有影响"占比仅为10%左右，而选择"居民服务、修理和其他服务业"业态创业的返乡农民工认为自然环境对他们的创业活动"有很大影响"和"有影响"占比则只有2.17%[①]。

进一步对不同业态选择下样本对象的物质资本[②]的差异分析发现，选择"批发和零售业""住宿和餐饮业"和"居民服务、修理和其他服务业"这三类业态的返乡创业农民工对自身所处地区的基础设施的评价较为一致，比如对本地的交通运输便利程度的评价，上述三类业态的返乡农民工都有80%以上的样本对象认为本地交通运输比较方便；对本地生产用电便利程度的评价，选择这三类业态创业的返乡农民工中超过九成认为本地生产用电比较方便。但是，选择"农林牧渔业"业态进行创业的农民工对自身所处地区的基础设施的评价要比选择其他业态创业的农民工的评价低10%左右，特别是在"本地获取市场信息便利程度"这一问项之中，超过20%的农民工表示获取市场信息不方便。显然，这与"农林牧渔业"这一业态产销一体化有很大的关联。一方面，虽然规模化种植和养殖能够通过产销一体化实现生产利润最大化，但是其对基础设施的依赖程度尤其高，不仅在生产环节对水、电等有着较为刚性的要求，在销售环节还对交通、通信等基础设施有着较为强烈的诉求。另一方面，规模化种植养殖的业态特点决定了这一业态的创业地点大多

---

① 囿于篇幅，省略了不同业态选择下样本对象的自然资本和物质资本差异的分析数据，有兴趣的读者可向作者索取。

② 物质资本指标包括：本地的交通运输便利程度、本地生产用水便利程度、本地生产用电便利程度、本地上网便利程度、本地手机信号强弱程度、本地获取市场信息便利程度等6项指标。

位于偏远野外，各类基础设施条件相对不足。与选择"农林牧渔业"的农民工相较而言，其他几类业态经营场所大多位于基础设施相对完备的场镇，因此并没有表现出较低的评价。

第三节 返乡农民工创业业态选择的归因

一 外部环境制约

首先，通联成本高，销售半径突破有困难。样本地区内各项基础设施的完备程度及其使用成本，直接影响返乡农民工创业企业的效率。三峡库区地处内陆，地理位置上具有相对劣势，库区中交通通达状况不佳，较高的通联成本及时间成本难以在外向型经济中取得竞争优势，也直接导致农民工返乡创业及其扩张成本难以降低，从而使得返乡农民工创业的销售半径突破受阻，多以本地销售为主。其次，产业空心化导致产业链较短。库区产业空心化，直接导致产业结构不理想，现有产业的产业链较短，产业化项目的全局性支撑力弱，导致资金、技术等生产要素流出，库区内返乡农民工创业内容有限，难以支持返乡农民工创业业态选择的多样化。最后，融资困难。创业资金的缺乏，不仅降低返乡农民工创业的意愿，也制约返乡农民工现有的经营项目规模的扩大及经营内容的转变。大多数返乡农民工在创业过程中对融资有强烈的诉求。但是在实践中，囿于返乡农民工自身资产条件，可充当抵押物的资产较少，同时社会资本少，缺少正规金融机构所要求的财政供养人员的担保等原因，导致融资渠道不通畅。

二 内部动力不足

一方面，人力资本存量少，是影响返乡农民工创业业态选择的重要因素。由于返乡农民工受教育程度较低，即使得到地方政府的创业培训，大部分也仅是获得政府服务流程等方面的知识，对其创业具体经营和发展的系统提升帮助较小。基于库区返乡创业农民工自身的人力资本存量较少的现状，绝大多数返乡农民工所选择的业态没有过多的技术技能方面的要求，经营及生产环节较为简单，他们往往通过增加劳动投入、忍受恶劣工作条件的方式来保持市场优势。在部分返乡农民工的业态选择过程中，甚至简单依赖于偶然性的优势条件，比如自有住房处于人流量较多的地方，进而开设超市从事批发零售业务等。

另一方面，风险偏好较小。在进行创业业态选择时，返乡农民工谨小慎微，倾向于选择风险较小的经营方向。风险小意味着创业的风险处于农民工自身可控或者可预见的范围之内。因此库区返乡创业农民工要么选择自己熟悉的规模化种植养殖等涉农行业，要么选择投资小、资金回笼快的食品加工、居民生活服务等行业，即使经营失败，也不会造成不可逆的经济困境。较低的风险偏好较好地解释了返乡农民工选择的具体创业业态。

第四节　本章小结

返乡创业农民工占有的生计资本包括人力资本、社会资本、金融资本、自然资本和物质资本。在人力资本指标中，大部分库区返乡创业农民工的受教育程度为初中及以下水平，受教育程度不高；接近一半的样本对象接受过政府提供的创业培训；65.56%的样本对象的外出务工时长集中在3—10年这个区间。在社会资本指标中，9.82%的样本对象有担任村干部的经历；85.65%的样本对象周边有创业成功的人；73.84%的样本对象有亲戚从政或经商。在金融资本指标中，返乡农民工创业的初投资金主要集中于1万—10万元之间，初投资金额度并不高；家庭收入为10万元以下占

42.5%；超过一半的样本对象明确表示正规渠道融资较为困难。在自然资本指标中，37.31%的调查对象表示目前的创业场地仍然不足；接近一半的样本对象表示本地平整土地较少；72.63%的样本对象表示为山地；16.89%的样本对象表示他们的创业计划受到库区自然环境明显的影响；15.34%的样本对象表示他们的经营活动受到库区地质灾害的影响。在物质资本指标中，超过20%的样本对象认为本地的交通运输不便利；超过10%的样本对象表示在创业中用水和用电不方便；超过20%的样本对象认为网络和无线通信比较差；接近一半的样本对象认为本地获取市场信息便利程度不高。

在创业业态方面，返乡农民工主要选择"住宿和餐饮业""批发和零售业""农林牧渔业"和"居民服务、修理和其他服务业"等四类业态，其创业频数分别为212、191、187和91，均明显高于其他业态，这四类业态的频数总和占样本总数的75.17%。在这其中，选择"住宿和餐饮业"的农民工有接近一半曾经在务工时有类似的工作经验。与"住宿和餐饮业"不同，选择在"批发和零售业""农林牧渔业"和"居民服务、修理和其他服务业"创业的农民工，在务工期间所从事的工作内容大多与现在创业业态无关。

第六章

生计资本对返乡农民工创业业态选择的影响机制

第四章对返乡创业农民工可持续生计评价指标体系进行了构建，并对样本对象的个人禀赋及创业准备等信息进行分析。而第五章则在可持续生计分析框架下，对返乡农民工的生计资本和其创业具体业态的数据进行了初步的评价。本章在前两章的基础上，建立了返乡农民工创业主导影响因素的曲线投影寻踪动态聚类评价模型，并采用蚁群算法求解模型。在此基础上，根据返乡农民工创业业态选择的唯一性特点，使用多值选择模型分析其所占有的生计资本影响其具体业态选择的作用机制。

第一节 返乡农民工创业的主导影响因素识别

创业主导影响因素识别是一个涉及多因素的复杂的非线性分类问题。就当前的文献中，与多因素的复杂非线性问题有关的讨论主要有系统聚类法、人工神经网络法、灰色聚类模型、模糊聚类分析法、层次分析和模糊推理相结合的方法等。系统聚类、模糊推理和层次分析相结合在确定权重方面存在着较大的随意性；而人工神经网络则对数据的规模有着硬性要求，而且比较容易陷入局部极小点，并且网络结构尚需要进一步确定；模糊聚类则较难以客观描述类型空间与分类指标空间之间所存在的非线性关系。

与上述分析方法类似，投影寻踪分类对于处理多因素复杂非线性问题也有着较为独特的一面，在其实践思想上，其主要是将高维数据空间投影到低维数据空间，进而分析低维数据空间的投影特征获得对高维数据的客观描述。投影寻踪聚类模型在因素评价、优选和聚类等方面的用途十分广泛。但是，投影寻踪聚类模型有着较为明显的缺陷，其密度窗宽的取值是通过试算或者通过经验判断获得的，有着很大的主观随意性。为了弥补这一缺陷，倪长健（2007）在动态聚类的思想上，构建了投影寻踪动态聚类模型，并将其应用于解决天然草地分类、地下水分类等许多实际问题。即便如此，这一模型使用线性投影的方式，所获得的对应特征值仍然难以准确刻画事物发展的全过程。

根据上述分析，本书将投影寻踪和动态聚类相结合的思想引入返乡农民工创业主导影响因素的评价中，建立了返乡农民工创业主导影响因素的曲线投影寻踪动态聚类评价模型，进一步采用蚁群算法求解模型。并且通过结合全局最优经验指导和信息素交流这两种科学的方法对蚁群算法进行改良，并维持蚁群的多样性，从而获得最优的聚类结果。然后以三峡库区作为研究的样本区域进行实证讨论，通过使用相应的指标客观地刻画返乡农民工创业主导因素对其影响程度，同时也为影响返乡农民工创业的评价提供了一种新方法。

一 返乡农民工创业主导影响因素的评价模型

（一）曲线投影寻踪动态聚类的方法原理

曲线投影寻踪动态聚类模型是采用曲线投影的方式，根据投影寻踪将高维数据空间向低维数据空间进行投影的思想所建立起来的模型，其最大的特点就是通过分析低维数据空间的投影特征来研究高维数据特征。与普通的投影寻踪聚类模型相比，曲线投影寻踪动态聚类模型可以对事物的整个变化过程更好地进行刻画。更重要的是，曲线投影寻踪动态聚类模型能够在随机样本容量前提下，确定最优的聚类结果和聚类数，这对计算客观性的保障有着非常重要的作用。

(二) 曲线投影寻踪动态聚类模型

假定对创业影响指标为 x_{ij}（$i=1, 2, 3, \cdots, n$；$j=1, 2, 3, \cdots, m$，n 为样本个数，m 为评价指标个数）。本书将投影寻踪和动态聚类这二者进行结合，与此同时引入曲线的投影方式，构建返乡农民工创业主导影响因素的定量评价体系。

第一，数据标准化。由于返乡农民工创业影响指标的数值范围和量纲不完全相同，为消除量纲影响，因此，要对各项指标进行无量纲化处理。

对于越小越优型指标

$$x_{ij} = \frac{x_{j\max} - x_{ij}^0}{x_{j\max} - x_{j\min}} \tag{1}$$

对于越大越优的指标

$$x_{ij} = \frac{x_{ij}^0 - x_{j\max}}{x_{j\max} - x_{j\min}} \tag{2}$$

其中，$x_{j\max}$，$x_{j\min}$ 分别表示第 j 个影响创业的指标的样本最大值和最小值；x_{ij}^0 为第 i 个样本第 j 个指标的初始数值（$i=1, 2, 3, \cdots, n$；$j=1, 2, 3, \cdots, m$）。

第二，曲线投影。对创业要素的变化过程采用双曲正切函数来进行表达是合适的。双曲正切曲线所特有的缓慢增长、并逐步加快，最后逐渐趋于稳定的变化趋势，使其被广泛地应用于对事物演化过程的描述和刻画。

双曲正切函数

$$y = \frac{1-e^{-x}}{1+e^{-x}} = \frac{e^{-x}-1}{e^{-x}+1} \tag{3}$$

设 $\vec{a}$ 为 m 维投影方向的单位向量, 其分量 $a_1, a_2, \cdots, a_m$ 分别为 m 个评价指标的权重, 并有 $\sum_{j=1}^{m} a_j^2 = 1$, 而且满足 $-1 \leqslant a_j \leqslant 1$。那么曲线的投影特征值可以表达为

$$z_i = \frac{e^{\sum_{j=1}^{m} a_j x_{ij}} - 1}{e^{\sum_{j=1}^{m} a_j x_{ij}} + 1} \ (i=1, 2, 3, \cdots, n) \tag{4}$$

第三, 投影动态聚类指标的构建。在本书中, 动态聚类方法被运用在构造新的投影指标的操作上。双曲正切函数曲线的投影特征值序列为 $z_1, z_2, z_3, \cdots, z_n$, 其评价等级为 p ($p \leqslant n$)。Θ_t ($t=1, 2, 3, \cdots, p$) 表示第 t 类的样本投影特征值的集合, 有

$$\Theta_t = \{z_i \mid d(A_t - z_i) \leqslant d(A_h - z_i)\}$$
$$h = 1, 2, 3, \cdots, p \quad t \neq h$$

其中 $d(A_t - z_i) = |z_i - A_t|$, $d(A_h - z_i) = |z_i - A_h|$, A_t, A_h 分别表示第 t 和 h 级的聚核, 在此, 我们假定上述所有的聚核均为单调递减函数。

进一步, 我们运用类内的长度之和对类内样本的聚集度进行表述, 也即

$$d(\vec{a}) = \sum_{i=1}^{p} [\max(\Theta_t) - \min(\Theta_t)]$$

显然, 上述式中的 $d(\vec{a})$ 越小, 那么它所显示的信息为类内样本的聚集度越高。

样本间的离散程度可以使用样本间的分散程度进行表达, 也即

$$s(\vec{a}) = \sum_{i,k \in n, i \neq k} |\Theta_i - \Theta_k|$$

在上式中 $s(\vec{a})$ 越大, 其表明样本间分散程度越高。

本书之所以使用投影寻踪动态聚类，原因在于其内在思想要求类内样本尽可能聚集，且类间样本尽可能分散。根据这一思想，我们对曲线投影寻踪动态聚类指标的定义为

$$Q(\vec{a}) = s(\vec{a}) - d(\vec{a}) \tag{5}$$

（三）创业主导影响因素评价优化模型

$Q(\vec{a})$ 取值越大，越符合投影寻踪动态聚类内在思想的要求，所获得的聚类结果以及聚类数就越优。当 $Q(\vec{a})$ 取最大值时，就可以同时满足类间样本分散程度最大化、类内样本尽可能聚集的目的，也即 $Q(\vec{a})$ 取最大值时，就能够获得体现数据特征最好的聚类结果和最佳投影方向向量。因此，返乡农民工创业主导影响因素评价的模型可以描述为以下的非线性优化问题：

$$\begin{cases} \max Q(\vec{a}) \\ s.t. \quad \sum_{j=1}^{m} a_j^2 = 1 \\ -1 \leq a_j \leq 1 \end{cases} \tag{6}$$

二 实证分析

本研究根据在三峡库区中调研所获得的返乡创业农民工的各类生计资本数据，建立三峡库区返乡农民工生计资本基于曲线投影寻踪动态聚类方法影响其创业的评价模型，其中 $n = 898$，$m = 20$，$p = 5$。用改进的蚁群优化算法求解返乡农民工创业主导影响因素的非线性评价模型，计算得到最大投影函数值 $\max Q(\vec{a}) = 196.5897$；最优投影方向向量 $\vec{a} = (0.1260, 0.1463, 0.1828, 0.2923, 0.1203, 0.0938, 0.2870, 0.2815, 0.1453, 0.4209, 0.1174, 0.1620, 0.3136, 0.2160, 0.2519, 0.2761, 0.1955, 0.1908, 0.1855, 0.1645)$。最优投影方向向量是单位向量，其各

个分量的平方和为 1。a_1^2，a_2^2，a_3^2，…，a_m^2 作为指标的权重，能反映各个指标对创业的影响程度。在对最优投影向量取平方值后，可以观察到 x_4，x_7，x_8，x_{10}，x_{13}，x_{15}，x_{16} 这 7 个指标的权重较大，见表 6-1，即这 7 个指标对评价体系的影响程度较大，可见它们就是对三峡库区返乡农民工创业活动有着主导作用的重要影响因素，而其他指标则为普通的影响因素。在此需要指出的是，重要生计资本指标和普通生计资本指标对返乡农民工创业的影响程度虽然不同，但在二者之间不存在绝对性，如在不同的地区或者具体的创业活动当中，影响因素对评价体系的响应程度也将不同。

表 6-1　　　　　　　　评价指标对创业的影响程度

指标	$\vec{a}$	$\vec{a}^2$	影响程度（%）
x_1	0.1260	0.0159	1.59
x_2	0.1463	0.0214	2.14
x_3	0.1828	0.0334	3.34
x_4	0.2923	0.0854	8.54
x_5	0.1203	0.0145	1.45
x_6	0.0938	0.0088	0.88
x_7	0.2870	0.0824	8.24
x_8	0.2815	0.0792	7.92
x_9	0.1453	0.0211	2.11
x_{10}	0.4209	0.1772	17.72
x_{11}	0.1174	0.0138	1.38
x_{12}	0.1620	0.0262	2.62
x_{13}	0.3136	0.0983	9.83
x_{14}	0.2160	0.0467	4.67
x_{15}	0.2519	0.0635	6.35
x_{16}	0.2761	0.0762	7.62

续表

指标	$\vec{a}$	$\vec{a}^2$	影响程度（%）
x_{17}	0.1955	0.0382	3.82
x_{18}	0.1908	0.0364	3.64
x_{19}	0.1855	0.0344	3.44
x_{20}	0.1645	0.0271	2.71

本部分采用引入曲线投影的方式，结合投影寻踪方法和动态聚类方法，提出的创业主导影响因素优化模型是基于样本各指标的曲线投影和动态聚类方法寻找最佳投影方向，其逻辑清晰、明确。利用该模型评价三峡库区返乡农民工创业主导影响因素的识别是符合三峡库区现实情况的，也是切实可行的；除此之外，该模型所特有的类间分散性和类内聚集性的特征，为多因素影响创业问题的关键点确定提供了新的思路。

三　返乡农民工创业主导因素识别过程评价

返乡农民工创业主导影响因素的识别是一个多属性、多因素的评价过程。本书考虑农民工返乡创业过程中不确定因素较多的特点，结合三峡库区较为独特的自然资源与生态资源制约现状，在进行文献工作的前提下，将曲线投影寻踪动态聚类评价方法应用到返乡农民工创业主导影响因素的识别中，建立创业主导影响因素评价优化模型，使用优化的蚁群算法加速了投影寻踪的实现过程，降低了寻优的工作量，克服了传统投影寻踪方法编程过程困难，计算步骤复杂的缺点。对返乡农民工创业主导影响因素进行评价，综合结论有以下几点。

（1）曲线投影寻踪动态模型作为一种数据分析方法，对非线性、非正态和高维数据有较强的处理能力。该模型与其他模型相比，对样本容量没有苛刻的要求，并且可以有效地避免由经验确定指标权重的缺点，具有计算简便的特点，该方法为返乡农民工创业主导影响因素的识别开创了一条新途径。

（2）担任村干部、创业初始投入资金、从银行贷款难易程度、创业场地的满足程度、创业计划受自然环境影响程度、本地交通运输方便程度、经营生产用水方便程度这七个指标对创业的影响较大。这个分析结果表明，在三峡库区的返乡农民工创业决策中，担任村干部能为创业活动的开展提供较好的外部环境，可以在很大程度上满足创业的资源诉求；可供投入的初始资金的多寡，直接约束了可供返乡农民工选择的具体创业活动；顺畅的正规融资渠道，则具有弥补创业资金不足的作用；合适的创业场地是创业活动顺利开展的必要基础条件；外部自然环境对三峡库区的返乡农民工创业的影响尤其严重，恶劣的自然环境限缩了创业业态的具体选择；公共交通基础设施建设水平是制约返乡农民工创业的重要因素，影响着其创业成本和创业风险；经营生产用水则对返乡农民工选择涉农产业等业态形成制约。

（3）返乡农民工创业主导影响因素的评价指标体系还需进一步完善，以求对创业主导影响因素的评价更加科学与系统。如能运用更多的方法对创业主导影响因素进行评价，并进行方法间的对比分析，则返乡农民工创业主导影响因素识别的结果将会更加合理。

第二节　返乡创业农民工生计资本对其业态选择的影响机制

在上一节中，我们使用了曲线投影寻踪动态模型获得了影响三峡库区返乡农民工创业影响较大的指标。但是没有对其影响方向、影响深度和影响机制作出刻画。基于可持续生计视角出发，返乡农民工的创业业态选择即其生计策略选择，返乡农民工通过其创业业态的选择实现其家庭生计结果，从而维持家庭生计的可持续性。因此，在识别返乡农民工创业主导影响因素的基础上，进一步厘清返乡农民工生计资本影响其创业业态选择的作用机制，是凸显本书研究价值的重要取向。由于在实践中返乡农民工选择创业时，对各经营业态的选择存在互相排斥的关系，即其不会同时选择两种业态进行创业。我们的实地调查获得的数据验证了这一事实。据此，在本章中，我们使用多值选择模型进一步分析返乡创业农民工生计资本对其业态选择的影响。

一 变量选取

（一）被解释变量

本章的变量选取基础源于前文的变量遴选结果，以便保持研究过程的一致性。返乡农民工的业态选择是本章的被解释变量。根据第五章的统计分析结果，结合三峡库区返乡农民工创业所选择的业态频数和集中度，我们将返乡农民工在库区中创业所选择的业态归类为"餐饮住宿业""批发零售业""农林牧渔业""居民消费服务业"和"现代工业企业和建筑建材"五类业态。

（二）生计资本指标相关性分析

我们在前文分析的基础上，对返乡创业农民工的生计资本纳入可持续生计分析框架。同时为了避免多重共线性对数据估计结果产生冲击，我们在前述研究所确定的可持续生计评价指标体系的基础上，对拟纳入分析框架的返乡创业农民工生计资本指标之间的共线性进行检验，并结合分析的目的，对存在高相关关系的指标进行比较后剔除。本章通过表6-2呈现了采用的生计资本指标的相关系数矩阵。从表6-2中可以看出，生计资本指标之间的相关系数最大为0.567，除此之外普遍较低，也即意味着多重共线性不会对本研究估计结果的正确性造成冲击。

表6-2 返乡创业农民工生计资本指标相关性分析

	x_1	x_2	x_3	x_4	x_5	x_6	x_7	x_8	x_9	x_{10}	x_{11}	x_{12}	x_{13}	x_{14}	x_{15}	x_{16}
x_1	1															
x_2	0.091***	1														
x_3	-0.339***	0.017	1													
x_4	-0.056*	0.077**	-0.014	1												
x_5	0.089***	0.127***	-0.062*	0.026	1											
x_6	0.107***	0.114***	-0.090**	0.042	0.335***	1										
x_7	0.200***	0.178***	-0.002	0.046	0.189***	0.195***	1									
x_8	0.089***	0.112***	-0.028	0.05	0.053	0.071**	0.087**	1								
x_9	0.022	0.039	-0.069**	0.04	0.043	0.192***	0.088***	0.377***	1							
x_{10}	-0.006	0.129***	-0.015	0.113***	0.03	0.074**	0.106***	0.078**	0.166***	1						
x_{11}	-0.017	0.018	0.187***	0.01	-0.017	-0.157***	-0.081***	0.088***	-0.068**	-0.014	1					
x_{12}	0.116***	-0.033	-0.188***	-0.137***	-0.113***	-0.073**	0.033	0.024	0.038	0.045	-0.034	1				
x_{13}	0.102***	-0.018	-0.018	-0.081**	0.094***	0.03	0.114***	0.061*	0.012	0.003	0.103***	0.283***	1			
x_{14}	0.120***	-0.035	-0.086***	-0.116***	0.102***	0.049	0.066**	0.036	0.049	0.011	0.051	0.270***	0.567***	1		
x_{15}	0.099***	-0.017	-0.081***	-0.116***	0.052	0.096***	0.051	0.065**	-0.011	0.001	0.091***	0.227***	0.488***	0.552***	1	
x_{16}	0.013	0.057*	0.048	-0.081**	0.052	0.067**	0.037	0.079**	-0.056*	0.002	0.114***	0.101***	0.332***	0.415***	0.443***	1

注：* $p<0.1$，** $p<0.05$，*** $p<0.01$。

(三) 生计资本指标的选取

参考国内外学者在可持续生计分析框架下已有的量化研究，结合三峡库区特有的生态环境特征、资源禀赋特征及三峡库区返乡创业农民工家庭生计特征进一步调试了指标体系，使得调整后的测量指标及指标量化数值不仅符合多值选择模型的要求，而且更加适合于三峡库区返乡创业农民工家庭的情况（如表6-3）。本书所用指标主要采用三峡库区返乡创业农民工评价的方式获取。

表6-3　　　　　　　　变量描述性统计

	variable	mean	sd	min	p50	max
x_1	受教育程度	2.37	0.93	1	2	4
x_2	接受过创业相关知识培训	1.74	0.89	1	1	3
x_3	外出务工时长	7.68	5.43	0	6	31
x_4	担任过村干部	0.10	0.30	0	0	1
x_5	家庭周边有创业成功的人	2.30	0.70	1	2	3
x_6	有近亲属从政或经商	2.05	0.76	1	2	3
x_7	创业初始投入资金额	3.94	1.23	1	4	7
x_8	融资难易程度（银行渠道）	2.46	0.95	1	2	5
x_9	融资难易程度（非银行渠道）	2.75	0.92	1	3	5
x_{10}	创业场地满足程度	2.39	0.69	1	3	3
x_{11}	本地地貌特征	1.34	0.59	1	1	3
x_{12}	自然环境对创业计划的冲击程度	3.68	1.01	1	4	5
x_{13}	交通运输方便程度	3.96	0.73	1	4	5
x_{14}	经营生产用水方便程度	4.11	0.69	1	4	5
x_{15}	网络使用方便程度	4.01	0.77	1	4	5
x_{16}	市场信息获得的难易程度	3.53	0.87	1	4	5

第一，对于人力资本指标，我们考虑了返乡农民工的初始文化程度，以及其外出务工所习得的技能以及视野的拓展等可能，因此，我们纳入返乡农民工的受教育程度（x_1）、接受过创业相关知识培训（x_2）以及外出务工时长（x_3）等三个指标作为人力资本的代理变量。

第二，对于社会资本，我们一方面考虑其自身身份所带来的社会资源数量与质量，另一方面我们也考虑其从自身家庭及居住环境所带来的社会资源。因此，在社会资本指标中，我们纳入了担任过村干部（x_4）、家庭周边有创业成功的人（x_5）以及有近亲属从政或经商（x_6）等3个指标作为社会资本的代理变量。

第三，金融资本则主要指的是自有资金以及能够从外部融资的能力。在本书中，我们细分了外部融资渠道，将其分为银行渠道以及非银行渠道。因此，我们采用如下指标：创业初始投入资金额（x_7）、融资难易程度（银行渠道）（x_8）和融资难易程度（非银行渠道）（x_9）等作为金融资本的代理变量。

第四，返乡农民工在创业活动中所能支配的自然条件及资源就是本书所指的自然资本。由于返乡农民工创业具体行业不同，单纯使用一般的自然资源进行量化分析，所获得的回归结果可能与分析的目标产生偏差。考虑到三峡库区的实际情况，为了便于比较，我们引入创业场地满足程度（x_{10}）、本地地貌特征（x_{11}）以及自然环境对创业计划的冲击程度（x_{12}）等指标来作为自然资本的代理变量。

第五，物质资本也即除自然资源以外的物质，主要包含基础生产资料和公共基础设施两大类。由于创业方向和行业存在差别，因此在生产资料上难以比较。在本书中，我们使用交通运输方便程度（x_{13}）、经营生产用水方便程度（x_{14}）、网络使用方便程度（x_{15}）以及市场信息获得的难易程度（x_{16}）等指标作为物质资本的代理变量。

二 多值选择模型估计

由于创业业态选择为多值选择，而且它们之间存在相互排斥关系，因此，我们采用 Mlogit（multinomial logit model）回归法，对各个生计资本指标与返乡农民工创业业态选择之间的关系进行估计。假定效用函数的误差项是独立分布的，那么返乡农民工 i 选择创业业态 k 的概率 $logit(y_i = k)$ 可以表示为：

$$logit(y_i = k) = \frac{\exp(\alpha_k X_i + \beta_k D_i + \chi_k P_i + \delta_k Q_i + \partial_k T_i)}{\sum_{m=1}^{5} \exp(\alpha_m X_i + \beta_m D_i + \chi_m P_i + \delta_m Q_i + \partial_k T_i)}$$

(7)

在（7）式中，因变量 y_i 是一个分类变量，代表返乡农民工 i 对创业业态 k 的选择。X_i 为人力资本变量，D_i 为社会资本变量，P_i 为金融资本变量，Q_i 为自然资本变量，T_i 为物质资本变量。

根据"无关选择的独立性"假设，为了对估计结果的可信性进行判别，本研究使用 Hausman – McFadden 检验对模型的一致性和有效性进行了检验。这一检验的原假设为：任意两种备选项选择概率的比值独立于任何其他备选项的存在性。通过观察全部 Hausman – McFadden 检验的统计量发现，p 值都很大，而且数值都接近于 1，这表明可以接受原假设，Mlogit 模型应用于分析返乡农民工生计资本影响其业态选择的估计是恰当的。

我们使用 Mlogit 模型控制返乡农民工生计资本五个方面，以"农林牧渔业"作为参照组，分析返乡农民工生计资本对其创业业态选择的影响。表 6 – 4 是利用 Mlogit 模型对返乡农民工创业业态选择进行参数估计的结果。

表6-4　　　　　　　　　　多值选择估计模型回归结果

生计资本指标	符号	餐饮住宿	批发零售	居民消费服务	现代工业企业和建筑建材
受教育程度	x_1	0.246* (1.70)	0.395*** (2.60)	0.601*** (4.04)	0.346** (2.00)
接受过创业相关知识培训	x_2	-0.586*** (-4.26)	-0.965*** (-6.28)	-0.480*** (-3.42)	-0.576*** (-3.52)
外出务工时长	x_3	-0.046** (-2.06)	-0.073*** (-2.95)	-0.070*** (-2.82)	-0.008 (-0.30)
担任过村干部	x_4	-1.662*** (-4.01)	-0.989*** (-2.58)	-1.660*** (-3.83)	-0.172 (-0.46)
家庭周边有创业成功的人	x_5	0.163 (0.91)	0.136 (0.73)	0.185 (1.01)	0.024 (0.11)
有近亲属从政或经商	x_6	0.255 (1.49)	0.071 (0.39)	0.041 (0.24)	0.696*** (3.21)
创业初始投入资金额	x_7	-0.015 (-0.15)	-0.088 (-0.83)	0.043 (0.41)	0.436*** (3.50)
融资难易程度（银行渠道）	x_8	0.065 (0.47)	0.035 (0.24)	-0.001 (-0.01)	-0.065 (-0.40)
融资难易程度（非银行渠道）	x_9	0.015 (0.10)	0.03 (0.20)	0.078 (0.53)	-0.125 (-0.72)
创业场地满足程度	x_{10}	-0.604*** (-3.22)	-0.621*** (-3.20)	-0.753*** (-3.90)	-0.727*** (-3.24)
本地地貌特征	x_{11}	0.259 (1.28)	0.152 (0.71)	-0.117 (-0.53)	0.011 (0.04)
自然环境对创业计划的冲击程度	x_{12}	0.700*** (5.64)	0.862*** (6.42)	1.150*** (8.27)	0.343** (2.40)
交通运输方便程度	x_{13}	0.194 (0.96)	0.124 (0.59)	0.057 (0.28)	0.697*** (2.71)
经营生产用水方便程度	x_{14}	0.277 (1.25)	0.162 (0.71)	0.254 (1.10)	0.084 (0.31)
网络使用方便程度	x_{15}	0.251 (1.32)	0.321 (1.59)	0.582*** (2.89)	0.194 (0.84)

续表

生计资本指标	符号	餐饮住宿	批发零售	居民消费服务	现代工业企业和建筑建材
市场信息获得的难易程度	x_{16}	0.214 (1.31)	0.216 (1.28)	0.238 (1.44)	0.117 (0.61)
常数	_cons	-4.470*** (-3.88)	-3.448*** (-2.86)	-6.830*** (-5.62)	-6.604*** (-4.79)
N	—	—	—	—	898
LR chi2（64）	—	—	—	—	419.29
Prob > chi2	—	—	—	—	0.000
Log likelihood	—	—	—	—	-1199.15

注：*** 表示在1%水平上显著，** 表示在5%水平上显著，* 表示在10%水平上显著。

三 估计结果分析

根据表6-4的回归结果显示：

第一，在人力资本方面，从表6-4中可以发现，初始受教育程度越高的返乡农民工，更愿意在餐饮住宿、批发零售、消费性服务以及现代工业企业和建筑建材等领域进行创业，而不愿意继续从事与农业相关的行业。但是，令人惊奇的是，接受过创业培训的返乡农民工，相对于其他四类创业领域，其反而更愿意选择农林牧渔业。这是一个有意思的发现。

我们认为，一方面，这与中国的国情有着很大的联系。在上述描述性统计中可以看到，大部分返乡农民工受教育程度为初中水平，受教育程度普遍较低。而在中国较长时期以来，农民社会地位较低，大部分农民为了摆脱务农这一标签，付出了很大的努力。但由于其受教育程度较低，因此很难通过其他途径去标签化，实现社会阶层的跃升。返乡农民工作为农民当中思想较为活跃的群体，其有着普通农民的情感，在进行创业决策时，回避涉农领域创业，不愿意再次从事与农业相关领域的创业，从这一角度上看，可以对其进行合理解释。另一方面，由于涉农创业风险相对其他业态而言较高，对外部环境特别是气候等不确定的自然因素比较敏感。基于风险偏好，他们不愿意选择涉农业态。同时，大多数初始受教育程度较高的农民工大部分为新生代农民工，从初中、高中甚至大专毕业后直接流入城市，没有务农经历，外出动机是谋求生存与发展并存，其融入城市期望值较高，即使返乡创业，也更愿意从事与城市生活有着密切联系的餐饮住宿、批发零售、消费性服务以及现代工业企业和建筑建材等行业创业，而不愿意也没有能力从事与农业相关领域创业。此外，由于国家对农业生产补贴的增加等政策的实施和推进，刺激了部分有意愿通过农林牧渔业实现创业的返乡农民工。而地方政府提供的创业指导及培训正好可以为这部分返乡农民工提供人力资本提升的机会，从而促进其生产管理销售等能力的提升。创业培训可以提高返乡农民工应对创业风险的能力，而且地方政府引入行业专家可以为返乡农民工从事涉农种养业态提供稳定的技术指导和支持，降低了涉农创业的经营风险。因此，创业培训和指导这一后天提升人力资本的举措，有助于提高返乡农民工扩大农林牧渔业领域的创业活动的开展。

另外，对于初始受教育程度越高的返乡农民工而言，其人力资本存量越高，在外地务工过程中，更多的是在类似的消费性服务业态务工，甚至在务工过程中成长为所在务工单位的业务骨干，较好地掌握了消费性服务所需要的技能和知识。他们返乡后根据本地相同业态的市场需求，开展自己十分熟悉的业务，不但能够降低创业的潜在风险，而且可以快速地占领尚未开发的市场，从而提高创业的成功率。

从表6-4中可以发现，受教育程度较高的返乡农民工，除了最不愿意从事农林牧渔业业态之外，然后便最不愿意从事餐饮住宿业态。这是因为餐饮住宿业由于其行业特点，虽然毛利润率相对较高，但是劳动强度较大，劳动时间也较长，具有较强的劳动刚性。而批发零售业和居民消费服务业劳动时间则具有较好的弹性，劳动强度相对较弱。因此受教育程度越高的返乡农民工相对于餐饮住宿行业而言更倾向于选择批发零售业和居民消费服务业态。同样的原因，农业产业化经营性质的活动，相对于餐饮住宿行业，其对创业者的体力方面的要求更高。因此，在表6-4中呈现出受教育程度较高的返乡农民工业态选择的意愿顺序为：居民消费服务业＞批发零售业＞现代工业企业和建筑建材＞餐饮住宿＞农林牧渔业产业化经营。

受过创业培训的返乡农民工和外出务工时长较长的农民工，除了最愿意从事农林牧渔业创业活动存在类似之处外，同样最不愿意选择批发零售行业。这可能的原因在于，返乡农民工在培训或者长时间外出务工后，可以通过培训所获得经营管理知识以及掌握从事餐饮行业的技术，或者通过长时间的外出务工积累了一定的市场知识，实现更好的创业收益。而批发零售业态，技术要求相对较低，即使从政府提供的创业培训中实现了人力资本的提升，但是其也难以从所选择的批发零售业态中得到全面发挥。更重要的是，外出务工时间越长的农民工，往往是年纪较大的老一代农民工，其对农业生产知识的掌握更为全面，能够充分利用自身的这一优势，结合外部政策优势，实现成功创业。

第二，在社会资本方面，返乡后有担任村干部经历的农民工，也与外出务工时长越长的农民工一样，更愿意从事农林牧渔业创业，这体现出在农村社会中，担任村干部，往往拥有较为广泛的社会人脉，社会资本较多，这一特点不但有利于实现土地低成本高效率流转，同时也能较好地解决农林牧渔业创业中所遇到的融资难、技术难等关键性问题，更好地实现创业的成功。进一步，有担任过村干部的经历，除了愿意从事农林牧渔业创业之外，还愿意选择现代工业企业和建筑建材业态。这其中的原因在于，社会资本越多，越能便捷地帮助返乡创业农民工在这一业态实现市场扩张，从而使得经营利润增加。

与上面的分析类似，在社会资本中，而有近亲属从政和经商的返乡农民工，其最愿意在现代工业企业和建筑建材行业创业。这是因为这些行业具有较高的行业壁垒，在生产经营活动中，对市场变化的判断力的依赖更强，所需社会资本更多。此外，要实现在这些行业中创业，不但需要较高的社会资本，也需要更为雄厚的财力作为创业基础，有近亲属从政或经商，在农村社会中，可以较好地实现正规渠道融资和非正规渠道融资。我们也在表6－4中看到，这一业态资金需求较大，经营回报率较高，在满足一定的资金条件下，选择这一业态，可以使得创业收益更高。这一特征在初始投资额大的返乡农民工的创业选择中明确地获得了体现。

第三，在自然资本方面，有合适的经营场地的返乡农民工，更愿意从事农业化规模生产。显然，相对于餐饮住宿、批发零售、消费性服务以及现代工业企业和建筑建材等业态，农林牧渔业这一业态对创业场地也即种植养殖所需要的场地诉求是刚性的，当这一条件获得满足时，其创业的必要条件便具备。同时，由于三峡库区与其他地方不同，农林牧渔业所需要的场地资源较为紧缺，这一生计资本很难满足。因此，从这一角度上看，创业场地这一自然资本指标对农林牧渔业更重要。

受库区自然条件限制较少的返乡农民工，最愿意选择居民消费服务业态进行创业，最不愿意选择农林牧渔业。这其中的原因在于自然环境稳定，这为返乡农民工的创业提供了较为宽松的选择面，而相对于其他业态而言，居民消费服务业态中，可以选择的具体经营方式较多，成本及技术要求的弹性较大，因此，如果创业初始阶段不受自然环境影响，在自身资源和禀赋较少的前提下，返乡农民工可能更倾向于选择投资弹性大、风险小、场地容易满足的具体业态。因此，他们愿意选择居民消费服务业，而不愿意选择农林牧渔业。

第四，在物质资本方面，交通便利的地方的返乡农民工，相对于农林牧渔业，其更愿意选择现代工业企业和建筑建材业态。虽然交通等基础设施建设水平对于创业活动的顺利开展，具有非常重要的作用。但是在所有的创业活动中，工业企业和建筑建材业态对物流的依赖尤其严重，交通越发达，物流成本越低，所选择的现代工业企业和建筑建材行业竞争力越强，发展越好，所获得的利润率越高。

另外，网络使用方便程度越高的返乡农民工也越愿意选择居民消费服务业态进行创业，这其中原因在于，网络使用越方便，居民消费的交易成本越低，对消费服务的市场需求越大，在这一领域的创业越容易取得成功。而且，居民消费服务业态的边际成本随着客户群体的扩展而降低，因此网络通达状况越好，越能扩展居民消费服务行业的销售范围，从而提高返乡农民工的创业收入水平。此外地区网络越通达，其居民消费服务的供给越多样化，服务的范围、层次和深度越趋于更广更深，更有利于返乡农民工创业具体业态的选择。

第三节　本章小结

首先，使用曲线投影寻踪动态模型识别出返乡农民工创业主导影响因素为担任村干部、创业初始投入资金、从银行贷款难易程度、创业场地的满足程度、创业计划受自然环境影响程度、本地交通运输方便程度、经营生产用水方便程度等七个指标。

其次，具体到返乡农民工创业业态选择，本研究采用 Mlogit

(multinomial logit model)回归法，对各个生计资本指标与返乡农民工创业业态选择之间的关系进行估计，从而厘清生计资本影响返乡农民工创业业态选择的机制。

分析后发现：初始受教育程度较高的返乡农民工，最愿意选择居民消费服务业进行创业，而最不愿意选择农林牧渔业；但与之相左的是，接受过创业培训的返乡农民工和务工时长较长的返乡农民工，对农林牧渔业业态更为青睐。

在分析中发现，社会资本与物质资本较多的返乡农民工不但对农林牧渔业较感兴趣，而且也对现代工业企业和建筑建材业态感兴趣。这两类业态最大的特征就是重资产，初始需要投资额度较大，存在一定的壁垒，在形成生产能力之后，取得高收益的预期较强。

相对地，具有其他生计资本优势的返乡农民工更多的是根据自身条件因地制宜开展创业活动，比如所处地区自然条件较为稳定的返乡农民工及网络条件较为便利的返乡农民工在创业时，投资额度弹性较大的居民消费服务业是他们的首选，而农林牧渔业、现代工业企业和建筑建材这两类需要投资大的业态则是他们最不愿意选择的业态。

第七章

返乡创业农民工家庭生计策略转换

三峡库区与我国其他大部分农村地区不同,人口密集,自我发展能力差,生态环境脆弱,不但对行业准入有着较高的标准,而且为了避免无序开发导致水土流失影响三峡大坝的正常运行,对涉农创业的操作也有严格的要求,库区的业态受到诸多限制。因此库区经济的自我发展、优化能力受到很大的掣肘。本章在英国国际发展署(DFID)开发的可持续生计分析框架指导下,探究返乡创业农民工家庭生计资本组合与生计策略转换间的关系,旨在甄别制约库区返乡创业农民工生计可持续发展的主要因素,通过返乡创业农民工家庭生计能力的提高进而实现生计方式的改进和优化,从而真正实现自然资源的可持续利用等目标提供理论参考。

第一节 农户生计资本与生计策略

生计(livelihood)是指一个家庭拥有若干资源(包括自身能力、有形和无形的资本)的前提下,为获得维持家庭人口生存和发展所需的基本物质资料而采取的行动(Amartya,1997),生计策略(livelihoods strategies)则是指出于改善家庭经济的目的，人们追求尽可能高的回报的生计产出，对自身所拥有的资源及资产进行配置、使用和经营的组合选择（蒙吉军等，2013）。随着对农户生计和解决农村贫困问题的逐步认识，有学者在生计概念的基础上提出"可持续生计"（sustainable livelihoods）的概念（Ellis，2000），指的是在人们基于其所拥有的生计资本，在所处的市场、政策、自然等多因素组成的综合风险性环境中，所采用的生计方式，是一种以人为中心、环境友好型的、缓解贫困的建设性工具（Ashley，1999）。三峡库区等刚脱贫且生态脆弱的地区的返乡农民工在进行创业等家庭生计改善活动过程中，不仅受到自身禀赋的制约，同时还面临外部生态环境的硬约束，这与其他地区有着较大的区别。在他们有限的生计资本中，哪些因素影响家庭生计策略的转换，目前鲜有研究。农民工既具有农民的职业特征，又兼有产业工人的职业属性，以可持续生计分析框架为指导深入讨论和分析返乡创业农民工生计问题，不仅拓展了农村家庭生计问题研究的内涵，同时也利于更好地描述宏观政策环境与返乡农民工个体生计策略选择之间的联系，是对当前研究返乡农民工生计选择相关成果的有益补充。

第二节 变量选取及界定

一 选取的变量内容

选取的变量内容主要包括：（1）生计策略转换，以家庭主要经济来源是否从务农及务工转为创业收入作为衡量标准；（2）人力资本情况，包括返乡创业农民工的受教育程度（x_1）、家庭劳动力人口（x_2）、外出务工时长（x_3），以及是否接受过创业培训（x_4）等；（3）社会资本情况，包括是否曾担任村干部（x_5）、是否有近亲属从政或经商（x_6）、周边有创业成功的人（x_7）等；(4) 金融资本情况，包括农民工家庭年总收入（x_8）、创业初投资金规模（x_9）、融资难易程度（正规融资渠道）（x_{10}）、融资难易程度（非正规融资渠道）（x_{11}）等；(5) 自然资本情况，包括返乡农民工创业所需场地（x_{12}），以及家庭所占有的平整耕地规模（x_{13}）等；(6) 物质资本情况，包括本地交通状况（x_{14}）、本地用电状况（x_{15}）状况等（见表7-1）。

表7-1　　　　　　　　　　描述性统计

	variable	mean	sd	min	p50	max
y	生计策略转换	0.86	0.35	0	1	1
x_1	受教育程度	2.37	0.93	1	2	4
x_2	家庭劳动力人口	2.42	0.91	0	2	8
x_3	外出务工时长	7.72	5.41	1	6	31
x_4	是否接受过创业培训	2.27	0.89	1	3	3
x_5	是否曾担任村干部	0.09	0.29	0	0	1
x_6	近亲属从政或经商	2.06	0.75	1	2	3
x_7	周边有创业成功的人	2.3	0.7	1	2	3
x_8	家庭年总收入	22.83	29.13	1	14	200
x_9	初投资金规模	3.95	1.23	1	4	7
x_{10}	融资难易程度（正规融资渠道）	2.46	0.95	1	2	5
x_{11}	融资难易程度（非正规融资渠道）	2.76	0.92	1	3	5
x_{12}	创业所需场地	1.61	0.68	1	1	3

续表

	variable	mean	sd	min	p50	max
x_{13}	家庭所占有的平整耕地规模	3.3	0.99	1	3	5
x_{14}	本地交通状况	2.03	0.72	1	2	5
x_{15}	本地用电状况	1.86	0.61	1	2	5

二 返乡创业农民工家庭的生计策略

返乡创业农民工家庭的生计策略转换是本书的被解释变量。基于三峡库区实现其功能性的特殊要求，样本区域内对土地资源、水资源的利用都存在诸多限制。虽然三峡地区拥有得天独厚的自然资源，但库区内返乡创业农民工对自然资本加以利用时，其首先需要符合三峡库区水土保持、生态恢复等功能要求。这使得他们在进行种植业、养殖业和旅游业开发时受到的限制比非三峡库区返乡农民工多，从而难以充分挖掘和使用样本区域内的自然资源。与此同时，样本地区内也严格控制甚至禁止部分物质资本作用的发挥，比如区域内道路或者水利等设施的修建，必须符合相关要求并获得有关部门的批准。大型机械、化肥、农药等物资在库区内的使用也受到严格管控。正是由于物质资本的作用难以充分发挥，本地区的优势自然资源开发受限，导致三峡库区返乡创业农民工的生计资本难以实现有效积累，整个样本区域在教育、就业、资本支持、医疗等方面在较长一段时间都处于后发地位。总而言之，与其他地区相比较，三峡库区的返乡创业农民工在积累和利用自然资本和物质资本时受库区功能限制的直接影响，进而间接影响到人力资本、金融资本和社会资本的积累，因此其家庭生计策略的转换过程所受到的制约与其他地区有着较大的区别。

(一) 生计策略的类型

除了主观方面的因素，通常情况下人们在选择其生计策略时，主要是结合自身的生计结构特征，以及考虑其生计资本数量等因素，由此来获得对应的生计结果，并在此基础上对生计策略进行进一步优化。结合我国经济发展现状和三峡库区的实际，该区域内正在创业或曾有创业经历的农民工家庭的生计策略大致可划分为务农为主型、务工为主型和创业型三种，各自特点如下。

(1) 务农为主型生计策略。该种生计策略主要以农业的零散种植养殖为主，本书将传统的以务农为家庭经济收入来源的普通返乡农民工家庭作为本类型的样本对象，而将实现规模农业种植养殖归类到创业型生计策略。但囿于库区生态环境维持功能的要求，该区域的返乡农民工在实施规模农业种植养殖时受到较强的制约。

(2) 务工为主型生计策略。该类型的生计策略主要通过务工实现家庭生计，一般有在本地务工和在外地务工两种情形。在本书的样本中，选择这类生计策略的主要以创业失败的返乡农民工为主，另外有一些返乡农民工虽然正在实施创业，但他们的家庭仍需要通过务工方式获得收入实现家庭的收支平衡。

(3) 创业型生计策略。主要以从事工商业的经营为主要收入来源，具体而言，主要为工业生产、商品经营、餐饮、旅游以及规模化种植养殖等。

在三峡库区内，上述几种生计策略均有返乡农民工从事。虽然在实际中有返乡农民工结合自身情况采取了不止一种生计策略类型，比如有的返乡农民工在种植农作物的同时，开办了农家乐餐厅。对于这种情况，我们以其提供的实际主要收入来源作为归类的依据。

（二）生计策略转换的界定

根据本书的目的，主要是讨论生计资本对返乡创业农民工的生计策略转换的影响。因此，从研究的目的出发，在创业前后，无论返乡农民工选择的是务农为主型生计策略，还是务工为主型生计策略，在生计策略上，其对原始的单纯体力劳动都有着较强的依赖，尚未实现自身禀赋与外部资源的有机结合，也即没有实现以创业作为家庭的主要的生计策略。因此，在本书中，我们将返乡农民工选择的务农为主型生计策略和务工为主型生计策略统一赋值为 0，而将创业型生计策略赋值为 1。

三 生计资本的量化指标

在可持续生计分析框架下，参考和借鉴目前已有的生计资本量化分析的文献（李小云等，2007），结合三峡库区特有的生态环境特征、资源禀赋特征及三峡库区返乡创业农民工家庭生计特征进一步调整了指标体系，使得调整后的测量指标及指标量化数值更加适合于三峡库区返乡创业农民工家庭的情况（如表 7-1）。本书所用指标主要采用三峡库区返乡创业农民工评价的方式获取。

（一）人力资本指标

人力资本指标指的是返乡创业农民工家庭为了生活和发展所需、其实施生计策略过程中必须拥有的劳动力人口以及对应的劳动力质量，包括拥有的用于谋生的知识、技能水平以及劳动能力等。具体在本章中，考虑到三峡库区农民工的务工经历及接受创业培训可能对其创业的启动及后续经营有重要影响作用，我们除了主要核算上述因素外，还考察了其外出务工经历、接受过的创业培训两个变量。因此，我们在本指标中纳入返乡创业农民工的受教育情况（x_1）、家庭劳动力人口（x_2）、外出务工时长（x_3）以及是否接受过创业培训（x_4）等变量。

(二) 社会资本指标

社会资本是指返乡创业农民工家庭为了生活和发展所需，在其实施生计策略过程中可以加以利用社会资源的数量及质量。在三峡库区的农村社会中，返乡创业农民工是否曾为村干部、家庭重要外部关系从政或经商，能够直接影响家庭在农村社会中的地位，在资源获得、信用评估，以及对家庭生计策略的变化方面均可能有较大的正向影响。而针对本书所讨论的话题，在类似的生产环境和资源获得可能性下，周边是否有创业的人对家庭的创业具有非常重要的参照和影响作用，可以在创业遭遇市场风险时，获得较好的指导和支持。因此，在社会资本指标中，我们纳入了是否曾担任村干部（x_5）、近亲属从政或经商（x_6）、周边有创业成功的人（x_7）等3个变量。

(三) 金融资本指标

金融资本在生计资本语境下，是指返乡创业农民工家庭为了生活和发展所需，其实施生计策略过程中可以调配的资金。主要包括家庭年收入、可获得的贷款等。贷款渠道既有金融机构例如银行、小额贷款公司等，也包括非金融机构例如亲戚朋友借款筹的资金。本章采用如下指标：返乡创业农民工家庭的年总收入（x_8）、初投资金规模（x_9）、融资难易程度（正规融资渠道）（x_{10}）、融资难易程度（非正规融资渠道）（x_{11}）来衡量金融资本。本研究主要着眼于生计资本与生计策略二者间的交互影响关系，但是由于调研所得截面数据的局限性，而返乡创业农民工采取生计策略具有滞后性，当期家庭年收入水平可能并不会影响家庭对生计策略的选择，甚至产生内生性问题，因此我们将滞后一期的家庭年收入纳入模型，综合评价当期生计资本与生计策略之间的关系。

(四) 自然资本指标

自然资本指的是返乡创业农民工家庭为了生活和发展所需，在实施生计策略过程中，其所处的自然环境中所蕴含有价值的资本，即是有价值的自然资源存量和环境服务。在三峡库区中，由于返乡农民工创业具体行业不同，如果单纯使用一般的自然资源进行分析，所获得的回归结果可能与分析的目标产生偏差。同时受制于三峡库区的功能性要求，三峡库区内对自然资源利用的首要原则是可持续发展。由此三峡库区返乡创业农民工家庭不可能对区内自然资源无顾忌地滥加利用。具体到本章中，考虑到三峡库区的实际情况，创业对场地的诉求是刚性的，因此为了便于比较，我们引入返乡农民工创业所需场地（x_{12}）、以及家庭所占有的平整耕地规模（x_{13}）等变量来测量自然资本。

（五）物质资本指标

物质资本在本书中指的是返乡创业农民工家庭为了生活和发展所需，在其实施生计策略过程中，所使用到的除自然资源以外的物质，主要包含基础生产资料和公共基础设施两大类。由于创业方向和行业存在差别，因此在生产资料上难以进行比较。但是，地区基础设施对于该区域所有返乡农民工的创业决策和创业效益有重要影响，在三峡库区内的各个区域之间，基础设施存在着较大差异，这对于返乡农民工创业的影响不言而喻。因此，在本章中，我们使用本地交通状况（x_{14}）、本地用电状况（x_{15}）对该地区的基础设施进行刻画。

四 变量间相关性分析

表 7-2 呈现了本章的主要变量的相关系数矩阵。从表 7-2 中可以看出，各变量之间的相关系数普遍较低，最大值为 0.513。因此可以认为多重共线性问题对本研究结论的正确性基本不构成冲击。

表 7-2　　相关性分析

	y	x_1	x_2	x_3	x_4	x_5	x_6	x_7	x_8	x_9	x_{10}	x_{11}	x_{12}	x_{13}	x_{14}	x_{15}
y	1															
x_1	0.046	1														
x_2	0.108***	-0.016	1													
x_3	-0.089***	-0.333***	0.040	1												
x_4	0.064*	0.091*	0.041	0.016	1											
x_5	0.087*	-0.057*	0.050	-0.012	0.093***	1										
x_6	0.106***	0.115***	0.059*	-0.093***	0.107***	0.062*	1									
x_7	0.102***	0.096***	-0.020	-0.069**	0.116***	0.055	0.327***	1								
x_8	0.191***	0.071**	0.038	-0.059*	0.039	-0.058*	0.199***	0.082**	1							
x_9	0.175***	0.206***	0.059*	-0.015	0.191***	0.044	0.215***	0.202***	0.320***	1						
x_{10}	0.055	0.095***	0.050	-0.031	0.113***	0.059*	0.069**	0.047	0.049	0.084**	1					
x_{11}	0.078**	0.030	0.129***	-0.072**	0.046	0.047	0.200***	0.045	0.105***	0.085**	0.373***	1				
x_{12}	0.248***	0.004	0.058*	-0.025	0.135***	0.105***	0.082**	0.033	0.112***	0.101***	0.074**	0.160***	1			
x_{13}	-0.047	0.045	0.015	0.002	0.017	-0.036	0.027	0.054	0.060*	-0.013	-0.059*	-0.043	0.030	1		
x_{14}	0.049	0.100***	-0.007	-0.013	-0.013	-0.064*	0.032	0.088***	0.065*	0.112***	0.061*	0.006	-0.005	0.091***	1	
x_{15}	0.004	0.066*	-0.045	-0.009	-0.055	-0.126***	0.028	0.070**	0.078**	0.050	0.039	0.004	0.019	0.068**	0.513***	1

注：* $p<0.1$，** $p<0.05$，*** $p<0.01$。

第三节 生计策略影响因素实证分析

一 分析方法

为研究生计资本对返乡创业农民工家庭生计策略的影响，本部分通过二元 Probit 回归模型进行分析。设计模型时，为了清晰、简明地估算生计资本变化引起的生计策略发生转变的概率，将返乡创业农民工家庭生计策略简化为 0—1 型因变量 y_i，即"以创业收入为家庭主要经济来源"定义为 1，"以务工收入或务农收入为家庭主要经济来源"定义为 0；x_1，x_2，$\cdots$，x_5 是返乡创业农民工家庭拥有的五种生计资本，共有 n 组观测数据，即 x_{i1}，x_{i2}，$\cdots$，x_{i5}（$i=1$，2，$\cdots$，n）。假定 x_i 是自变量，P_i 是 y_i 事件发生的概率，相应的回归模型如下：

$$P_i = Exp(\beta_0 + \beta_1 x_{i1} + \cdots + \beta_n x_{in}) / [1 + Exp(\beta_0 + \beta_1 x_{i1} + \cdots + \beta_n x_{in})] \quad (1)$$

式中，β_0 为常数，β_1，β_2，$\cdots$，β_n 为回归系数，代表了各因素 x_{in} 对 P_i 的贡献度。回归系数值符号为正，表示解释变量每增加一个单位值，会相应增加发生比；反言之，对于负的回归系数，则代表每增加一个单位值的解释变量，会使得发生比相应减少。

二 影响生计策略转换的生计资本

（一）生计资本对生计策略转换的逐步回归

从表 7-3 中可以发现，第一，人力资本指标中的家庭成年劳动力的数量（x_2）在模型（1）—（5）中显著正向影响返乡创业农民工家庭生计策略的转换。显然，家庭劳动力人口规模越大，创业成功的发生概率越高，这与朱明芬（朱明芬，2010）的发现一致。在返乡创业农民工家庭生计策略转换的过程中，由于农村劳动力市场不健全,家庭劳动力规模越大,越可以在创业选择中占据先机。但是,我们也看到,在该指标中,样本对象外出务工的时长(x_3)则在模型(1)—(5)中显著反向影响返乡创业农民工家庭生计策略的转换。农民工在外务工时长越长,一方面,对务工收入依赖性越强,家庭生计策略转换的机会成本越高。另一方面,务工时间越长,更趋于被动返乡创业,与主动返乡创业相比较,竞争力趋弱,难以实现家庭生计策略的转换。在模型(1)中是否接受过创业培训(x_4)在10%的显著水平上正向显著影响家庭生计策略的转换,但是随着社会资本等指标的进入,是否接受过创业培训(x_4)对家庭生计策略转换的影响力被削弱,不再显著。这意味着在返乡创业农民工家庭生计策略的转换过程中,社会资本等因子的影响力比接受过创业培训这一因素的影响力更强。

表7-3　　　　　　　　Probit 模型下的逐步回归结果

	(1)	(2)	(3)	(4)	(5)
x_1	0.024 (0.40)	0.020 (0.32)	-0.038 (-0.55)	-0.012 (-0.17)	-0.014 (-0.19)
x_2	0.207*** (3.24)	0.195*** (3.00)	0.153** (2.17)	0.168** (2.25)	0.166** (2.23)
x_3	-0.024** (-2.43)	-0.021** (-2.08)	-0.019* (-1.77)	-0.021* (-1.89)	-0.021* (-1.90)
x_4	0.121* (1.94)	0.087 (1.36)	0.051 (0.73)	0.014 (0.19)	0.014 (0.19)
x_5	—	0.515** (2.13)	0.635** (2.43)	0.586** (2.07)	0.567** (1.99)
x_6	—	0.130* (1.68)	-0.004 (-0.04)	-0.010 (-0.11)	-0.010 (-0.11)
x_7	—	0.152* (1.86)	0.119 (1.35)	0.172* (1.87)	0.171* (1.86)

续表

	(1)	(2)	(3)	(4)	(5)
x_8	—	—	0.042*** (6.03)	0.046*** (6.20)	0.046*** (6.14)
x_9	—	—	0.091* (1.75)	0.070 (1.29)	0.066 (1.22)
x_{10}	—	—	0.040 (0.58)	0.022 (0.31)	0.017 (0.24)
x_{11}	—	—	0.026 (0.38)	-0.044 (-0.62)	-0.044 (-0.61)
x_{12}	—	—	—	0.483*** (5.90)	0.488*** (5.94)
x_{13}	—	—	—	-0.212*** (-3.37)	-0.214*** (-3.37)
x_{14}	—	—	—	—	0.088 (0.92)
x_{15}	—	—	—	—	-0.106 (-0.88)
_cons	0.521** (2.04)	-0.044 (-0.14)	-0.545 (-1.41)	-0.898** (-2.00)	-0.778 (-1.27)
N	878	878	878	878	878
Pseudo R^2	0.031	0.052	0.159	0.221	0.222

注：*** 表示在1%水平上显著，** 表示在5%水平上显著，* 表示在10%水平上显著。

第二，在社会资本指标中，是否曾担任村干部（x_5）在模型（1）—（5）中均在5%的显著水平上正向影响返乡创业农民工家庭生计策略的转换。近亲属从政或经商（x_6）则在模型（1）中在10%的显著水平上正向影响返乡创业农民工家庭生计策略的转换。周边有创业成功的人（x_7）则除了在模型（3）中不显著之外，均显著正向影响返乡创业农民工家庭生计策略的转换。这表明，社会资本"能促进或有助于个体间或组织间的行动，并进而创造价值的各种关系"(Michael, 2002)。对返乡创业的农民工而言,其掌握的社会资本在其创业过程中可以发挥实质性作用,例如提供资源和帮助(解蕴慧等,2013),从而较好地促进其创业活动,显著提高创业效益和创业成功概率。尤其在中国注重关系的大环境下,社会资本在发现创业机会和获得创业信息、资源等方面的作用不容忽视。

第三,在金融资本指标中返乡创业农民工家庭的年收入(x_8)在模型(1)—(5)中均在1%的显著水平上正向影响他们的家庭生计策略的转换。显而易见,相对于务农收入,创业收入的稳定性更强,其对家庭生计策略的转换影响力更大。虽然本部分使用的是probit回归模型,回归结果只能证明自变量和因变量之间显著关联,并不代表二者互为因果关系。诚然,这样的结果或许可以解读为:由于拥有较高的收入水平,所以其更倾向于选择创业作为生计策略,也或许是由于选择了创业作为生计策略而获得了较好的收入水平。但我们难以否认的是,高收入水平与生计策略之间的转换具有显著相关关系。Meng(2001)就在其研究中曾指出,在农民工群体当中,创业所带来的收入最令人满意。初投资金规模(x_9)在模型(3)中显著正向影响返乡创业农民工家庭生计策略的转换。初投资金的规模直接决定着创业收益的水平,因此其对家庭生计策略的转换具有显著的影响。由于我国农村金融长期发展滞后,无论是正规信贷渠道还是非正规信贷渠道,返乡创业农民工均难以获得有效的融资,因此在本书中,正规信贷的可获得性(x_{10})和非正规信贷的可获得性(x_{11})在各个模型中均没有显现出显著性。

第四,在自然资本指标中,返乡农民工创业所需场地(x_{12})在1%的显著水平上正向影响他们家庭生计策略的转换。与此相反,家庭所能支配的平整耕地规模(x_{13})在1%的显著水平上负向影响返乡创业农民工家庭生计策略的转换。这是因为,首先,开展创业活动需要一定规模的创业场地，这是创业过程中的必备要素。无论在城市还是农村，如果场地诉求无法满足，则创业活动无从谈起。因此其对返乡创业农民工家庭生计策略的转换具有显著的正向影响。其次，在农村地区的经营活动中，务农收入是从事其他经营活动的机会成本。家庭所能支配的平整耕地规模越大，家庭可以从务农活动获得高收入的概率越高，其进行创业的机会成本就越高，相应地其通过创业并实现生计策略转换的动力就越小。因此，返乡创业农民工家庭所能支配的平整耕地规模对家庭生计策略的转换具有负向显著影响。

第五，在物质资本指标中，地区交通（x_{14}）和用电（x_{15}）均没有呈现出显著影响。这是一个让人意外的结果。因为在创业活动中，区域交通越发达，物流成本越低，越有利于创业活动的开展。同样，地区基本能源如水、电等保障越好，对创业活动的稳定有序进行越有利。这是创业活动能够持续进行的基本要求。因此，这有待进一步的讨论和分析。

(二) 空间差异视角下的家庭生计策略转换

三峡库区各区域之间，无论是基础设施建设力度，还是区域资源禀赋，都存在较大的差异，这直接影响着返乡农民工的创业效率，引致影响其家庭生计策略的转换。因此，本部分从区位差异、高程差异两方面进行分组讨论，从立体的空间视角分析上述因素对不同区域返乡创业农民工家庭生计策略转换的影响。

1. 区位差异视角

在三峡库区内部由于自然区位条件、区域产业结构和地区发展战略规划的差异性，导致库区内部经济发展也有较大差异。库尾地区基础设施较为齐备，产业结构和市场环境较好，该区域的创业条件相对于库腹地区和库首地区而言，面临的阻力较小。在产业结构上，库尾地区第一产业占比低，第三产业发达，远高于库首地区和库腹地区；库腹地区第一产业比重较高，第二产业的发展则相对滞后。三峡库区内部区域经济条件的差异，引致返乡创业农民工生计资本占有和生计策略转换上存在差异。由于库尾地区与库腹地区约占三峡库区总面积的85%，且均位于重庆市境内，管理体制及相关政策的实施几乎一致，为了比较上的方便，本书着重对库尾地区与库腹地区进行了比较。

从表7-4中可以发现，在库腹地区家庭成年劳动力的数量（x_2）显著正向影响返乡创业农民工家庭生计策略的转换，而在库尾地区没有显现出显著性。这是因为，库腹地区的劳动力处于净流出状态，很大部分的劳动力与中国其他地区的农村地区一样，外出到城市及沿海等发达地区务工，留在农村中的劳动力很少。因此，家庭中的劳动力对家庭创业活动的正常开展具有非常重要的作用。库尾地区由于处于大城市周边，家庭劳动力回流的可能性和便利性都比库腹强。此外，在库尾地区，家庭劳动力不足的缺口也可以通过在供给充足的劳动力市场中招募进行补充。因此库尾地区的返乡创业农民工家庭成年劳动力的数量对其生计策略的转换没有产生显著影响。

表7-4　　　　不同区位的家庭禀赋对生计策略转换的影响

	(1) 全样本	(2) 库尾地区	(3) 库腹地区
x_1	-0.014 (-0.19)	-0.146 (-0.98)	0.021 (0.23)
x_2	0.166** (2.23)	0.028 (0.19)	0.225** (2.40)
x_3	-0.021* (-1.90)	-0.033 (-1.10)	-0.025** (-2.02)

续表

	(1)	(2)	(3)
	全样本	库尾地区	库腹地区
x_4	0.014	0.303	-0.069
	(0.19)	(1.64)	(-0.84)
x_5	0.567**	0.000	0.389
	(1.99)	(0.00)	(1.31)
x_6	-0.010	-0.299	0.025
	(-0.11)	(-1.53)	(0.23)
x_7	0.171*	0.008	0.194*
	(1.86)	(0.04)	(1.76)
x_8	0.046***	0.040**	0.052***
	(6.14)	(2.42)	(5.61)
x_9	0.066	0.298**	0.011
	(1.22)	(2.14)	(0.18)
x_{10}	0.017	-0.151	0.099
	(0.24)	(-0.92)	(1.16)
x_{11}	-0.044	-0.062	-0.062
	(-0.61)	(-0.36)	(-0.76)
x_{12}	0.488***	0.569***	0.503***
	(5.94)	(3.01)	(5.17)
x_{13}	-0.214***	-0.170	-0.217***
	(-3.37)	(-1.07)	(-2.92)
x_{14}	0.088	0.458*	0.059
	(0.92)	(1.87)	(0.54)
x_{15}	-0.106	0.216	-0.199
	(-0.88)	(0.67)	(-1.47)
_cons	-0.778	-3.091**	-0.406
	(-1.27)	(-1.98)	(-0.58)
N	878	170	692
Pseudo R^2	0.222	0.255	0.240

注：*** 表示在1%水平上显著，** 表示在5%水平上显著，* 表示在10%水平上显著。

库腹地区的返乡创业农民工外出务工的年限（x_3）显著负向影响其家庭生计策略的转换。相对于库尾地区较好的经济环境和基础而言，库腹地区的经济基础和条件都较差，农民工返乡创业更多地依赖原有的社会资本等外部资源开展创业。但农村中的社会资本需要经常性来往进行维护，一旦其在外务工时间较长，其原有的社会资本将出现流失。因此库腹地区的农民工外出务工的时间越长对其返乡创业越不利，从而影响其家庭生计策略的转换。

周边有创业成功的人（x_7）这一变量在库腹地区显著正向影响返乡创业农民工家庭生计策略的转换。这表明，相对于经济环境较好的库尾地区，处于不利区位的库腹地区的农民工返乡创业时，其可以模仿的对象很少，周边创业成功的人可以成为他们较好的模仿和信息交流对象。因此，该变量在库腹地区对农民工创业成功及创业效益的提高有着非常重要的影响。

农民工家庭的年收入（x_8）在库尾地区和库腹地区都显著正向影响返乡创业农民工家庭生计策略的转换，没有显现出明显的差异。初投资金规模（x_9）在库尾地区显著正向影响返乡创业农民工家庭生计策略的转换。初投资金的规模直接决定着创业收益的水平，因此其对家庭生计策略的转换具有显著的影响。如上所言，库尾地区的经济环境较好，基础设施较为齐备，相同的初投资金规模在库尾地区可能比库腹地区更快地实现效益，因此其对该区域返乡创业农民工家庭生计策略的转换具有显著的影响。

返乡农民工创业所需场地（x_{12}）在 1% 的显著水平上正向影响库尾地区和库腹地区的返乡创业农民工家庭生计策略的转换。而家庭所能支配的平整耕地规模（x_{13}）在 1% 的显著水平上负向影响库腹地区返乡创业农民工家庭生计策略的转换。这是因为，相对库尾地区而言，库腹地区的农民工所能选择的生计策略非常有限，途径及渠道单一，家庭所能支配的平整耕地规模越大，其进行创业的机会成本就越高，相应地通过创业实现生计策略转换的动力就越小，越难以通过创业实现家庭生计策略的转换。

地区交通（x_{14}）在库尾地区正向显著影响返乡创业农民工家庭生计策略的转换。这是一个有趣的发现。我们认为，在接近特大城市的库尾地区，相对于库腹地区来说，交通便利、物流成本低是该区域的特点。一旦该区域中的家庭生计受制于交通因素，与同区域的其他家庭相比，生计策略的转换必然受阻。因此该区域的返乡创业农民工家庭生计策略的转换对交通的依赖显现出显著的表征。

2. 高程差异视角

三峡库区山高谷深，海拔的高低不仅意味着基础设施建设存在差异，同时也意味着土地资源利用规制上存在差异。一方面，海拔越高的地区交通及通信设施相对较差，因而返乡创业农民工自身的生计资本作用发挥受阻；另一方面，由于三峡库区特殊的地形地貌结构，其高程对库区土地利用方式以及使用方向具有决定作用，进而有可能影响到返乡农民工创业的效益和潜力。

从表7-5中可以发现，在低海拔地区中家庭成年劳动力的数量（x_2）显著正向影响农民工家庭生计策略的转换，而在高海拔地区没有显现出显著性。这是因为，三峡库区的低海拔地区基础设施相对较为完善，家庭成年劳动力数量上的优势能够通过区位优势呈几何级别放大，从而促进其家庭生计策略的转换。而高海拔地区的返乡创业农民工家庭则由于所在地区基础设施建设不足，难以发挥家庭成年劳动力数量上的优势对创业的影响。

表7-5　　　　　　不同高程的家庭禀赋对生计策略转换的影响

	(1)	(2)	(3)
	总样本	海拔低于1000米地区	海拔高于1000米地区
x_1	-0.014 (-0.19)	0.013 (0.16)	-0.019 (-0.09)
x_2	0.166** (2.23)	0.174** (1.98)	0.159 (0.95)
x_3	-0.021* (-1.90)	-0.026** (-1.99)	0.022 (0.82)
x_4	0.014 (0.19)	0.028 (0.33)	-0.064 (-0.35)
x_5	0.567** (1.99)	0.696** (2.03)	0.307 (0.44)
x_6	-0.010 (-0.11)	0.017 (0.16)	-0.127 (-0.56)
x_7	0.171* (1.86)	0.140 (1.34)	0.381 (1.54)
x_8	0.046*** (6.14)	0.039*** (4.89)	0.125*** (3.44)
x_9	0.066 (1.22)	0.069 (1.09)	-0.023 (-0.18)
x_{10}	0.017 (0.24)	-0.031 (-0.38)	0.270 (1.25)
x_{11}	-0.044 (-0.61)	-0.067 (-0.81)	0.086 (0.48)
x_{12}	0.488*** (5.94)	0.535*** (5.69)	0.426** (2.08)
x_{13}	-0.214*** (-3.37)	-0.327*** (-4.37)	0.211 (1.34)
x_{14}	0.088 (0.92)	0.161 (1.45)	-0.243 (-0.85)
x_{15}	-0.106 (-0.88)	-0.195 (-1.35)	0.034 (0.12)

续表

	（1）	（2）	（3）
	总样本	海拔低于1000米地区	海拔高于1000米地区
_cons	-0.778	-0.303	-2.811
	(-1.27)	(-0.44)	(-1.59)
N	878	670	208
Pseudo R^2	0.222	0.238	0.334

注：*** 表示在1%水平上显著，** 表示在5%水平上显著，* 表示在10%水平上显著。

低海拔地区中的返乡创业农民工外出务工的年限（x_3）显著负向影响其家庭生计策略的转换。相对于高海拔地区较差的经济环境和基础而言，低海拔地区的经济基础和条件都较好。在同样的外部条件下，农民工外出务工时长越长，越疏于打理其原有的社会关系，进而不利于其在创业活动中的竞争，使其家庭生计策略转换困难。

是否曾担任村干部（x_5）在5%的显著水平上正向影响低海拔地区创业的农民工家庭生计策略的转换。这是因为低海拔地区农民工的创业预期中，返乡创业农民工有担任村干部的经历这种农村社会中强社会网络必然增强创业的成功率，从而正向促进家庭生计策略的转换。

返乡创业农民工家庭的年收入（x_8）与返乡农民工创业所需场地（x_{12}）在高海拔地区和低海拔地区中，都显著正向影响他们家庭生计策略的转换，没有显现出明显的差异。

而家庭所能支配的平整耕地规模（x_{13}）在1%的显著水平上负向影响低海拔地区返乡创业农民工家庭生计策略的转换。显然，相对高海拔地区而言，库区中低海拔地区的返乡创业农民工家庭平整耕地生产效率更高，可种植的经济作物更多，经济作物的可替代性更强，对家庭经济的支持更有力。因此，可支配的平整耕地规模越大的返乡创业农民工家庭实现自身生计策略转换的概率更小。

第四节 本章小结

第一，家庭年总收入（x_8）和有合适的创业场地（x_{12}）在1%的显著性水平上正向影响返乡创业农民工生计策略的转换。即使进行不同分组，也没有发现其显著性有所降低。这意味着这两个变量对家庭生计策略的转换具有决定性作用。家庭的收入水平对创业投资的大小有着制约作用；有合适的创业场所则是创业的必要前提之一，其能够提高创业的效率从而促进家庭生计策略的转换。

第二，家庭劳动力数量（x_2）、曾经担任村干部（x_5）这两个因素均在不同程度上显著正向影响库腹地区组、低海拔地区组返乡创业农民工家庭生计策略的成功转换。但与之相反的是，外出务工时长（x_3）和家庭所能支配的平整耕地规模（x_{13}）这两个变量则不同程度负向显著影响库腹地区组、低海拔地区组返乡创业农民工家庭生计策略的转换。家庭劳动力规模能够充分说明家庭在创业过程中所能够调动的人力资源数量。显然，家庭中的劳动力规模越大，在其创业时所能选择的空间就越大。社会资本作为在社会网络中可以动员的社会资源，可以为创业活动提供情感、信息和资源上的支持，增强返乡创业农民工家庭生计策略的转换概率；外出务工时间越长，其原有社会资本越容易流失，不利于创业。家庭所能支配的平整耕地规模则可能放大了创业的机会成本，使其家庭生计策略难以转换。

第三，创业初投资金的规模（x_9）和地区交通变量（x_{14}）分别在5%和10%的显著性水平上正向影响库尾地区返乡创业农民工生计策略的转换。库尾地区的市场化程度较高,在相同情况条件下,初投资金规模越大,其竞争力可能越强;而且处于交通发达的库尾地区,如果同地区内交通状况存在差异,则可能导致创业效果也随之出现差异,交通好的地方更容易实现生计策略的转换。

第八章

返乡农民工人力资本积累与创业绩效

提高劳动生产率通常有三条途径：一是资本替代劳动；二是提高作为劳动生产率组成部分的全要素生产率；三是提高人力资本水平。这是资本替代劳动和提高全要素生产率的前提条件和重要保障。显然，人力资本对于提高人民收入水平，有着非常关键的作用。返乡农民工作为农民群体中最为活跃的一部分，在其外出务工过程中，开阔了视野，积累了知识和经验，是贯彻中央实施乡村振兴战略的重要支撑力量。

自从 Schultz（1961）提出人力资本理论以来，人力资本与收入之间关系的讨论成为学术界重点关注的领域之一。具体对人力资本影响农民工创业收入，特别是关于创业培训对返乡农民工创业收入的影响，目前尚有很大的探讨空间，有必要采用微观调查数据就返乡农民工的人力资本积累影响创业收入进行进一步检验，从而为提高返乡农民工创业收入、开发劳动力质量红利和制定人力资源开发政策提供决策参考。我们采用在三峡库区内的微观调查数据，重点讨论返乡农民工个人教育、务工经历以及创业培训对其创业收入的影响，并且结合这三种人力资本形成途径的时序差异进行分析，试图揭示它们对创业收入影响力的差异（见图 8-1）。本书对于认识支持返乡农民工创业政策效果，理解返乡农民工创业收入变化的核心影响因素有着重要的意义。本章主要的创新和边际贡献在于三个方面。第一，采用刚脱贫且生态脆弱地区的微观调查数据进行分析，对国内连片脱贫且生态脆弱地区具有极强的代表性。第二，构建更具完备性的计量模型。一方面，本书的核心解释变量不仅考虑在校教育，也考虑外出务工时长和创业培训等重要的人力资本变量。另一方面，更全面地控制影响返乡农民工创业收入水平的其他众多因素，包括个人特征、家庭禀赋、区域禀赋等对返乡农民工创业收入有重要影响的变量。第三，从人力资本积累角度，讨论人力资本不同的积累途径对返乡农民工创业收入的影响，以揭示人力资本积累对返乡农民工创业收入的影响机理。

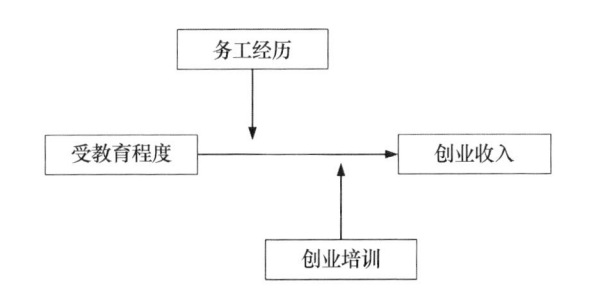

图 8-1 返乡农民工人力资本积累途径对创业收入的影响

第一节 变量选取

根据研究的目的，结合调查所获得的样本数据，我们选择以下变量进行回归分析（见表 8-1）。

表 8-1　　描述性统计

	variable	mean	sd	min	p50	max
y	创业收入水平	2.65	0.96	0	2.64	5.3
x_1	受教育程度	2.38	0.93	1	2	4
x_2	年龄	39.67	8.39	21	41	62
x_3	性别	0.7	0.46	0	1	1
x_4	婚姻状况	0.84	0.37	0	1	1
x_5	市场意识	3.63	0.71	1	4	5
x_6	胆量	3.79	0.74	1	4	5
x_7	家庭总人口	4.04	1.13	2	4	7
x_8	家庭负担比	0.55	0.45	0	0.5	2
x_9	是否有合适的创业场地	2.39	0.69	1	3	3
x_{10}	近亲属从政或经商	2.05	0.76	1	2	3
x_{11}	家庭所能支配的平整耕地存量	2.71	0.99	1	3	5
x_{12}	本地交通状况	3.97	0.73	1	4	5
x_{13}	本地通信状况	3.97	0.75	1	4	5
x_{14}	融资难易程度（银行渠道）	2.45	0.95	1	2	5
x_{15}	融资难易程度（银行以外渠道）	2.75	0.92	1	3	5

一　年创业收入水平

年创业收入水平作为本书的被解释变量，其是样本对象经济状况的直接反映。由于创业收入与传统的务农收入相比，受天气等不确定因素的影响更小，稳定性更强。为了避免可能存在的异方差对估计结构产生的影响，我们对年创业收入水平取自然对数处理。

二　人力资本存量

受教育程度这一变量可能对企业家才能难以全部解释，但受教育程度可能与其商业技能存在正向相关关系。Paulson 和 Townsend（2004）在其研究中就得出结论，认为受教育程度与企业家才能二者成较强的正向相关。在本书中，受教育程度是主要解释变量。本章按照受教育程度的高低依次对农民工受教育程度这一变量赋值为：小学及以下文化水平赋值为1，初中文化水平赋值为2，高中、中专、职高层级文化水平则赋值为3，大专及以上文化程度赋值为4。样本对象外出务工的时长作为人力资本积累的代理变量之一，有可能通过受教育程度对家庭创业收入水平产生影响。农民工在外务工时长越长，越有可能通过务工积累更多的经验和知识，从而可以降低初始受教育程度对创业收入的影响。同样，返乡农民工是否接受过创业培训，是影响其创业技能获得的一个重要因素，其通过后天的培训，也有可能缓解初始教育差异引致的创业收入水平差异。

三 个人特征

个人特征主要包括返乡创业农民工的年龄、性别和婚姻状况。其中年龄和性别可以较好地拟合农民工的风险偏好和资源积累。一般而言，年纪越大的返乡农民工风险意识较强，在创业中更趋于稳健，更倾向于从事与自己生活生产经历相关的创业活动，对相关行业更为熟悉，获取资源更为便利，因此其创业收入可能更高。但是，年龄也可能存在倒"U"形的影响，也即在开始时，家庭收入随着年龄的上升而上升，到达某一个节点后，其将随着年龄的增加而减少。为了讨论年龄对家庭收入的影响，我们也在回归中，同时将年龄的平方放入模型中。而男性对于风险偏好倾向可能更强于女性，也更能承受创业所带来的压力，创业收益可能更高。在婚姻变量上，稳定的家庭结构可能是家庭创业的精神支柱。为了更好地分析婚姻状况对创业效果的影响，我们对返乡农民工的实际婚姻状况进行了处理,将从未结婚、离异以及丧偶划分为"单身",赋值为0,将初婚、再婚和同居状态合并为"非单身"选项,赋值为1。此外,在个人能力方面,市场意识和创业胆量对创业启动和创业活动的维持有着重要影响,我们使用这两个变量作为个人能力的代理变量,并使用"您的市场意识好"和"您的胆量大"两个问项获取样本对象的信息。对上述两个问项中,对回答"非常正确"赋值为5、"正确"赋值为4、"一般"赋值为3、"不正确"赋值为2、"很不正确"赋值为1。

四 家庭禀赋

家庭禀赋主要纳入了家庭总人口数量、家庭负担比、合适的创业场地、家庭社会资本存量以及家庭所能支配的平整耕地存量这5个变量。家庭人口规模在某种程度反映了家庭可供创业使用的人力资源和规模,对于人口规模,我们以家庭实际人口计算;家庭负担比则反映家庭在校学生人数与家庭劳动力人口之间的比值,同样情况下家庭在校生人数越多,家庭负担越重,而家庭劳动力人数越多,返乡农民工创业过程中的经济压力可能越小。创业场地则是创业活动必需的要素,家庭中有合适的创业场地对于正在进行的创业活动而言,可以降低其创业的成本和心理压力,从而提高其创业收入增加的概率。对场地可得性,则以"目前您有没有合适的场地用于创业"问项进行收集,对"有足够的创业场地"赋值为3,"有创业场地,但不够"赋值为2,"没有创业场地"赋值为1;对于家庭社会资本存量,我们以"您有没有亲戚从政或经商"问项进行收集,对"有,帮助较大"赋值为3,"有,帮助较小"赋值为2,"没有"赋值为1。家庭所能支配的平整耕地存量反映家庭在土地资源方面的占有情况,回答"非常多"赋值为5,"比较多"赋值为4,"一般"赋值为3,"比较少"赋值为2,

"很少"赋值为1。

五 区域禀赋

区域禀赋越好,在该区域内创业活动的开展越顺利,创业收入水平越高。在区域禀赋中,我们使用本地区交通状况以及通信保障情况作为该地区的基础设施的代理变量,使用正规渠道融资难度和非正规渠道融资难度作为地区经济发展水平的代理变量。对于地区交通状况以及通信保障情况,我们使用"本地交通状况好不好?"和"本地手机信号好不好?"这两个问项进行评价,对"非常好"赋值为5,"好"赋值为4,"一般"赋值为3,"不好"赋值为2,"非常不好"赋值为1。对于融资渠道,则分别使用"您从银行贷款难不难"和"您从银行以外的渠道借钱难不难"两个问项获得信息,对"很容易"赋值为5,"容易"赋值为4,"一般"赋值为3,"不容易"赋值为2,"很不容易"赋值为1。

第二节 实证分析

一 基准模型的设定

为考察受教育程度对创业收入水平的影响,我们在经典明瑟方程(Mincer,1970;1974)的基础上进行修正,并将其作为基准模型,具体如下:

$$\ln y_i = \alpha_0 + \beta E_i + \delta P_i + \lambda H_i + \kappa R_i + \mu_i \quad (1)$$

其中,$\ln y$ 为年收入的自然对数值;E 为受教育程度,P 为个人特征变量,H 为家庭禀赋变量,R 为区域禀赋变量,μ 为干扰项。

二 受教育程度对创业收入的影响

从表8-2中的模型(1)可以看到,返乡创业农民工受教育程度在1%的显著性水平上对创业收入水平具有统计显著性,而且系数估计值符号为正。这与明瑟方程中的预期一致,也即受教育程度越高,其创业收入水平越高。

表8-2　　　　　　　受教育程度对创业收入水平的影响

	(1)	(2)
x_1	0.101*** (2.70)	0.131*** (3.31)
x_1 * 务工时长	—	-0.006** (-2.27)
x_2	0.080*** (2.65)	0.090*** (2.94)
$x_2 * x_2$	-0.001** (-2.34)	-0.001** (-2.56)
x_3	0.174*** (2.66)	0.188*** (2.86)
x_4	-0.032 (-0.35)	-0.025 (-0.27)
x_5	0.274*** (5.94)	0.274*** (5.95)
x_6	0.169*** (3.90)	0.173*** (4.00)
x_7	0.109*** (4.06)	0.110*** (4.13)
x_8	-0.036 (-0.52)	-0.034 (-0.49)
x_9	0.076* (1.72)	0.074* (1.68)
x_{10}	0.172*** (4.31)	0.165*** (4.13)
x_{11}	0.062** (2.09)	0.064** (2.15)

续表

	（1）	（2）
x_{12}	0.104**	0.105**
	(2.27)	(2.29)
x_{13}	0.067	0.067
	(1.47)	(1.48)
x_{14}	0.005	0.008
	(0.16)	(0.23)
x_{15}	0.082**	0.078**
	(2.34)	(2.20)
_cons	-3.099***	-3.332***
	(-4.86)	(-5.17)
N	863	863
Adj_R^2	0.216	0.220
p	0.000	0.000

注：$^* p < 0.1, ^{**} p < 0.05, ^{***} p < 0.01$。

在模型（1）的基础上，我们将受教育程度变量与样本对象的外出务工时长进行交互后放入方程，发现受教育程度仍然保持在1%的水平上正向显著，而其交互项则在5%的水平上具有统计显著性，系数估计符号为负。这就意味着，受教育程度对农民工创业收入水平的促进作用受其外出务工时长影响，外出时间越短，受教育程度对其创业收入水平的影响越大，而外出务工时长越久，受教育程度对其创业收入水平的影响越小。由于农民工外出务工是发生在其接受完在校教育之后，结合其时序考量，可以推断出：相对于在校教育对创业收入的影响，农民工外出务工经历对创业收入的影响更大。而创业收入受外出务工经历这一人力资本积累的近因影响，这一推断需要进一步的验证。

此外，我们考察其他变量对创业收入的影响。年龄的系数估计值在1%的显著性水平上对创业收入水平具有统计显著性，而且系数估计值符号为正，但是年龄平方的系数估计值的符号显著为负。这意味着，年龄对创业收入呈现出二次曲线关系，也即创业收入在某一个点上达到其峰值之后，随着年龄的增加，创业收入呈现下降趋势。男性的返乡农民工则凭借其占优的承压能力获得较高的创业收益；市场意识与创业胆量均显著正向影响创业收入，表明出色的个人素质对创业收入具有促进作用。在家庭禀赋中，人口规模越大，在创业活动中可提供的劳动力越多，收入水平获得提高的可能性更大；而拥有合适的创业场地，则为其创业活动的正常开展提供必要的保障，增加了其创业收入水平提高的概率。同样，家庭的社会资本存量与耕地存量均显著正向影响创业收入，这意味着，良好的家庭禀赋可以促进创业活动的开展，进而提高其创业收入水平。在区域禀赋中，本地区的交通状况、非正规融资的可获得性均在5%的水平上正向显著影响创业收入。显然，便利的交通条件可以促进创业要素的流动。而由于农村地区金融资源的匮乏，使得创业活动对非正规融资产生了依赖。

三　人力资本积累差序下的创业收入变化

为了检验不同类型的人力资本积累对创业收入影响的近因效应，我们对样本对象按照是否接受过创业培训进行分组，并提出研究假定：如果人力资本积累对创业收入影响的近因效应存在，那么接受过培训的返乡农民工的受教育程度对创业收入的影响，比没有接受过培训的返乡农民工小。进一步，无论是否接受过创业培训，样本对象受教育程度对创业收入的影响力随其务工时长的增加而衰减。

通过对表8-3的观察发现，在模型（1）和模型（2）中，没有接受过创业培训的样本对象的受教育程度均显著影响其创业收入。而且，在模型（2）中，受教育程度与务工时长的交互项系数估计值在 1% 的水平上负向显著，也即意味着，在没有接受过创业培训的样本对象中，其务工时长越长，初始教育对创业收入的影响越小，反之则影响越大。而在模型（3）中，虽然其系数估计值仍在 10% 的水平上正向显著，但我们可以观察到，其系数估计值比模型（1）小。而在模型（4）中，随着受教育程度与务工时长的交互项的进入，受教育程度的系数估计值不但比模型（2）小，而且其不再显著。综上所述，上述研究假定得到验证，人力资本积累对创业收入的影响存在近因效应，样本对象受教育程度对创业收入的影响力随其务工时长的增加而衰减。

表 8-3　　创业培训差异下受教育程度对创业收入水平的影响

	没有接受过创业培训		接受过创业培训	
	（1）	（2）	（3）	（4）
x_1	0.119**	0.185***	0.104*	0.093
	(2.36)	(3.48)	(1.81)	(1.53)
$x_1 *$ 务工时长	—	−0.014***	—	0.002
		(−3.53)		(0.59)
x_2	0.060	0.081**	0.108**	0.105**
	(1.49)	(2.03)	(2.27)	(2.19)
$x_2 * x_2$	−0.001	−0.001	−0.001**	−0.001**
	(−1.11)	(−1.54)	(−2.20)	(−2.16)
x_3	0.122	0.167*	0.227**	0.225**
	(1.41)	(1.93)	(2.22)	(2.19)
x_4	0.093	0.126	−0.167	−0.169
	(0.70)	(0.97)	(−1.31)	(−1.32)
x_5	0.272***	0.271***	0.289***	0.289***
	(4.57)	(4.61)	(3.87)	(3.87)
x_6	0.152***	0.150***	0.212***	0.208***
	(2.63)	(2.62)	(3.18)	(3.12)

续表

	没有接受过创业培训		接受过创业培训	
	(1)	(2)	(3)	(4)
x_7	0.086**	0.098***	0.147***	0.149***
	(2.38)	(2.72)	(3.68)	(3.71)
x_8	-0.075	-0.056	0.005	0.006
	(-0.80)	(-0.61)	(0.04)	(0.06)
x_9	0.046	0.043	0.153**	0.154**
	(0.81)	(0.77)	(2.10)	(2.12)
x_{10}	0.219***	0.206***	0.131**	0.135**
	(4.00)	(3.79)	(2.22)	(2.27)
x_{11}	0.087**	0.084**	0.031	0.029
	(2.27)	(2.21)	(0.65)	(0.59)
x_{12}	0.031	0.031	0.168**	0.166**
	(0.50)	(0.50)	(2.38)	(2.36)
x_{13}	0.119*	0.123**	-0.004	-0.003
	(1.92)	(2.00)	(-0.06)	(-0.05)
x_{14}	-0.000	0.006	0.028	0.027
	(-0.00)	(0.13)	(0.51)	(0.49)
x_{15}	0.055	0.046	0.132**	0.134**
	(1.12)	(0.96)	(2.55)	(2.58)
_cons	-2.630***	-3.158***	-4.077***	-4.007***
	(-3.13)	(-3.75)	(-4.07)	(-3.97)
N	491	491	372	372
Adj_R^2	0.201	0.220	0.242	0.241
p	0.000	0.000	0.000	0.000

注：$^*p<0.1$，$^{**}p<0.05$，$^{***}p<0.01$。

从表8-3中的其他变量估计结果中可以看出，无论是否接受过创业培训，市场意识、创业胆量、家庭人口规模、社会资本存量等均对创业收入具有显著促进作用。此外，在没有接受过创业培训的样本对象中，家庭耕地存量、本地区通信保障情况等均正向显著影响他们的创业收入水平；而在接受过创业培训的样本对象中，年龄、性别、创业场地、区域交通以及非正规融资的可得性均与总样本一致，正向显著影响他们的创业收入水平。

第三节 本章小结

以经典明瑟收入方程为基准模型，使用三峡库区 863 个返乡创业农民工的样本数据进行分析发现，返乡农民工的受教育程度对其创业收入具有显著的促进作用；外出务工作为人力资本积累的重要途径，对创业收入影响较为明显，并且其在一定程度上弱化返乡农民工受教育程度差异所引致的收入差异。进一步通过是否接受过创业培训进行分组讨论发现，人力资本积累对创业收入的影响存在近因效应，样本对象受教育程度对创业收入的影响力随其务工时长的增加而衰减。

第九章

返乡农民工创业组织形式与创业绩效

在国家政策鼓励农民工返乡创业的宏观背景下,越来越多的农民工选择返乡并开始其创业实践。在返乡创业农民工所选择的创业组织形式中,个体和合伙企业约占 93.7%(魏凤、闫芃燕,2012),其中 65.4% 的农民在决定创业时,以"个体户"作为自己进行创业时的形式(丁高洁、郭红东,2013)。虽然二者都是"创业",但在性质上却可能有着相当大的区别(曲兆鹏、郭四维,2017)。合伙创业与独立创业无论在市场竞争方面还是在组织决策方面都各有利弊,从而有可能导致其创业成功率存在差异。

首先,在市场竞争方面,独立创业规模通常不大、创业的层次相对较低,由此就更容易以门槛相对较低的行业作为创业开端,但这类行业通常都充斥着激烈的竞争。趋向于完全竞争的模式使得这类行业通常利润较薄。而通过合伙创业的形式,则由于合伙方相互之间的支持,各方资源实现优势互补,能够帮助其增强自身市场竞争力,从而获得更丰厚的利润。其次,虽然个体创业在能力及信息方面存在一定的不足,但其决策和执行集于一身,能够快速且灵活地应对市场变化,从而在竞争中占据有利地位;与此同时,由于合伙创业组成形式的复杂性,其决策行为通常需要多方协商后取得一致，但难以避免的是各创业成员具有不同的风险偏好、对市场机会判断的差异、差别化的利益诉求等问题，决策行为势必成为创业合伙人之间博弈的过程，虽然在集思广益的基础上可以使决策更科学与合理，但难以迅速达成共识，从而无法在复杂多变的市场环境中快速反应，导致错失良机。

综上所述，返乡创业农民工对创业组织形式的选择，对其创业绩效有可能存在较大的影响。不同组织形式在资源构成、决策方式等方面都存有差异，返乡农民工在创业过程中需要匹配与其最适当的组织形式才能充分发挥有限资源的最大效用，从而提高其创业绩效。

第一节　变量描述性统计

一　创业绩效

创业绩效为本章的被解释变量。在当前的研究中，关于创业绩效的衡量方式有很多，如邹芳芳、黄洁（2014）以创业后的年均收入反映创业绩效，芮正云、史清华（2018）以生存绩效和成长绩效衡量创业绩效，李俊（2018）以资金总量、盈利状况、员工人数和生产经营场所的面积衡量创业绩效，本章参考朱红根、康兰媛（2013）的研究，用创业是否成功衡量农民工返乡创业的绩效。我们的调查询问了"您认为您的创业算是成功的吗"，其中包括3个选项，"成功了""说不清""失败了"，我们将回答"成功了"赋值为1，将其他选项赋值为0。

二　创业组织形式

创业组织形式是本章的核心解释变量。在我国境内，企业的组织形式有三种：公司、合伙、个人独资。但是在农村经济活动中，返乡农民工创业绝大部分仅有独立创业和合伙创业两种形式，合伙一般分为经济合伙、技术合伙、市场合伙以及管理合伙，但大部分都没有细分。为了分析的方便，我们不对合伙创业进行细分。同样，有一部分以入股或以合作社的方式参与创业，我们将其合并到合伙创业之中。个人独资创业有创立简单、权力集中、决策迅速、适应能力强等优点，返乡农民工创业大部分均以这种形式进行。我们在对创业组织形式赋值时，对独立创业赋值为1，而将合伙创业赋值为0。

三 控制变量

很多因素都可能会影响农民工返乡创业的绩效，因此我们在基准回归中控制了返乡创业农民工的个体特征、家庭特征和创业地的基础设施条件，其中个体特征变量包括创业者的年龄、性别、受教育程度、婚姻状况、是否是村干部、管理能力；家庭特征变量包括家庭规模、家庭抚养比；基础设施条件包括交通运输是否方便、生产用水是否方便、生产用电是否方便、上网是否方便、手机信号好不好等。各变量的取值情况及主要统计指标见表9-1。

表9-1　　　　　　　变量说明及主要统计指标

变量	变量含义及取值说明	均值	标准差	最小值	最大值
创业绩效	创业成功为1，否则为0	0.410	0.492	0	1
创业组织形式	独立创业为1，合伙创业为0	0.697	0.460	0	1
年龄	实际年龄	39.699	8.618	18	72
性别	男性为1，女性为0	0.698	0.459	0	1
教育程度	小学及以下为1，初中为2，高中为3，大专及以上为4	2.373	0.929	1	4

续表

变量	变量含义及取值说明	均值	标准差	最小值	最大值
婚姻状况	在婚为1，其他为0	0.836	0.370	0	1
村干部	担任村干部为1，否则为0	0.098	0.297	0	1
管理能力	取值为1-5，数值越大表示管理能力越强	3.629	0.698	1	5
家庭规模	家庭人口数量	4.038	1.169	1	9
家庭抚养比	未参加劳动的人口与参加劳动的人口之比	0.544	0.454	0	3
交通运输	取值为1-5，数值越大表示越方便	3.964	0.731	1	5
生产用水	取值为1-5，数值越大表示越方便	4.107	0.692	1	5
生产用电	取值为1-5，数值越大表示越方便	4.127	0.626	1	5
上网	取值为1-5，数值越大表示越方便	4.010	0.771	1	5
手机信号	取值为1-5，数值越大表示信号越好	3.961	0.758	1	5

四 描述性统计分析

从图9-1可以看出，对本部分的所有观察值而言，农民工返乡创业成功的概率为41.0%，但是独立创业与合伙创业成功的概率却表现出较大的差异，独立创业成功的概率为43.0%，而合伙创业成功的概率为36.4%，独立创业成功的概率比合伙创业成功的概率高出6.6个百分点，对两者是否存在显著差异的 t 检验的统计量为1.8422，对应的 p 值为0.0658。由此表明，创业的组织形式与农民工的创业绩效存在较强的相关性。当然，独立创业是否能获得更高的创业绩效还需要通过更严格的实证分析来证明。

```
         0.410                    0.430
                    0.364
```

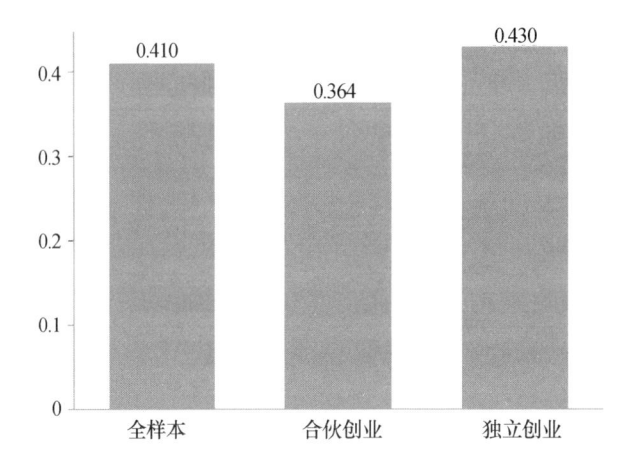

图 9-1　独立创业与合伙创业成功概率对比

第二节　实证分析

一　基准回归

本部分的创业绩效用样本对象自评的"创业是否成功"进行衡量。如果自评创业成功，则创业绩效取值为 1，否则取值为 0。由于本研究的被解释变量为取值为 0 和 1 的二分类变量，因此在基准回归中我们采用 Probit 模型进行回归分析。回归结果见表 9-2，表 9-2 中列出的数值为各解释变量的边际效应。

表 9-2　　　　　　　　　　基准回归结果

	(1)	(2)	(3)	(4)
创业组织形式	0.066*	0.092**	0.096**	0.097**
	(0.036)	(0.038)	(0.039)	(0.039)
年龄	—	0.008**	0.008***	0.009***
		(0.002)	(0.002)	(0.002)

续表

	（1）	（2）	（3）	（4）
性别	—	-0.047 (0.038)	-0.054 (0.038)	-0.050 (0.038)
教育程度	—	0.011 (0.022)	0.012 (0.022)	0.014 (0.022)
婚姻状况	—	0.134*** (0.051)	0.114** (0.052)	0.102* (0.053)
村干部	—	0.015 (0.059)	0.020 (0.059)	0.050 (0.061)
管理能力	—	0.244*** (0.026)	0.245*** (0.026)	0.239*** (0.027)
家庭规模	—	—	0.023 (0.015)	0.024 (0.015)
家庭抚养比	—	—	0.041 (0.039)	0.034 (0.040)
交通运输	—	—	—	-0.023 (0.031)
生产用水	—	—	—	-0.031 (0.036)
生产用电	—	—	—	0.051 (0.039)
上网	—	—	—	0.026 (0.033)
手机信号	—	—	—	0.062* (0.032)
wald	3.4	107.34	110.21	123.22
Pseudo R^2	0.0028	0.0979	0.1010	0.1121
N	898	898	898	898

注：1. 表格中的数字为边际效应，括号中的数字为稳健标准误；2. ***、**、*分别表示1%、5%、10%的显著性水平。

模型（1）未加入任何控制变量，创业组织形式的边际效应为0.066，并且在10%的水平上显著，即独立创业可使返乡农民工创业成功的可能性平均提高6.6个百分点。该结论与图9-1直观反映出来的结果是一致的。模型（2）到（4）逐次添加返乡创业农民工的个人特征变量、家庭特征变量及创业地基础设施变量。在加入控制变量后，创业组织形式的系数的显著性水平变为5%，系数值有所增加，并且稳定在0.09左右。由此可以看出，独立创业显著提高了农民工返乡创业成功的可能性。从图9-1可以看出，在我们的样本中，农民工返乡创业成功的可能性为41.0%，如果独立创业能将其创业成功的可能性提高9个百分点，则其经济意义不言自明。

相对于合伙创业，返乡农民工选择独立创业更能提升其创业绩效，其可能的原因在于以下几个方面。第一，独立创业灵活性较好。创业活动所需要面对的外部环境变化较快，独立创业能够及时根据实际情况灵活地进行决策，省却与合伙人的沟通成本，提高效率，较好地适应市场的变化并取得收益。第二，独立创业避免了内耗导致创业失败。在合伙创业中由于个人知识水平、能力及性格等存在差异，合伙人之间对内部管理、外部市场以及利益分配等有着不同的意见和看法，不可避免形成分歧甚至产生矛盾，从而对创业活动的顺利开展存在威胁。相对而言，独立创业则避免了合伙人之间的内耗并最终导致创业失败的发生。第三，独立创业者的责任心得到最大程度的强化。在合伙创业活动中，由于公司、组织共有，自然会降低创业者自身的责任感，同时对其他合伙人在公司、组织中的努力程度、贡献程度形成较高的期望值。而独立创业则不同，其对创业负全部责任，创业活动的成败完全取决于自身的努力与贡献程度。因此，创业者在独立创业过程中的责任心获得了最大程度的强化。

从控制变量来看，个人特征变量中的年龄和婚姻状况对农民工返乡创业绩效具有显著影响，而家庭特征变量中的家庭规模和家庭抚养比对农民工返乡创业的绩效均没有显著影响,在基础设施变量中,只有手机信号在10%的水平上具有显著影响。

二 稳健性检验

(一) Logit 模型估计

对于被解释变量为二分类变量的模型,既可以采用 Probit 模型估计,也可采用 Logit 模型估计。具体应该采用哪一种模型,主要依据在于回归模型的随机扰动项是服从正态分布还是 Logistic 分布。但由于随机扰动项分布未知,为了使估计结果更为稳健,我们同时给出了 Logit 模型边际效应的估计结果(见表9-3)。表9-3的估计结果与表9-2基于 Probit 模型的估计结果非常相似。显然,虽然改变了估计方法,独立创业依然显著提高返乡农民工创业的绩效。

表9-3　　　　　　　　　　**Logit 模型估计结果**

	(1)	(2)	(3)	(4)
创业组织形式	0.067* (0.036)	0.096** (0.039)	0.100** (0.040)	0.102** (0.040)
个体特征变量	否	是	是	是
家庭特征变量	否	否	是	是
基础设施变量	否	否	否	是
wald	3.38	98.20	100.53	111.79
Pseudo R^2	0.0028	0.0982	0.1014	0.1125
N	898	898	898	898

注:1. 表格中的数字为边际效应,括号中的数字为稳健标准误;2. ***、**、*分别表示1%、5%、10%的显著性水平。

(二) 加入可能的遗漏变量

虽然我们在基准回归中已尽可能地控制了影响农民返乡创业绩效的个人特征变量、家庭特征变量及创业地的基础设施变量,但由于影响创业绩效的因素很复杂，因遗漏变量而导致的估计偏误仍然可能存在。因此，需要进一步排除其他因素对农民工创业绩效的潜在影响。结合已有文献，丰富的社会资本可以帮助创业者获取更多资金、技术和信息等资源，进而促进创业成长（Peng & Luo，2000；郭铖、何安华，2017）；政府支持可以部分弥补因制度缺失或不完善对创业企业的不利影响，并可以帮助企业获得有价值的资源，从而提高创业绩效（李颖等，2018）；信贷约束也是影响企业创业绩效的重要因素（李长生、黄季焜，2020）。我们在基准回归的基础上依次加入了社会资本变量、政府支持变量和信贷约束变量①，估计结果见表9-4。通过回归结果发现，在加入社会资本变量、政府支持变量和信贷约束变量后，创业组织形式对农民工创业绩效的边际效应有所增加，并且显著性水平更高。

表9-4　　　　　　加入可能的遗漏变量后的估计结果

	(1)	(2)	(3)
创业组织形式	0.123***	0.121***	0.116***
	(0.039)	(0.039)	(0.039)
个体特征变量	是	是	是
家庭特征变量	是	是	是
基础设施变量	是	是	是
社会资本变量	是	是	是
政府支持变量	否	是	是
信贷约束变量	否	否	是
wald	144.29	143.99	149.77
Pseudo R^2	0.1313	0.1326	0.1438
N	898	898	898

注：1. 表格中的数字为边际效应，括号中的数字为稳健标准误；2. ***、**、*分别表示1%、5%、10%的显著性水平。

① 本书用创业者是否有亲戚从政或经商来衡量社会资本变量，用创业者对政府的创业支持政策的满意度衡量政府支持变量，用创业者从银行贷款的难易程度衡量信贷约束变量。

(三) 倾向得分匹配估计

基于反事实的因果分析框架，独立创业的返乡农民工与合伙创业的返乡农民工应非常相似，其在创业绩效上的差异才能用创业组织形式的不同来解释。基于此，我们采用倾向得分匹配法从合伙创业的返乡农民工中找到与独立创业的返乡农民工相似的个体，并删除未匹配上的样本观察值，然后再采用 Odered Probit 模型进行回归分析。表 9-5 是倾向得分匹配后的估计结果，我们采用了近邻匹配的方法，表 9-5 的第（1）（2）（3）（4）列是分别进行 1∶1、1∶2、1∶3、1∶4 的近邻匹配的估计结果。从表 9-5 中可以看到，4 种近邻匹配的估计结果均表明，独立创业均显著提升了返乡农民工的创业绩效。

表 9-5　　　　　　　　　　倾向得分匹配估计结果

	（1）	（2）	（3）	（4）
创业组织形式	0.081* (0.045)	0.098** (0.045)	0.095** (0.045)	0.091** (0.045)
个体特征变量	是	是	是	是
家庭特征变量	是	是	是	是
基础设施变量	是	是	是	是
社会资本变量	否	是	是	是
政府支持变量	否	否	是	是
信贷约束变量	否	否	否	是
wald	83.96	111.62	108.85	110.01
Pseudo R^2	0.1229	0.1571	0.1594	0.1690
N	552	552	552	552

注：1. 表格中的数字为边际效应，括号中的数字为稳健标准误；2. ***、**、* 分别表示 1%、5%、10% 的显著性水平。

(四) 安慰剂检验

样本的随机性可能会带来虚假的因果关系。为了排除这种虚假的因果关系的可能性，我们对样本观测值进行随机排序，并假设位于前70%的样本观测值从事独立创业活动，位于后30%的样本观测值从事合伙创业，然后采用 Ordered Probit 模型进行回归分析，分析结果见表9-6。从表9-6可以看出，随机分配后的估计结果表明创业组织形式对农民工返乡创业的绩效没有显著影响。我们通过在 stata 软件中设定不同的随机种子值，对上述过程重复10遍，其结果均表明这种随机分配的创业组织形式并没有对创业绩效产生显著影响。由此可以看出，我们之前得出的独立创业能显著提高返乡农民工创业绩效的结论并不是"纯属巧合"的结果。

表9-6　　　　　　　　　　安慰剂检验

	(1)	(2)	(3)	(4)
创业组织形式	-0.014 (0.038)	-0.012 (0.038)	-0.010 (0.038)	-0.001 (0.038)
个体特征变量	是	是	是	是
家庭特征变量	是	是	是	是
基础设施变量	是	是	是	是
社会资本变量	否	是	是	是
政府支持变量	否	否	是	是
信贷约束变量	否	否	否	是
wald	121.46	138.01	138.90	152.97
Pseudo R^2	0.1071	0.1236	0.1251	0.1436
N	898	898	898	898

注：表格中的数字为边际效应，括号中的数字为稳健标准误。

第三节 扩展讨论：独立创业影响创业绩效的路径

独立创业决策更加灵活，更加迅捷，可以更快适应市场需求，这可能是独立创业能够实现更高绩效的原因。现有文献从决策的科学性、知识分享、风险承担等视角对独立创业与合伙创业的优势和劣势进行了详细分析（刘忠艳，2017；唐跃军、左晶晶，2020；施贞怀、沈瑶，2021）。为更好地对现有文献进行有益补充，本研究不打算从上述视角展开讨论，而是选择从业态选择的角度来讨论独立创业影响农民工创业的绩效。与城市相比，农村地区具备创业能力和禀赋的农民较少，创业活动偏少，返乡农民工在农村地区不容易找到合适的合作者，不得不选择独立创业。而受自身知识储备水平和资金的制约，独立创业的个体更可能选择自己较为熟悉、资金门槛和技术门槛比较低的业态进行创业。在农村地区，这些业态往往具有比较优势的业态，因此创业相对容易成功（甘宇，2019）。农林牧渔业，批发和零售业，住宿和餐饮业，以及居民服务、修理和其他服务业4个行业[①]的资金门槛和技术门槛相对较低，与农民工的知识储备、务工经验更加匹配，并且更容易嵌入到农村地区的创业环境，创业成功的概率更高。本研究据此将"农林牧渔业""批发和零售业""住宿和餐饮业""居民服务、修理和其他服务业"定义为低门槛的业态，将其他业态定义为高门槛的业态，并设置创业业态虚拟变量，如果农民工选择低门槛的业态创业，则将创业业态赋值为1，如果农民工选择高门槛的业态创业，则将创业业

---

① 我们在问卷中询问了具体的创业行业，包括：a. 农林牧渔业；b. 采矿业；c. 制造业；d. 建筑业；e. 批发和零售业；f. 交通运输、仓储和邮政业；g. 住宿和餐饮业；h. 信息传输、软件和信息技术服务业；i. 租赁和商务服务业；j. 居民服务、修理和其他服务业；k. 文化、体育和娱乐业；l. 其他。

态赋值为0。用创业组织形式对创业业态进行回归,其结果见表9-7的第(1)列。从第(1)列可以看出,独立创业的农民工倾向于选择低门槛的业态进行创业。

创业组织形式与创业业态之间有可能存在互为因果的关系,即创业组织形式对创业业态的选择产生影响,而创业业态的选择反过来也对创业的组织形式存在影响,意味着表9-7的第(1)列的估计结果可能存在偏误。为了处理这种互为因果关系所导致的内生性问题,我们将创业业态和创业组织形式作为内生变量,建立联立方程模型并进行估计。为了解决联立方程的可识别问题,当创业组织形式作为被解释变量时,解释变量中剔除了基础设施变量,加入了创业者的交际能力变量。表9-7的第(2)(3)列是用三阶段最小二乘(3SLS)进行估计的结果,从中可以看出创业组织形式显著影响创业业态的选择,而创业业态的选择对创业组织形式的影响不显著。由于创业组织形式和创业业态均为二分类的离散变量,为进行有效检验,我们进一步采用了由Roodman(2011)提出的条件混合估计方法(CMP)进行估计[①],其估计结果见表9-7的第(4)(5)列。CMP的估计结果与3SLS的估计结果非常相似,即创业组织形式显著影响返乡农民工创业的业态选择,而业态选择并没有显著影响创业组织形式。表9-7的第(6)列是以创业绩效为被解释变量,以创业业态为核心解释变量的估计结果,从中可以看出,返乡农民工选择低门槛的业态进行创业能显著提高其创业绩效。

综合表9-7的估计结果可知,独立创业的农民工更倾向于选择农林牧渔、批发和零售,以及住宿和餐饮等对技术和资金要求不

---

① 该方法基于极大似然估计法,以似不相关回归为基础,通过构建递归方程组而实现多阶段回归模型的估计。

高的低门槛的行业开展创业活动。这些行业与返乡农民工的知识能力更加匹配,并且与农村的创业环境、资源优势更加契合,因此他们创业成功的概率更高。

表9-7　　　　　独立创业影响创业绩效的路径分析

	(1)	(2)	(3)	(4)	(5)	(6)
	创业行业	创业行业	创业组织形式	创业行业	创业组织形式	创业绩效
创业组织形式	0.542*** (0.105)	0.662** (0.336)	—	0.667*** (0.260)	—	—
创业行业	—	—	0.354 (0.287)	—	0.372 (0.335)	0.200* (0.113)
个体特征变量	是	是	是	是	是	是
家庭特征变量	是	是	是	是	是	是
基础设施变量	是	是	否	是	否	是
社会资本变量	是	是	是	是	是	是
政府支持变量	是	是	是	是	是	是
信贷约束变量	是	是	是	是	是	是
交际能力	否	否	是	否	是	否
N	815	815	815	815	815	815

注:1. 表格中的数字为估计系数,不是边际效应,括号中的数字为稳健标准误;2. ***、**、*分别表示1%、5%、10%的显著性水平。

第四节　本章小结

基于调研获得的数据,本章运用Probit模型分析了独立创业与合伙创业两种组织形式存在的绩效差异。研究结果表明,相对于合伙创业,独立创业显著提高返乡农民工创业的绩效。通过加入可能的遗漏变量、倾向得分匹配估计和安慰剂检验等方法,确认了估计结果的稳健性。进一步,依据返乡农民工自身禀赋及农村地区的创业特点，将"农林牧渔业""批发和零售业""住宿和餐饮业""居民服务、修理和其他服务业"界定为低门槛行业，其他行业定义为高门槛行业，用创业组织形式对创业业态进行回归，发现独立创业的农民工倾向于选择低门槛的业态进行创业。为避免内生性问题对分析结论的冲击，进一步建立联立方程模型并采用了条件混合估计方法（CMP）分别进行检验后发现，独立创业的返乡农民工为了获得更高的创业绩效，选择低门槛的业态进行创业。

第十章

行业匹配与返乡农民工的创业绩效

有研究认为，创业者知识结构与创业机会之间的匹配水平在一定程度上影响着创业成败与创业绩效表现（杨俊等，2011）。而作为创业者知识结构的重要来源，创业者在创业之前的相关行业经验则对创业绩效有着不可替代的作用（Beckman & Burton，2008）。行业经验作为特定领域内的专有经验，有助于提升创业者对行业动态预测的准确程度。农民工返乡创业时，有的选择与其务工时一致的行业，有的选择与其务工时不一致的行业，这种创业行业匹配[①]差异对农民工的创业绩效有影响吗？经验约束是否是行业匹配与创业绩效的传导机制？行业匹配程度是否影响返乡创业农民工在创业培训中的获益程度呢？行业不匹配的返乡创业农民工会不会从创业培训中获益更多，从而缩小其与行业匹配的返乡创业农民工之间的绩效差距呢？

第一节 研究假设

农村地区的创业一般是以家庭为创业单元，呈现出"分散化、

---

① 本章用行业匹配来反映农民工返乡创业所选择的行业与外出务工时的行业是否一致，如果农民工返乡创业所选择的行业与外出务工时的行业是一致的，表示行业是匹配的，反之则表示行业是不匹配的。

个体化、规模小"的经济表征（黄德林等，2007）。特别对于农民工这一群体，首先，他们在外出务工前，相当一部分具备务农经历，这一经历对其返乡在涉农业态创业有着非常大的助益，但这一务农经验的获得显然与其是否外出务工无关。其次，农民工群体在外出务工时，绝大部分是在一线岗位工作，甚少在管理岗位工作，实际上难以积累相关管理经验。再次，农民工进入城市在有一定规模、有明显层级组织的企业等专业化机构务工，相当于接受过相对规范的训练，使他们在创业活动中的具体思维方式以及行为模式更趋系统化，可以有效克服农村创业中一般农民所特有的小农思想弊端，进而取得更好的创业绩效。因此，现有文献笼统地使用先前经验这一概念统摄创业者过往经历对创业活动的作用，难以准确反映出农民工外出务工获得的行业经验对其返乡创业绩效产生的影响，也无法体现出其与农村地区同一场域一般农民创业之间的差异。本章根据返乡农民工具备外出务工经历并在客观上具备行业知识储备的特点，分析行业匹配与创业绩效之间的关系。据此，我们提出以下假设。

H1：农民工返乡创业行业与其外出务工所从事的行业相匹配时，能显著提高其创业的绩效。

H2：农民工返乡创业行业与其外出务工所从事的行业相匹配时，其在创业中受到经验约束的强度较低，而经验弱约束可以提高返乡创业的绩效，即经验在行业匹配和创业绩效之间起着中介作用。

除了行业工作经历之外，接受教育培训或训练等也是创业者获得创业知识的重要渠道（Aldrich，2001）。个体可以通过接受培训这一方式将他人特定的经验或者相应的经历转化为对创业有价值的知识（Politis，2010），增进他们的创业经验、技能和知识（DeTienne & Chandler，2004；易朝辉，2019），最终提高他们的创业绩效（Martin et al., 2013；张秀娥、张坤，2018），尤其是对于微型和小型创业实践的成长，创业培训显得尤其重要（Njoroge & Gathungu, 2013；Tambwe, 2015；董静等，2018）。但也有学者研究发现，对于经验比较缺乏的创业者，创业培训的效果可能比较明显，但是对于经验比较丰富的创业者，创业效果则趋于一般（Fafchamps, 2014）。由此我们提出以下假设。

H3：创业培训可以提高返乡农民工的创业绩效。

H4：对行业不匹配的返乡创业农民工，创业培训的效果更加明显，即创业培训对行业匹配与创业绩效之间的关系具有调节效应。

我们的研究模型如图10-1所示：

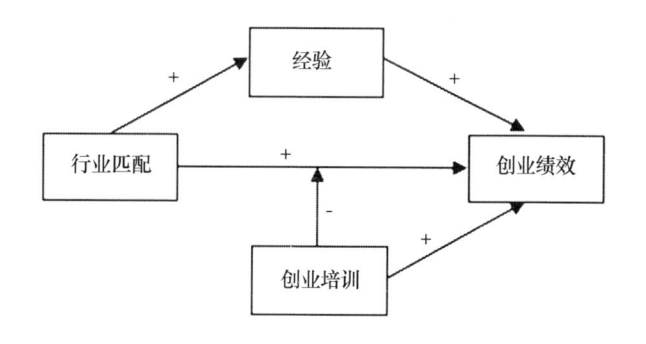

图10-1 基本研究模型

第二节 变量及计量模型

一 变量介绍

（一）创业绩效

创业绩效为本章的被解释变量。对于农村地区创业绩效的界定，目前主要有主观绩效与客观绩效两种（Venkahaman & Ramanujam, 1986；朱红根、康兰媛，2013；郭红东、丁高洁，2013；邹芳芳、黄洁，2014；罗明忠、陈明，2014；芮正云、史清华，2018）。客观绩效主要以创业活动是否存续以及依据创业的财务指标进行判定。与之相对，主观绩效主要根据创业者个人的主观评价作出判定，虽然其客观性存在一定的不足，但却有其实际意义。大多数返乡农民工的创业活动都是以家庭为创业单位，没有规范的财务记录习惯和条件，甚至具体生产经营收支情况与家庭日常生活的收支情况都难以严格区分。但事实上，他们都对自己的创业投资回报率有着大致的估计和判断，能够直接反映创业的投资收益情况。结合农村创业的实际，本章在基准回归中用创业是否成功衡量农民工返乡创业的绩效。我们的调查询问了"您认为您的创业算是成功的吗"，其中包括3个选项"成功了""说不清""失败了"，本章将回答"成功了"赋值为3，将"说不清"赋值为2，将"失败了"赋值为1，因而创业绩效是一个有序变量。

（二）行业匹配

在我们的调查中，我们询问了返乡创业农民工外出务工时所从事的行业，也询问了现在创业涉及的行业[①]，我们据此定义了一个行业匹配虚拟变量，如果创业所在的行业与之前打工所在的行业一致，则将行业匹配虚拟变量赋值为1，否则赋值为0。

（三）控制变量

很多因素都可能会影响农民工返乡创业的绩效，因此我们在回归中控制了返乡创业农民工的个体特征、家庭特征和政策支持等变量，其中个体特征变量包括创业者的年龄、性别、受教育程度、婚姻状况、是否村干部；家庭特征变量包括家庭规模、家庭抚养比；政策变量包括当地政府的政策优惠力度等。各变量的含义及主要统

---

① 问卷选项涉及的行业包括：农林牧渔业；采矿业；制造业；建筑业；批发和零售业；交通运输、仓储和邮政业；住宿和餐饮业；信息传输、软件和信息技术服务业；租赁和商务服务业；居民服务、修理和其他服务业；文化、体育和娱乐业；其他。

计指标见表 10-1。

表 10-1　　　　　　　　变量含义及主要统计指标

变量	变量含义	均值	标准差	最小值	最大值
创业绩效	用创业是否成功来衡量，成功为3，说不清为2，失败了为1	2.313	0.640	1	3
行业匹配	创业所在的行业与外出务工时的行业一致为1，不一致为0	0.392	0.488	0	1
年龄	实际年龄	39.699	8.618	18	72
性别	男性为1，女性为0	0.698	0.459	0	1
教育程度	小学及以下为1，初中为2，高中为3，大专及以上为4	2.373	0.929	1	4
婚姻状况	在婚为1，其他为0	0.836	0.370	0	1
村干部	担任村干部为1，否则为0	0.098	0.297	0	1
家庭规模	家庭人口数量	4.038	1.169	1	9
家庭抚养比	未参加劳动的人口与参加劳动的人口之比	0.544	0.454	0	3
创业优惠政策	当地政府在用地、工商和税收方面的优惠程度，数值越大表示优惠程度越高	3.190	0.871	1	5

二　计量模型

由于创业绩效的取值为 1 至 3 的有序变量，因此在基准回归中我们采用有序 Probit（Ordered Probit）模型进行回归分析，模型具体设置如下：

$$Vsuccess_i^* = \alpha_0 + \alpha_1 Imatch_i + \sum \gamma_j X_{ji} + \varepsilon_i \quad (1)$$

（1）式中，$Vsuccess_i^*$ 为反映农民工返乡创业绩效的不可观测的潜变量，下标 i 表示第 i 位返乡创业的农民工，$Imatch_i$ 表示行业匹配虚拟变量，X_{ji} 表示控制变量，下标 j 表示第 j 个控制变量①，α_0、α_1、γ_j 为待估参数，ε_i 为服从正态分布的随机扰动项。（1）式是为了验证假设 H1，如果假设 H1 成立，则 α_1 应显著大于 0。

为了验证假设 H2，我们设立如下计量模型：

$$Prob(Exper_i = 1) = \Phi(\beta_0 + \beta_1 Imatch_i + \sum \delta_j X_{ji} + \mu_i) \quad (2)$$

$$Vsuccess_i^* = \kappa_0 + \kappa_1 Imatch_i + \kappa_3 Exper_i + \sum \eta_j X_{ji} + \omega_i \quad (3)$$

在（2）、（3）式中，$Exper_i$ 为是否受到经验约束的虚拟变量，如果在创业过程中未受到经验约束，则 $Exper_i$ 取值为 1，如果受到经验约束，$Exper_i$ 取值为 0。由于 $Exper_i$ 是取值为 0 和 1 的虚拟变量，因此对（2）式采用 Probit 模型进行回归。β_0、β_1、δ_j、κ_0、κ_1、κ_3、η_j 为待估参数，μ_i、ω_i 为服从正态分布的随机扰动项。如果假设 H2 成立，则 β_1、κ_3 应显著为正。

为了验证假设 H3、H4，我们设立如下的计量模型：

$$Vsuccess_i^* = \phi_0 + \phi_1 Imatch_i + \phi_2 Etrain_i$$
$$+ \phi_3 Ima\_Etr_i + \sum \lambda_j X_{ji} + \nu_i \quad (4)$$

在（4）式中，$Etrain_i$ 表示当地政府是否有创业培训的虚拟变量，如果有创业培训，$Etrain_i$ 取值为 1，否则取值为 0，Ima_Etr_i 为行业匹配与创业培训的交互项，ϕ_0、ϕ_1、ϕ_2、ϕ_3、λ_j 为待估参数，ν_i 为服从正态分布的随机扰动项。如果假设 H3 成立，则 ϕ_2 应显著为正，如果假设 H4 成立，则 ϕ_3 应显著为负。

---

① 本部分的控制变量包括返乡创业农民工的年龄、性别、受教育程度、婚姻状况、是否是村干部、家庭规模、家庭抚养比，以及返乡创业农民工对当地政策优惠力度的评价。

第三节 实证结果及分析

一 描述性分析

从图 10-2 可以看出,在行业未匹配的返乡创业的农民工中,10.9%的样本对象回答"创业失败了",51.6%的人回答"说不清",而回答"创业取得成功"的只有37.5%。在行业匹配的返乡创业的农民工中,回答"创业失败了"的样本对象占8.0%,比行业未匹配的低2.9个百分点,回答"说不清"的占45.7%,比行业未匹配的低5.9个百分点,回答"创业取得成功"的则占46.3%,比行业未匹配的高8.8个百分点。直观上看,行业匹配的返乡农民工创业绩效要高于行业未匹配的返乡农民工创业绩效。

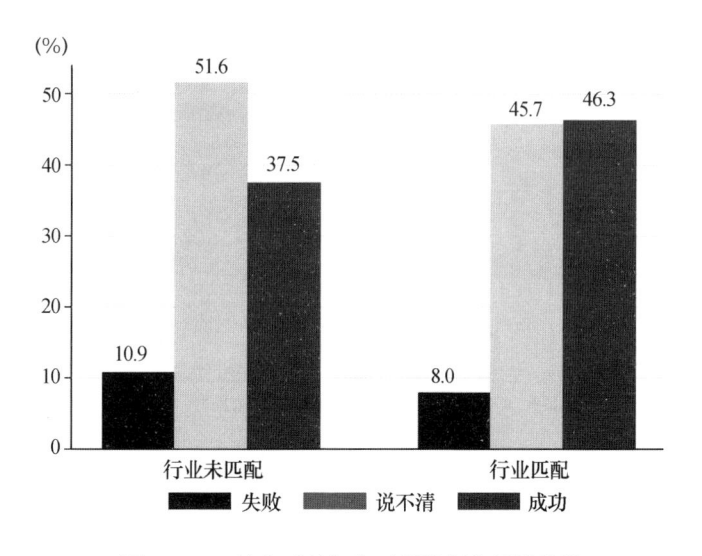

图 10-2 行业匹配与未匹配的创业绩效比较

我们在问卷中设置了"本地政府经常开展创业培训活动"问项,一共有5个答项:"非常符合""符合""一般""不符合"与"很不符合"。我们将"非常符合""符合"和"一般"归类为"当地有创业培训",将"不符合"和"很不符合"归类为"当地无创业培训"。我们进一步在图10-2的基础上按照是否有培训进行归类(见图10-3)。从图10-3可以看出,在"无创业培训"组,行业未匹配的返乡创业农民工的成功率为30.1%,行业匹配的成功率占47.4%,两者相差17.3个百分点;在"有创业培训"组,行业未匹配的成功率为40.0%,而行业匹配的成功率为45.9%,两者相差5.9个百分点。总体来看,无论是"有创业培训"组,还是"无创业培训"组,行业匹配的创业成功率均高于行业未匹配的创业成功率;但在"有创业培训"组内,行业匹配和未匹配之间的成功率差异小于"无创业培训"组内的行业匹配和未匹配之间的成功率差异。

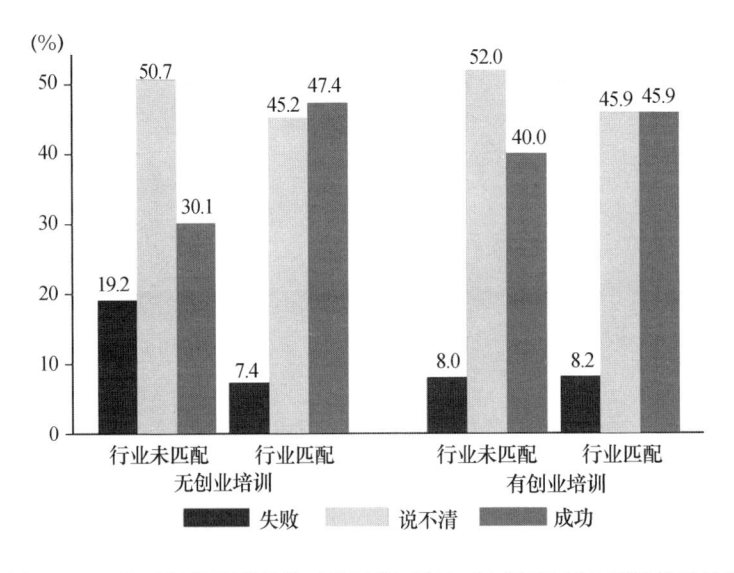

图10-3 基于创业培训背景下的行业匹配与未匹配的创业绩效差异比较

二 基准回归

对(1)式的估计结果如表10-2所示。表10-2的第(1)列未加入任何控制变量,第(2)(3)(4)列分别加入了返乡创业农民工的个体特征变量、家庭特征变量及政府支持变量。第(1)列的估计结果显示,行业匹配对创业绩效的回归系数为0.210,并且在1%的水平上显著,表明行业匹配能显著提高创业绩效,即农民工返乡创业所选择的行业与其在外务工时所在行业匹配,则其创业成功的概率获得显著提高。第(2)(3)(4)列在加入相应的控制变量后,行业匹配对创业绩效的影响仍然在1%的水平上显著为正,并且其估计系数与第(1)列非常接近,表明行业匹配在我们的模型中具有较好的外生性,由此假设H1得到了验证。

如表10-2第(4)列所示,年龄、教育程度、婚姻状况、家庭规模、创业优惠政策对农民工返乡创业绩效具有显著正向影响,这与许多学者的研究结论保持一致(李后建、刘维维,2018;张学艳等,2020;赵佳佳等,2020)。

表10-2　　　　　　　　　　基准回归估计结果

	(1)	(2)	(3)	(4)
行业匹配	0.210*** (0.079)	0.215*** (0.080)	0.209*** (0.080)	0.210*** (0.080)
年龄	—	0.013** (0.006)	0.013** (0.006)	0.014** (0.006)
性别	—	-0.031 (0.083)	-0.045 (0.084)	-0.056 (0.084)
教育程度	—	0.085* (0.051)	0.086* (0.051)	0.084* (0.051)
婚姻状况	—	0.246** (0.108)	0.207* (0.111)	0.211* (0.111)

续表

	(1)	(2)	(3)	(4)
村干部	—	0.069 (0.137)	0.070 (0.138)	0.037 (0.140)
家庭规模	—	—	0.060* (0.035)	0.064* (0.035)
家庭抚养比	—	—	-0.008 (0.092)	-0.009 (0.092)
创业优惠政策	—	—	—	0.081* (0.045)
wald	7.06	24.15	26.93	30.10
Pseudo R^2	0.0042	0.0133	0.0151	0.017
N	898	898	898	898

注:1. ***、**、*分别表示1%、5%、10%的显著性水平;2. 括号中的数值为稳健标准误。

三 稳健性检验

(一)将创业绩效改为二分类变量

在基准模型中,我们将回答"创业成功"设为3,将"说不清"设为2,将"创业失败"设为1。而创业者回答"说不清",可能意味着其对创业是否成功没有信心。为了使估计结论更加可靠,我们将回答"说不清"归为创业失败,将创业绩效改为二分类变量[①],进而采用Probit模型进行估计,估计结果见表10-3。从表10-3可以看出,无论是否加入控制变量,行业匹配对农民工返乡创业绩效均存在显著正向影响。

---

① 成功为1,失败为0。

表 10-3　　　　　　将创业绩效改为二分类变量的估计结果

	（1）	（2）	（3）	（4）
行业匹配	0.225 *** (0.086)	0.250 *** (0.088)	0.246 *** (0.088)	0.245 ** (0.090)
个体特征变量	未控制	控制	控制	控制
家庭特征变量	未控制	未控制	控制	控制
政策支持变量	未控制	未控制	未控制	控制
wald	6.76	33.64	35.99	36.52
Pseudo R^2	0.0056	0.0264	0.0288	0.0292
N	898	898	898	898

注：1. ***、**、* 分别表示1%、5%、10%的显著性水平；2. 括号中的数值为稳健标准误。

（二）以创业后的家庭总收入衡量创业绩效

部分文献以创业后的家庭总收入作为创业绩效的代理变量（周菁华、谢洲，2012；谢勇、杨倩，2020），为尽可能减少估计偏误，本章也以农民工返乡创业后每年的家庭总收入①衡量农民工返乡创业的绩效。我们对家庭总收入取了对数，并按5%做了双边缩尾处理②后，对式（1）进行重新估计。由于收入的对数为连续性变量，因此采用普通最小二乘估计（OLS），估计结果见表10-4。从表10-4可以看出，行业匹配对农民工返乡创业后的家庭总收入具有显著的正向影响，如表10-4的第（4）列所示，与行业不匹配的返乡创业者相比，行业匹配使返乡创业农民工的家庭总收入平均提高21.9%。

---

① 单位为万元。
② 未做缩尾处理的估计结果与做了缩尾处理后的估计结果非常接近，只是系数的估计值略大一些。

表10-4　　以创业后的家庭总收入衡量创业绩效的估计结果

	(1)	(2)	(3)	(4)
行业匹配	0.245***	0.229***	0.220***	0.219***
	(0.058)	(0.058)	(0.057)	(0.057)
个体特征变量	未控制	控制	控制	控制
家庭特征变量	未控制	未控制	控制	控制
政策支持变量	未控制	未控制	未控制	控制
F	17.82	9.80	9.66	9.03
Adjusted-R^2	0.0192	0.0558	0.0718	0.0744
N	895	895	895	895

注：1. ***、**、* 分别表示1%、5%、10%的显著性水平；2. 括号中的数值为稳健标准误。

(三) 替换行业匹配变量

我们在问卷中设置了"您目前创业的内容与您在外打工时的工作内容是否一致"问项，其中有3个答项："有很大关系""有一点关系"和"没有关系"，该问题可以从另一个角度衡量返乡创业农民工目前创业的行业与之前打工的行业是否匹配。我们将"有很大关系"赋值为2，将"有一点关系"赋值为1，将"没有关系"赋值为0，替换之前的行业匹配变量，对式(1)重新进行估计，估计结果见表10-5。表10-5的结果显示，无论是否加入控制变量，替换后的行业匹配变量对返乡农民工的创业绩效均具有显著正向影响。

表10-5　　替换行业匹配变量后的估计结果

	(1)	(2)	(3)	(4)
行业匹配	0.181***	0.186***	0.183***	0.181***
	(0.045)	(0.047)	(0.047)	(0.047)
个体特征变量	未控制	控制	控制	控制
家庭特征变量	未控制	未控制	控制	控制
政策支持变量	未控制	未控制	未控制	控制

续表

	(1)	(2)	(3)	(4)
wald	16.14	32.87	35.00	38.34
Pseudo R^2	0.0091	0.0182	0.0200	0.0216
N	898	898	898	898

注:1. ***、**、* 分别表示1%、5%、10%的显著性水平;2. 括号中的数值为稳健标准误。

（四）匹配估计

行业匹配的返乡创业农民工与行业不匹配的返乡创业农民工在个体特征、家庭特征或其他特征方面可能存在较大差异进而对估计结果的可靠性构成冲击。上述回归分析虽然控制了部分个体特征、家庭特征和当地的政策支持变量,但仍然可能存在既影响返乡农民创业行业选择同时又影响其创业绩效的遗漏变量,从而可能导致计量模型的内生性。我们将行业匹配的创业者作为处理组,将行业未匹配的创业者作为控制组,基于倾向得分匹配的方法(PSM),采用1∶2的近邻匹配方式,对样本进行匹配,并删除未匹配上的样本,然后再对(1)式进行估计,其估计结果见表10-6。从表10-6中可以看出,行业匹配对农民工返乡创业绩效仍然保持显著正向影响。

表10-6　　　　　　　　匹配后的估计结果

	(1)	(2)	(3)	(4)
行业匹配	0.217**	0.212**	0.210**	0.212**
	(0.089)	(0.090)	(0.090)	(0.090)
个体特征变量	未控制	控制	控制	控制
家庭特征变量	未控制	未控制	控制	控制
政策支持变量	未控制	未控制	未控制	控制
wald	5.87	14.75	16.44	17.11
Pseudo R^2	0.0048	0.0111	0.0126	0.0131
N	668	668	668	668

注:1. ***、**、* 分别表示1%、5%、10%的显著性水平;2. 括号中的数值为稳健标准误。

倾向得分匹配方法（PSM）虽然与其他回归方法一样，只能解决可观测变量带来的样本选择偏误，但是倾向得分匹配方法（PSM）提供了样本观测值的平衡性检验。如果平衡性检验的结果表明，模型中的所有协变量在行业匹配的返乡创业农民工和行业未匹配的返乡创业农民工之间不存在显著差异，即使模型中还存在可能导致估计偏误的遗漏变量存在，也有理由相信那些遗漏变量在两组之间存在显著差异的概率非常低。样本匹配平衡性检验结果如图10-4所示。从图10-4可以看出，采用倾向得分匹配方法后，各变量在行业匹配与不匹配的两组样本中，除了创业优惠政策的偏差稍大之外（偏差为7.9%，但小于10%），其余变量的偏差均小于4%，匹配效果非常好。从匹配平衡性检验的结果还可以看出，即使可能还存在其他遗漏变量，通过上述方法进行匹配后，这些遗漏变量的偏差大于10%的可能性也非常小，因此遗漏变量导致的估计偏差将非常小。

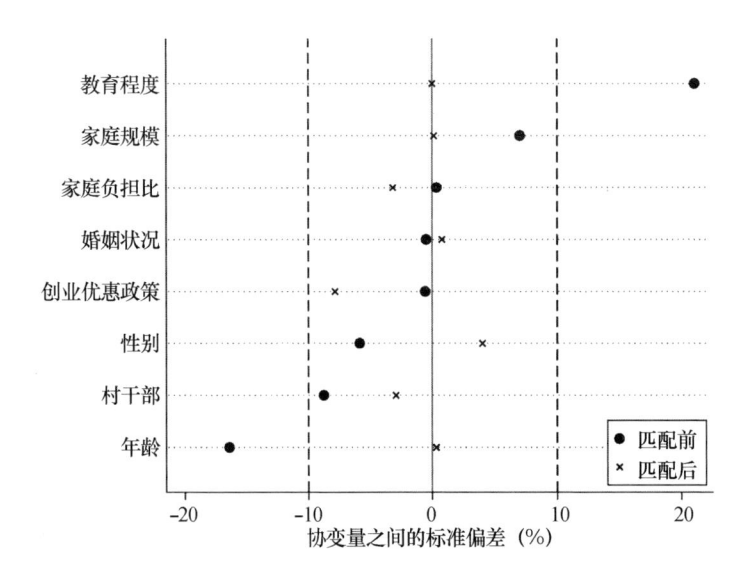

图10-4　样本匹配平衡性检验

四 行业匹配影响农民工返乡创业绩效的作用机制

行业匹配之所以影响农民工返乡创业绩效,其关键在于农民工返乡前在务工行业中积累了相关的经验。如果农民工创业行业与务工行业一致,则之前所积累的经验就可以直接迁移到现在的创业活动中来,从而可以直接提高其创业成功的概率。我们在问卷中设置了"您在创业过程中遇到的最大困难是什么"的问项,其中一个答项为"经验不足"。如果被访者选择了该答项,表示他在创业过程中受到了经验约束。我们据此构造一个虚拟变量,如果受访者未受到经验约束,则该虚拟变量取值为1,如果受到了经验约束,则该虚拟变量取值为0。对(2)式的估计结果如表10-7的第(1)(2)列所示。估计结果表明,创业行业与外出务工行业相匹配时,农民工在创业过程中受到经验约束的概率越小。对(3)式的估计结果如表10-7的第(3)(4)列所示。从估计结果可以看出,未受到经验约束的返乡创业农民工,其创业绩效越好。由此,假设H2得到了验证,即行业匹配可以减少返乡创业农民工的经验约束,未受到经验约束的农民工,其创业成功的概率越高。此外,从第(3)(4)列的估计结果中可以发现,当加入经验约束后,行业匹配对创业绩效的影响仍然保持显著,表明经验约束在行业匹配和创业绩效之间只起到部分中介效应作用,可能还存在其他的中介因素需要我们进一步探索。

表10-7 行业匹配影响创业绩效的机制

	(1)	(2)	(3)	(4)
	经验约束	经验约束	创业绩效	创业绩效
行业匹配	0.196*** (0.076)	0.192** (0.0775)	0.158* (0.0805)	0.160** (0.0816)
经验约束	—	—	0.598*** (0.060)	0.630*** (0.062)

续表

	(1)	(2)	(3)	(4)
	经验约束	经验约束	创业绩效	创业绩效
个体特征变量	未控制	控制	未控制	控制
家庭特征变量	未控制	控制	未控制	控制
政策支持变量	未控制	控制	未控制	控制
wald	0.0036	0.03	0.0677	0.0827
Pseudo R^2	6.75	54.95	104.72	129.62
N	898	898	898	898

注:1. ***、**、*分别表示1%、5%、10%的显著性水平;2. 括号中的数值为稳健标准误。

五 创业培训的调节作用

上述分析表明,行业匹配减少农民工在创业过程中受到经验约束的可能性,而未受到经验约束的农民工创业成功的概率更高。然而,由于国家多次出台政策鼓励农民工返乡创业,不少地方政府积极推行创业培训。创业培训所提供的间接经验有没有可能弥补返乡创业农民工经验的不足呢？创业培训的作用主要有两个:一是唤起人们的创业意识;二是提高创业者(或潜在创业者)的经验技能。但不同地方的创业培训效果存在一定的差异。如果创业培训确实能提高参培对象的经验技能,这对解决创业行业不匹配的农民工的经验约束问题应该更有效。进一步,在获得培训后,行业匹配的返乡创业农民工和行业不匹配的返乡创业农民工之间的经验差异将会缩小,使行业匹配对返乡农民工创业绩效的正向影响衰减。我们对"本地政府经常开展创业培训活动"这一问项获得的数据进行处理,将"非常符合""符合"和"一般"归类为"当地有创业培训",将"不符合"和"很不符合"归类为"当地无创业培训",进一步构建行业匹配与创业培训的交互项,具体计量模型见(4)式。表10-8是对(4)式的估计结果。在表10-8中可以看出,创业培训对农民工返乡创业绩效具有显著的正向影响,假设 H3 得到了验证。行业匹配与创业培训交互项的估计系数显著为负,由此假设 H4 得到了验证,即创业培训在行业匹配对创业绩效的正向影响效应中具有负向调节作用。换而言之,行业未匹配的返乡农民工受到经验约束,其创业成功的概率低于行业匹配的农民工;通过创业培训后,其经验水平得到提升,与行业匹配的返乡农民工之间的创业成功率的差距显著缩小。根据 Schultz(1961)所提出的人力资本理论,培训作为人力资本提升的主要方式之一,其扩展了行业知识获得渠道和领域,不仅能完善个体的知识结构,而且能缩小个体之间知识储备水平的差距。相对于行业匹配的创业者,行业不匹配的返乡创业农民工通过接受系统的创业培训,习得并掌握自己未从事过的行业知识与经验,进而更好地增强及拓展自己的创业能力,实现创业绩效的提高,最终减缓甚至消除行业匹配与否所引致的差异化影响。

表 10-8　　　　　　　　　创业培训的调节作用

	(1)	(2)	(3)	(4)
行业匹配	0.513***	0.554***	0.549***	0.551***
	(0.158)	(0.158)	(0.157)	(0.158)
创业培训	0.363***	0.406***	0.411***	0.379***
	(0.115)	(0.116)	(0.116)	(0.122)
行业匹配与创业培训的交互项	-0.405**	-0.454**	-0.454**	-0.457**
	(0.182)	(0.182)	(0.181)	(0.182)
个体特征变量	未控制	控制	控制	控制
家庭特征变量	未控制	未控制	控制	控制
政策支持变量	未控制	未控制	未控制	控制
wald	16.34	37.81	41.59	42.36
Pseudo R^2	0.0105	0.0209	0.0229	0.0233
N	898	898	898	898

注:1. ***、**、* 分别表示 1%、5%、10% 的显著性水平;2. 括号中的数值为稳健标准误。

为了更直观地理解创业培训的调节作用,我们将表10-8第(4)列的估计结果用图10-5进行展示。① 从图10-5中可以看出,无论是否有创业培训,行业匹配对创业绩效的影响均保持正向;只是在"有创业培训"的情况下,曲线更为平缓,表明行业匹配对创业绩效的影响随着创业培训的介入变小了。

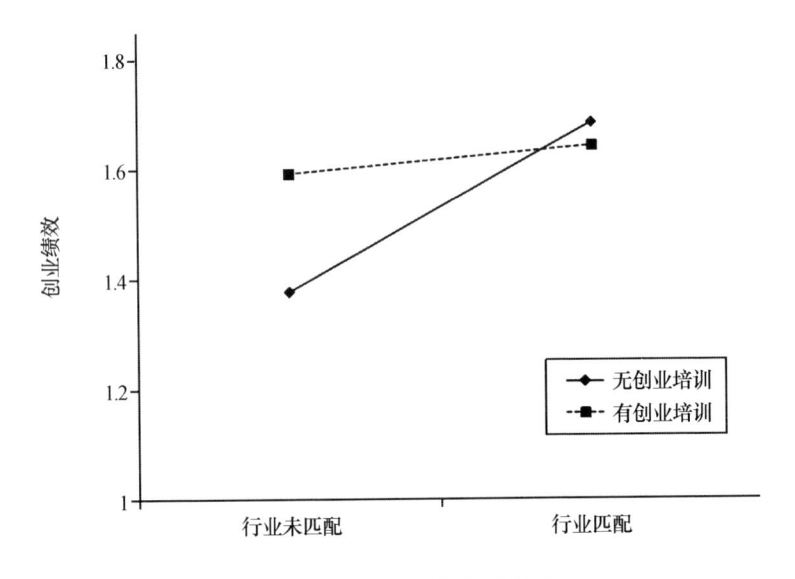

图10-5 创业培训的调节效应

第四节 本章小结

本章利用898个返乡创业农民工的样本,讨论行业匹配与农民工返乡创业绩效之间的关系。研究结果表明:首先,相对于返乡创业所在的行业与外出务工时的行业不一致的农民工,行业匹配的

---

① 图10-5并不是完全根据表10-8的第(4)列的估计结果绘制的。第(4)列是用有序Probit模型(Ordered Probit)进行估计的,该模型并不提供常数项的估计,而调节效应图形的绘制需要提供常数项。因此我们采用了普通最小二乘法(OLS)进行估计,并用其估计结果绘制了图10-5。普通最小二乘(OLS)的估计结果与第(4)列非常相似,只是系数的绝对值略有减小。

返乡农民工创业绩效更好;其次,行业匹配影响农民工返乡创业绩效的机制在于,行业匹配程度高的返乡创业农民工能够直接使用之前积累的行业经验,受到经验约束的概率更低,其创业绩效更优,即经验约束在行业匹配与创业绩效之间起中介作用;最后,创业培训能显著提高创业者的绩效,并且其在行业匹配与创业绩效之间起负向调节效应,即创业培训开展得越好,所开设的课程越契合学习者的创业需要,越能使行业不匹配的返乡创业农民工习得并掌握自己未从事过的行业知识与经验,行业匹配与否所引致的绩效差异越趋于缩小。

第十一章

创业氛围对返乡农民工创业绩效的影响

由于文化水平不高、学习能力较弱（芮正云，2018），与其他创业群体相比，农民工创业遭遇的困难更多，创业绩效普遍偏低（庄晋财，2015），大约只有30%的返乡创业农民工获得成功（黄振华，2011；杨丹，2021），创业的年平均利润低于6万元（王转弟，2020）。在乡村振兴战略背景下，如何提高返乡农民工的创业绩效已经成为亟待破解的难题。本章的研究贡献可概括为以下两个方面。第一，拓展对创业榜样作用的认识。如何提高创业的参与率和成功率一直是创业研究的重要主题，历史文献主要聚焦于创业榜样对创业参与的作用，但关于创业榜样对创业绩效的潜在作用较少获得关注。本章通过实证研究验证了创业榜样对返乡农民工创业绩效的促进作用，并检验了创业榜样作用于返乡农民工创业绩效的机制，这对拓展创业榜样作用的认识，进一步丰富创业理论具有一定的贡献。第二，对进一步改革和完善我国的创业培训实践具有一定的参考价值。我国的部分创业培训重视将成功企业家的案例引入具体教学实践中，本章的研究结论将为这种案例教学的作用提供经验支持。

第一节 理论回顾与研究假设

一 创业榜样对返乡农民工创业绩效影响的理论分析

Bandura（1977）从社会学习理论的角度对榜样进行了界定，他认为人们可以在日常生活中通过观察其他人的行为进行间接学习，这个"其他人"被称为榜样。进一步，Basow（1980）和Wright（1997）具象化地指出，榜样是指可以为他人提供效仿，并且可能激励或鼓舞他人作出某些决定和实现某些目标的人。在创业情境下的榜样则是指成功的创业者，积极的榜样会增加人们成为创业者的可能性（Speizer，1981）。创业榜样通过自己长期的创业实践，积累了他人难以获取的行业隐性知识和专有创业经验（张玉利，2008；沈栩航，2020）。基于人力资本理论（Schultz，1961），返乡农民工通过向创业榜样学习，接受创业榜样的指导，掌握自己先前不熟悉的创业信息与知识，提高了自身的人力资本水平，增强自己对行业变化发展趋势的敏锐性和行业预测的准确性，缓解自己与市场之间的信息不对称问题，提高资源配置效率（Dimo，2010；谢光华，2019；邬爱其，2021），识别和开发有价值的商业机会（张秀娥，2017；李颖，2021），规避潜在风险（杨隽萍，2017），减少创业过程的试错成本，更好地应对创业过程中的诸多挑战，最终实现创业绩效的提升。据此，本章提出以下假设。

H1：有创业榜样的返乡农民工的创业绩效显著高于没有创业榜样的返乡农民工的创业绩效。

二 创业榜样通过创业能力作用于返乡农民工创业绩效的理论分析

虽然创业总是面临着较大的风险和不确定性，但只要创业者有良好的机会识别能力和运营管理能力，就能提高日常工作的效率（Cowan，2004；马鸿佳，2010；李翔龙，2020），并能在面对突发状况和模糊环境时作出高效且理性的决策，从而提高自己的创业绩效（曾福生、李星星，2016；易朝辉，2019；邱泽奇，2021）。而创业者的经验、知识和技能除了可以从创业前和创业过程中直接积累之外，还可以从社会互动中间接习得（Stone，2014；杨卫忠，2015）。创业者利用社会网络中互动、互惠和共享活动所形成的"学习网"，对自己和他人的创业过程中遇到的问题进行反思（Zhang，2010），并通过模仿、交流和指导等学习行为有效提升自身的创业能力（谢雅萍、黄美娇，2014）。企业家榜样的存在就为创业者提供了解创业任务和能力的机会，减少新进入者对创业认知的模糊性，并为他们获得必要的信息和创业技能提供帮助（范波文，2020）。这可以被看作企业家榜样提供的一种非金钱外部性（Sorenson，2000）。创业者主动向成功企业家学习，能更好地组织创业资源和创业活动，有效规避由于其个人能力限制、信息不完备带来的创业风险（胡晓，2020）。这意味着，创业者会被那些在特征、行为或目标方面与自己相似的榜样吸引，并从他们身上习得某些创业方法或技能（Gibson，2004；王肖芳，2018）。由此，本章提出以下假设。

H2：创业榜样可以显著提高返乡创业农民工的创业能力，而创业能力的提高将促进返乡农民工创业绩效的提升，即创业能力在创业榜样与农民工的创业绩效之间起着中介作用。

三 创业培训在创业榜样与农民工创业绩效间存在调节效应的理论分析

作为人力资本形成的主要方式之一,培训对创业者能力的提高具有十分重要的作用。创业培训不仅包括如何开创企业的知识,而且还包括如何提高自身创业技术和能力水平的内容(Ronstadt,1988;Fayolle,2006),其最终目标在于使学员理解创业,以企业家的方式行事以及成为企业家(Heinonen,2006)。潜在企业家经过创业培训后可以增加自身的知识、技能和经验,提高其创业能力,进而改善初创企业的管理,实现创业绩效的提升(Basow,1980;郑刚,2018;Gabriel,2019;方鸣,2021)。然而,由于创业培训的内容更多强调普适性,缺乏针对性和差异性(张亮,2017),并且其培训周期一般较短(Westhead,1996),导致其对普通创业者的企业成长影响显著,但对优秀创业者的企业成长影响并不明显(Fafchamps,2014)。而返乡创业农民工的创业能力普遍比较缺乏,当有机会向创业榜样学习甚至得到创业榜样的直接指导时,其创业绩效可能会更高。对于没有创业榜样的返乡创业农民工,创业培训是否能有效提高其创业能力,进而缩小其与有创业榜样的创业者之间的绩效差距呢?我们据此提出以下假设。

H3:创业培训对农民工返乡创业的绩效具有显著的正向影响。

H4:对于没有创业榜样的返乡创业者,创业培训对其创业绩效的影响更加明显,即创业培训对创业榜样与创业绩效之间的关系具有负向调节效应。

根据以上假设,我们的研究模型如下图 11-1 所示:

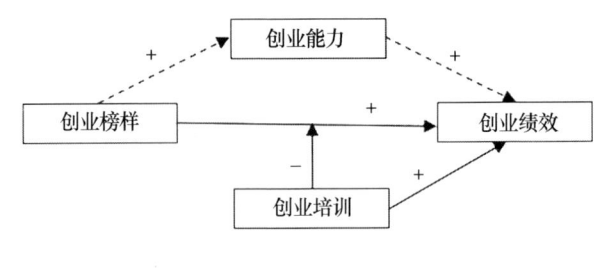

图 11-1　基本研究模型

第二节　变量及计量模型

一　变量介绍

(一) 创业绩效

本部分的被解释变量为创业绩效。因研究目的和样本对象创业业态选择不一，现有文献对返乡农民工创业绩效的测度也存在较大的差异（Cameron，1986；许明，2020）。目前关于农民工创业的研究中，现有文献主要从家庭年收入（邹芳芳，2014）、资金总量、盈利状况（李俊，2018）等财务指标方面，以及样本对象的主观判断（朱红根，2013）、员工人数和生产经营场所的面积衡量创业绩效（芮正云，2018；李俊，2018）等非财务指标方面衡量创业绩效。

在农村地区，大部分创业活动是以家庭为单位进行，在收入构成上难以严格区分创业收入与非创业收入。同时，农村地区的创业活动同质性较高，虽然在业态选择方面存在差异，但雇工人数与创业规模之间一般存在着较强的关联性，这一指标可较好地反映出其创业成长性。据此，综合考量数据的可获得性和现有文献对创业绩效的主客观界定，我们在基准回归中用创业后的家庭总收入这一财务数据衡量返乡农民工的创业绩效；同时考虑到返乡创业农民工不一定如实报告家庭具体经济收入这一现实，我们在稳健性检验中使用创业是否成功这一主观判断和雇用的工人数量这一客观数据衡量返乡农民工创业的绩效。

(二) 创业榜样

创业榜样是核心解释变量,在我们的调查中,我们询问了"您身边有没有创业成功的人",题项包括3个答项:"没有""有,但对我帮助较小""有,对我帮助较大",我们据此定义创业榜样的有序变量。当受访者回答"没有"时,将创业榜样赋值为1,当受访者回答"有,但对我帮助较小"时,将创业榜样赋值为2,当受访者回答"有,对我帮助较大"时,将创业榜样赋值为3。Speizer和Society(1981)将创业榜样界定为成功的创业者。尽管人们越来越多地通过媒体接触到成功的企业家,这些成功的企业家有可能会成为创业者的偶像,但根据Bosma(2014)的调查,几乎没有创业者会把著名且遥远的企业家作为他们的榜样。相反,榜样更多存在于创业者身边。这表明榜样往往是附近经常与自己互动的创业成功者,而不是遥远且陌生的"偶像"。因此用"身边是否有创业成功的人"来衡量创业榜样是合理的。

(三) 中介变量和调节变量

创业榜样可能通过影响返乡创业农民工的创业能力进而作用于他们的创业绩效,即创业能力是创业榜样与创业绩效之间的中介变量。创业能力是一个综合性的概念,目前学术界主要从创业者特质视角、机会视角及管理视角三个角度对创业能力进行界定。其中管理视角将创业能力界定为企业运营管理方面的能力,具体包括承诺能力、战略能力和组织能力。国内创业者的管理能力和管理经验普遍比较缺乏,相关学者主要从管理视角对创业能力开展相关研究(尹苗苗,2012)。在具体实践中,经营管理能力是创业能力中的关键内容,我们将经营管理能力作为创业能力的代理变量。问卷采集了受访者经营管理能力的自我评价信息,据此我们定义了一个取值为 1-5 的有序变量，数值越大，表明样本对象的创业能力越强[①]。此外，我们考虑了创业培训在创业榜样与创业绩效之间可能存在的调节效应。问卷中收集了调查对象对当地开展创业培训的评价，我们据此定义了一个取值为 1-5 的有序变量，数值越大，表示当地开展创业培训的质量越高。

（四）控制变量

影响农民工返乡创业绩效的因素很多，我们在回归模型中控制了返乡创业农民工的个体特征、家庭特征和所在地区的基础设施等变量。其中个体特征变量包括创业者的年龄、性别、受教育程度、婚姻状况、是否村干部；家庭特征变量包括家庭规模、家庭抚养比，所在地区的基础设施变量包括对创业存在潜在影响的交通运输便利程度、生产用水的便利程度和生产用电的便利程度。各变量的含义及主要统计指标见表 11-1。

表 11-1　　　　　　　　变量含义与主要统计指标

变量		变量含义	观测值个数	均值	标准差	最小值	最大值
被解释变量	家庭总收入	家庭总收入的对数	893	2.643	0.840	1.099	4.248
	创业是否成功	成功为3，不清楚为2，不成功为1	898	2.313	0.640	1	3
	雇用人数	企业雇用的人数	896	7.521	16.460	0	200
核心解释变量	创业榜样	身边没有创业成功的人为1，有创业成功的人但没有帮助为2，有创业成功的人并有较大帮助为3	898	2.297	0.703	1	3

[①] 为了避免样本对象自我评价外显化导致数据出现偏误，在数据采集时，已尽可能保证被访者独立完成问卷的填答。

续表

	变量	变量含义	观测值个数	均值	标准差	最小值	最大值
中介变量	创业能力	用经营管理能力衡量，数值越大，表示创业能力越强	896	3.629	0.707	1	5
调节变量	创业培训	数值越大，表示当地开展创业培训的质量越高	896	3.052	0.907	1	5
控制变量	年龄	实际年龄	898	39.699	8.618	18	72
	性别	男性为1，女性为0	898	0.698	0.459	0	1
	教育程度	小学及以下为1，初中为2，高中为3，大专及以上为4	898	2.373	0.929	1	4
	婚姻状况	当前在婚为1，其他为0	898	0.836	0.370	0	1
	村干部	目前担任村干部为1，否则为0	898	0.098	0.297	0	1
	家庭规模	家庭实际人口数量	898	4.038	1.169	1	9
	家庭抚养比	未参加劳动的人口与参加劳动的人口之比	898	0.544	0.454	0	3
	交通状况	数值越大，表示交通越方便	898	3.964	0.731	1	5
	生产用水	数值越大，表示使用生产用水越方便	898	4.107	0.692	1	5
	生产用电	数值越大，表示使用生产用电越方便	898	4.127	0.626	1	5

二 计量模型

由于在基准回归中衡量创业绩效的家庭总收入为数值型变量，因此采用普通最小二乘法（OLS）进行回归分析，模型具体设置如下：

$$Vperf_i = \alpha_0 + \alpha_1 Rmodel_i + \sum \gamma_j X_{ji} + \psi_c + \varepsilon_i \tag{1}$$

（1）式中，$Vperf_i$ 代表农民工返乡创业的绩效，下标 i 表示第 i 位返乡创业的农民工，$Rmodel_i$ 表示创业榜样，X_{ji} 表示控制变量，下

标 j 表示第 j 个控制变量[①]，ψ_c 为县域固定效应，下标 c 表示第 c 个县（区），α_0、α_1、γ_j 为待估参数，ε_i 为服从正态分布的随机扰动项。(1) 式是为了验证有创业榜样的返乡农民工的创业绩效显著高于没有创业榜样的返乡农民工的创业绩效。如果上述假设成立，则 α_1 应显著大于 0。为了验证检验创业能力是否是创业榜样与创业绩效之间的中介变量，设立如下计量模型：

$$Mability_i^* = \beta_0 + \beta_1 Rmodel_i + \sum \delta_j X_{ji} + \psi_c + \mu_i \quad (2)$$

$$Vperf_i = \kappa_0 + \kappa_1 Rmodel_i + \kappa_3 Mability_i$$
$$+ \sum \eta_j X_{ji} + \psi_c + \omega_i \quad (3)$$

在 (3) 式中，$Mability_i$ 为反映创业能力的有序变量，取值为 1-5，数值越大，表示创业能力越强。由于创业能力为有序变量，因此对 (2) 式的估计采用有序 Probit 模型 (Ordered Probit)，其中 $Mability_i^*$ 为反映创业能力的不可观察的潜变量。β_0、β_1、δ_j、κ_0、κ_1、κ_3、η_j 为待估参数，μ_i、ω_i 为服从正态分布的随机扰动项。如果创业能力是创业榜样与创业绩效之间的中介变量这一假设成立，则 β_1、κ_3 应显著为正。为了验证"创业培训对农民工返乡创业的绩效具有显著的正向影响"和"没有创业榜样的返乡创业者，创业培训对其创业绩效的影响更加明显，即创业培训对创业榜样与创业绩效之间的关系具有负向调节效应"，设立如下的计量模型：

$$Vperf_i = \varphi_0 + \varphi_1 Rmodel_i + \varphi_2 Etrain_i + \varphi_3 Rmo\_Etr_i$$
$$+ \sum \lambda_j X_{ji} + \psi_c + \nu_i \quad (4)$$

在 (4) 式中，$Etrain_i$ 表示当地开展创业培训质量的有序变量，

[①] 本部分的控制变量包括返乡创业农民工的年龄、性别、受教育程度、婚姻状况、是否村干部、家庭规模、家庭抚养比、交通运输的便利程度、生产用水使用的便利程度和生产用电使用的便利程度。

取值为 1-5，数值越大，表示创业培训开展得越好。Rmo_Etr 为创业榜样与创业培训的交互项，φ_0、φ_1、φ_2、φ_3、λ_j 为待估参数，v_i 为服从正态分布的随机扰动项。如果创业培训对农民工返乡创业的绩效具有显著的正向影响，则 φ_2 应显著为正，如果创业培训对没有创业榜样的返乡创业者的创业绩效影响更加明显，即创业培训对创业榜样与创业绩效之间的关系具有负向调节效应，则 φ_3 应显著为负。

第三节 实证结果及分析

一 主要变量的相关性分析

表 11-2 是主要变量的相关系数。家庭收入、创业成功和雇用人数等 3 个变量之间存在显著的两两相关的关系，表明家庭收入、创业成功和雇用人数之间具有较好的一致性，因此在研究中使用这 3 个变量衡量农民工的返乡创业绩效是合理的。创业榜样与家庭收入、创业成功、雇用人数之间的相关系数分别为 0.121、0.163、0.074，并且均在 5% 的水平上显著，表明创业榜样与家庭收入、创业成功、雇用人数之间存在显著的正相关关系，有创业榜样的返乡农民工的创业绩效显著高于没有创业榜样的返乡农民工的创业绩效这一假设获得初步支持。此外，控制变量与核心解释变量、中介变量及调节变量之间的相关系数均小于 0.3，控制变量相互之间的相关系数也小于 0.3，因此不存在严重的多重共线问题[①]。

[①] 为节省篇幅，未汇报控制变量与控制变量之间，以及控制变量与其他变量之间的相关系数。

表11-2　　　　　　　　主要变量的相关系数矩阵

变量	家庭收入	创业成功	雇用人数	创业榜样	创业能力	创业培训
家庭收入	—					
创业成功	0.362*	—				
雇用人数	0.402*	0.144*	—			
创业榜样	0.121*	0.163*	0.074*	—		
创业能力	0.324*	0.337*	0.176*	0.178*	—	
创业培训	-0.036	0.047	0.101*	0.051	0.142*	—

注：* 表示在5%的水平显著。

二　基准回归

表11-3是对模型（1）进行估计的结果。第（1）列未加入任何控制变量，第（2）列加入了县域固定效应，第（3）列加入了反映个体特征和家庭特征的变量，第（4）列进一步加入了反映基础设施条件的变量。表11-3中每一列的结果均表明，创业榜样对农民工返乡创业的绩效具有显著的正向影响。由此，有创业榜样的返乡农民工的创业绩效显著高于没有创业榜样的返乡农民工的创业绩效这一假设H1得到了验证。从第（4）列的估计结果来看，创业榜样的取值每增加一个数值[①]，农民工返乡创业后的家庭收入平均增加9.5%。过去诸多文献均已证实，创业榜样可以激发潜在创业者的创业意愿（许昆鹏，2017；Speizer & Society，1981；Chlosta，2012；蒋剑勇，2014），本部分的研究结论则在已有文献的基础上进一步证明了创业榜样对返乡农民工的创业绩效存在显著正向影响。显然，这为身处基础设施差、配套资源少、营商环境不理想的农村地区中的返乡农民工创业绩效获得提升给出了

---

① 创业榜样是一个取值为1-3的有序变量。

合理的注解,更为人才是乡村振兴的这一关键论断提供了实证支撑。在"大众创业、万众创新"背景下,作为乡村人才的创业榜样,先行探索、积累经验,为活跃乡村创业氛围,带动区域经济发展发挥着不可替代的作用。返乡农民工通过与创业榜样的互动,主动向创业榜样学习,不仅优化自己的创业资源配置效率、降低创业技术获取成本,同时也降低了创业风险,为创业绩效的提升奠定了基础。

从控制变量来看,年龄越大,创业绩效越好;男性的创业绩效显著高于女性;教育程度越高,创业绩效越好;家庭规模越大,创业绩效越好;生产用水越方便,创业绩效越好。而婚姻状况、是否是村干部、家庭抚养比、交通状况和生产用电等变量在本部分的估计结果中没有体现出对创业绩效具有显著影响。

表 11-3 基准回归估计结果

	(1)	(2)	(3)	(4)
创业榜样	0.145***	0.131***	0.117***	0.095**
	(0.040)	(0.040)	(0.039)	(0.038)
年龄	—	—	0.010***	0.010**
			(0.004)	(0.004)
性别	—	—	0.197***	0.209***
			(0.057)	(0.057)
教育程度	—	—	0.128***	0.110***
			(0.034)	(0.034)
婚姻状况	—	—	0.027	0.018
			(0.078)	(0.077)
村干部	—	—	-0.117	-0.059
			(0.080)	(0.079)

续表

	（1）	（2）	（3）	（4）
家庭规模	—	—	0.105*** (0.024)	0.110*** (0.023)
家庭抚养比	—	—	-0.020 (0.067)	-0.020 (0.065)
交通状况	—	—	—	0.061 (0.043)
生产用水	—	—	—	0.114** (0.053)
生产用电	—	—	—	0.087 (0.059)
县域固定效应	否	是	是	是
N	893	893	893	893
R^2	0.015	0.176	0.228	0.258

注：1. ***、**、*分别表示在1%、5%、10%的水平显著；2. 括号中的数值为稳健标准误。

三 稳健性检验

（一）用创业是否成功衡量创业绩效

我们参考Kalleberg（1991）、朱红根（2013）的研究，进一步用创业是否成功衡量创业绩效。Venkatraman（1986）的研究表明，企业的重要管理人员对创业成功的主观评估能够较好地反映企业的客观绩效。调查问卷设置了"您认为您的创业算是成功的吗"问项，其中有3个答项："成功了""说不清""失败了"。本部分将回答"成功了"赋值为3，将"说不清"赋值为2，将"失败了"赋值为1。用创业是否成功替换式（1）的被解释变量，重新进行估计。由于创业是否成功是一个有序变量，因此采用有序probit模型（Ordered Probit）进行分析，分析结果见表11-4。表11-4的每一列估计结果均表明，创业榜样对农民工返乡创业成功的概率均具有显著的正向影响。

表11-4 用创业是否成功衡量创业绩效的估计结果

	（1）	（2）	（3）	（4）
创业榜样	0.266*** (0.054)	0.306*** (0.058)	0.306*** (0.058)	0.291*** (0.058)
个体特征变量	否	否	是	是
家庭特征变量	否	否	是	是
基础设施变量	否	否	否	是
县域固定效应	否	是	是	是
N	896	896	896	896
Pseudo R^2	0.014	0.044	0.057	0.065

注：1. ***、**、*分别表示在1%、5%、10%的水平显著；2. 括号中的数值为稳健标准误。

（二）用创业中雇用的人数衡量创业绩效

创业中雇用的人员数量可以衡量创业的规模，同时也可衡量创业的绩效（朱红根，2013）。据此，我们进一步使用创业中雇用的人数作为创业绩效的代理变量，以检验创业榜样对农民工返乡创业绩效影响效应的稳健性。雇用人数可以看作一个连续变量，我们采用普通最小二乘法（OLS）进行估计，估计结果见表11-5。与基准回归相比，虽然显著程度有所减弱，但是创业榜样仍然在10%的显著性水平对农民工返乡创业雇用的人数具有正向影响。

表11-5 用雇用人数衡量创业绩效的估计结果

	（1）	（2）	（3）	（4）
创业榜样	1.724** (0.668)	1.464** (0.728)	1.588** (0.731)	1.416* (0.753)
个体特征变量	否	否	是	是
家庭特征变量	否	否	是	是
基础设施变量	否	否	否	是

续表

	(1)	(2)	(3)	(4)
县域固定效应	否	是	是	是
N	896	896	896	896
R^2	0.005	0.0759	0.108	0.112

注：1. ***、**、* 分别表示在1%、5%、10%的水平显著；2. 括号中的数值为稳健标准误。

（三）匹配估计

是否有创业榜样可能受到创业者的年龄、教育程度及过去经验等因素的影响（Bosma，2014），导致核心解释变量创业榜样存在无法满足外生性要求的风险。上述回归分析虽然控制了创业者的部分个体特征变量、家庭特征变量和所在地区基础设施变量，但仍可能存在我们没有考虑到的既影响榜样对创业者的作用，同时又影响创业绩效的潜在因素，导致样本选择偏误。沿用上一步的分析，我们将身边"没有创业成功的人"，以及虽然身边"有创业成功的人，但对我帮助较小"的情况视为没有创业榜样，将身边"有创业成功的人，并且对我帮助较大"的情况视为有创业榜样。进一步，我们将有创业榜样作为处理组，将没有创业榜样作为对照组，基于倾向得分匹配方法（PSM），采用1:2的近邻匹配方式，对样本进行匹配，并删除未匹配上的样本，然后再对（1）式进行估计，其估计结果见表11-6。从表11-6中可以看出，创业榜样依然显著提高农民工的返乡创业绩效。

表11-6　　　　　　　　匹配后的估计结果

	(1)	(2)	(3)	(4)
创业榜样	0.146**	0.180***	0.184***	0.176***
	(0.065)	(0.062)	(0.061)	(0.059)
个体特征变量	否	否	是	是

续表

	(1)	(2)	(3)	(4)
家庭特征变量	否	否	是	是
基础设施变量	否	否	否	是
县域固定效应	否	是	是	是
N	680	680	680	680
R^2	0.007	0.184	0.231	0.268

注：1. ***、**、* 分别表示在1%、5%、10%的水平显著；2. 括号中的数值为稳健标准误。

图 11-2 为样本匹配平衡性检验结果。从图 11-2 中可以发现，在匹配前，生产用电、生产用水、交通运输、是否村干部、性别和教育程度在处理组和对照组之间的偏差均超过了10%；匹配后，这些变量的偏差均小于10%，因此从这一角度上看，样本的匹配效果非常理想。

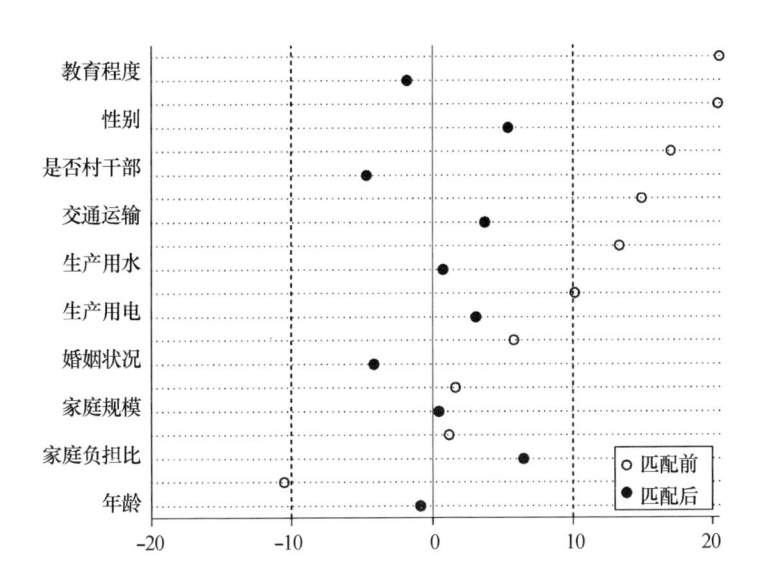

图 11-2 协变量的标准偏差（%）

四 内生性讨论

导致模型内生性的原因主要有双向因果关系及变量遗漏等。我们使用返乡农民工创业前"身边是否有创业成功的人"来衡量是否有创业榜样，发生在创业之后的创业绩效不可能反过来影响创业前"身边是否有创业成功的人"，因此本部分不大可能存在反向因果关系导致的内生性问题。遗漏变量才可能是本部分产生内生性的最大威胁。在上述稳健性检验中，本部分使用个体特征、家庭特征和基础设施变量作为协变量，先计算每个返乡创业的农民工在创业前是否认识成功的创业者并得到较大帮助的倾向得分，然后基于近邻匹配的方法对样本进行匹配，再进行普通最小二乘估计。采用这种方法虽然只能解决可观测变量带来的样本选择偏误，而不能解决不可观测变量[①]所带来的样本选择偏误。然而从匹配后的样本平衡性检验来看，各变量在处理组和对照组之间的偏差均小于10%。据此可以有较大把握肯定，即使存在遗漏变量，使用倾向得分的方法进行匹配后，那些遗漏变量的偏差也会小于10%。因此，本部分在稳健性检验中使用的匹配估计可以在一定程度上减缓遗漏变量导致的内生性问题。此外，我们根据Bellows和Miguel（2008）构造的不可观测变量的选择性偏误强度的测量指标（selection ratio）计算了基准回归模型中的selection ratio。当控制了个体特征变量、家庭特征变量和县域固定效应后，增加基础设施控制变量计算得到的selection ratio为4.31[②]。该指标表明，在回归模型中未考虑到的控制变量可能导致的选择性偏误，必须达到已控制变量已解决的选择性偏误的4.31倍，才能排除创业榜样对返乡农民工创业绩效的因果效应。综上所

---

① 模型中未包含的变量。

② Bellows和Miguel（2008）认为，只要selection ratio不小于1，遗漏变量导致的选择性偏误就不会太严重。

述，从倾向得分的样本匹配平衡性检验到 selection ratio 检验，均表明本部分潜在的遗漏变量不会导致严重的内生性问题。

第四节 创业榜样对返乡农民工创业绩效的作用机制分析

一 创业能力在创业榜样与农民工创业绩效间的中介效应

结合访谈与文献工作，我们认为：创业榜样之所以促进返乡农民工创业的绩效，其原因在于，返乡创业农民工在与创业榜样的互动中，通过主动的模仿和学习，提高自身创业能力，进而提高创业绩效；此外，创业榜样主动对返乡农民工进行创业指导，提高他们的创业能力，也在客观上增进了他们的创业绩效。为了验证上述推论，我们展开相应估计分析。调查问卷设置了"你有很强的经营管理能力吗"问项，并设置了"非常正确""比较正确""一般""不正确""非常不正确"5个答项，我们据此界定创业能力的序数变量，取值为1-5，数值越大表示创业能力越强。对（2）式的估计结果如表11-7的第（1）列所示，从中可以看出，创业榜样可显著提高农民工创业者的创业能力，假设H2获得了部分验证。对（3）式的估计结果如表11-7的第（2）列所示，创业能力可显著提高返乡农民工的创业绩效。据此，创业能力在创业榜样和创业绩效之间起着中介作用，假设H2得到了完全验证。表11-7的第（3）列是基准回归的结果[①]。在基准回归中，创业绩效关于创业榜样的回归系数为0.095，并且在5%的水平显著，当在回归模型中加入中介变量创业能力后，该系数减小至0.048[②]，并且不显著。

[①] 即表11-2的第（4）列。
[②] 如表11-7第（2）列所示。

据此可以获得结论：创业榜样完全通过创业能力作用于返乡农民工的创业绩效。

表11-7　　　　　　　　　创业能力的中介作用分析

	（1）创业能力	（2）创业绩效	（3）创业绩效
创业榜样	0.242*** (0.060)	0.048 (0.036)	0.095** (0.038)
创业能力	—	0.330*** (0.038)	—
个体特征变量	是	是	是
家庭特征变量	是	是	是
基础设施变量	是	是	是
县域固定效应	是	是	是
N	896	893	893
R^2	—	0.324	0.258

注：1. ***、**、*分别表示在1%、5%、10%的水平显著；2. 括号中的数值为稳健标准误。

二　创业培训在创业榜样与农民工创业绩效间的调节效应

上述分析表明，创业榜样显著提高返乡农民工的创业能力，而创业能力越强，其创业绩效越好。在实践中，除了创业榜样之外，创业者的创业能力提高的来源还包括创业培训。创业培训的作用主要有两方面，一方面唤起人们的创业意识，另一方面是提高创业者（或潜在创业者）的创业能力。国家十分重视农民工的创业培训工作，地方政府也在大力实施创业培训。然而受诸多因素影响，各地在培训的质量上存在较大差异。调查问卷中给出了"本地开展的创业培训内容较为有用"的评价，受访者回答"非常符合""符合""一般""不符合""很不符合"的比例分别为4.02%、21.76%、43.97%、25.45%和4.8%。我们据此将创业培训定义为一个取值为1-5的有序变量，取值越大表明当地的创业培训质量越高。表11-8是对（4）式的估计结果。其估计结果表明，创业培训对农民工返乡创业的绩效具有显著的正向影响，假设H3获得了验证。创业榜样与创业培训交互项的估计系数显著为负，表明在创业榜样对创业绩效的正向影响效应中，创业培训具有负向调节作用，假设H4得到了验证。其可能的原因在于：当前创业培训的针对性比较差，课程设计模式化，很少考虑参培对象的差异性及关注点，并且缺少后续指导（Fafchamps，2014），因此对于有机会得到创业榜样帮助的人来说，创业培训对创业绩效的作用有限；而对于缺少创业榜样帮助的创业者，创业培训对创业绩效的作用较为明显。身边没有创业榜样或者没有得到创业榜样有效帮助的返乡农民工，由于自身创业能力比较低，其创业绩效比那些获得了创业榜样帮助的农民工低。但如果当地政府提供了高质量的创业培训，则他们与获得榜样帮助的农民工之间的创业绩效差异将缩小。

表11-8　　　　　　　　　创业培训的调节效应

	（1）	（2）	（3）	（4）
创业榜样	0.368*** (0.129)	0.350*** (0.121)	0.323*** (0.120)	0.309*** (0.117)
创业培训	0.125 (0.093)	0.200** (0.090)	0.194** (0.089)	0.182** (0.087)
创业榜样与创业培训的交互项	-0.071* (0.039)	-0.072* (0.037)	-0.068* (0.036)	-0.070** (0.035)
个体特征变量	否	否	是	是
家庭特征变量	否	否	是	是
基础设施变量	否	否	否	是
县域固定效应	否	是	是	是
N	893	893	893	893
R^2	0.0194	0.180	0.232	0.261

注：1. ***、**、* 分别表示在1%、5%、10%的水平显著；2. 括号中的数值为稳健标准误。

图11-3是根据表11-8的第（4）列绘制的调节效应图。横轴从左到右依次为"无创业榜样""有创业榜样但没有帮助""有创业榜样且有较大帮助"。图中实线反映的是在创业培训质量低（用低创业培训表示）的情况下，创业榜样对农民工返乡创业绩效的影响；虚线反映的是在创业培训质量高（用高创业培训表示）的情况下，创业榜样对创业绩效的影响。从图11-3中可以看出，无论是高创业培训还是低创业培训，创业榜样与农民工的返乡创业绩效之间均存在正向关系。但在高创业培训情况下，曲线相对平缓，表明高创业培训降低了创业榜样引致的部分绩效差异。由此也表明当前的创业培训对具有高创业能力的人的效果不是很明显。

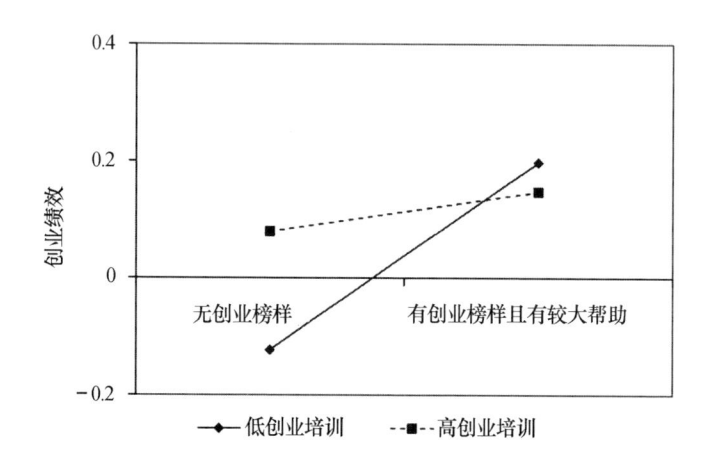

图11-3　创业培训的调节效应图

第五节　本章小结

本章利用898名返乡创业农民工的调查数据，根据他们身边是否有创业成功的人，基于"没有""有但没有什么帮助""有且有较大帮助"3个答项构建了创业榜样的有序变量，并分别用农民工创业后的家庭总收入、农民工对创业是否成功的主观评价和雇用的人员数量衡量创业绩效，讨论创业榜样与农民工返乡创业绩效之间的关系。研究结果表明，创业榜样的存在显著提高了返乡农民工的创业绩效。创业榜样影响农民工返乡创业绩效的机制在于创业榜样能提高返乡创业农民工的创业能力，而创业能力的提升能显著改善创业绩效。进一步，本章还分析了创业培训在创业榜样与返乡农民工创业绩效之间的调节作用，发现创业培训在创业榜样与返乡农民工创业绩效之间存在负向调节作用，即创业培训质量越高，无创业榜样与有创业榜样的创业者之间的绩效差异将趋于缩小。

第十二章

政策支持对返乡农民工创业效果的提高和对创业信心的提振

在可持续生计框架中，农民工返乡创业活动，不仅受到自身禀赋及外部经济及自然环境的制约，同时也受到政策和制度过程的影响。返乡农民工创业既需要对自身能力的挖掘也需要政府的政策激励，既需要利用市场机制的诱导更需要政府必要的政策保障。在激发农民工返乡创业意愿后，需要进一步采取措施，放松和缓解返乡农民工在创业过程中所受到的约束，从根源上解决其自身禀赋特别是社会资本存量差异引致的竞争力不足的问题，营造公平的市场竞争环境，提振其创业信心，才能保障返乡农民工创业效果可期和创业行为的持续。

第一节 理论分析和计量模型

一 理论分析及研究假设

在农村地区，创业服务体系和创业环境尚待改善的情况下，社会资本对于返乡农民工突破创业过程中所遇到的瓶颈和壁垒，实现创业成功和持续具有不可替代的作用。在创业的过程中，那些先天拥有较高社会地位或者高质量的社会资本的创业者，其可以凭借这种优势获得创业行动上更高的速度和效率。与此同时，较强的社会关系不仅为创业活动获得情感、信息和资源上的支持，而且其可以在信息沟通交流的互动中强化相互的信任，从而从自身外部汲取最大限度的创业资源，并将其转化为自身创业的行动优势。但是，与物质资本和人力资本相似的，社会资本在为某个人提供某些机遇和便利的同时，从宏观的视角来看，同时也可能意味着对其他人机会的剥夺与限制。由于各个家庭的社会资本存量有着较大的差别，当一些人由于缺乏社会资本而遭遇重重障碍时，另一部分人已经凭借其较高的社会资本绕开这些障碍率先起跑，由此可能使得这场竞赛本身从开始的时候就存在不公平现象（阿瑟·奥肯，2013）。返乡农民工的社会资本的差异，可能会导致市场竞争的不公平，甚至严重失衡。从而打击大部分社会资本存量较少的农民工的创业热情和创业信心，使社会和市场中产生消极情绪，不利于创业活动的产生和持续。

因此，如何通过政策和制度的不断优化，通过政府政策进行平衡，营造机会人人平等、真正能够公平参与的创业情境，从而帮助那些位于金字塔底层（BOP），常常被主流平台忽略的群体获得平等参与的机会，将尽可能多的返乡农民工纳入创业活动中成为创业者，消除其社会排斥感，破除这类弱势群体可能面临的困境，提升其创业信心，是保障返乡农民工创业成功及支持创业体制机制改革的重点方向。

根据上述讨论，本书提出以下研究假设。

（1）返乡农民工的社会资本对其创业效果有着正向显著影响，但随着政府政策的不断完善，可以降低返乡农民工由于社会资本的差异所引致的创业效果差异。

（2）政府支持创业政策的完善，对返乡农民工创业信心具有正向显著影响，而且其通过对返乡农民工创业效果的促进，强化返乡农民工创业过程中的信心。

在以上分析的基础上，我们提出：对大部分返乡农民工而言，其社会资本存量有限，对其创业效果的影响如何？对于这一问题，现有的文献大致都按照以下逻辑进行估计：在政府政策缺位的情况下，返乡农民工难以获得政策的支持，其创业效果主要依赖其自身的社会资本存量，也即社会资本存量越高的返乡农民工，其创业成功的概率越大；如果政府政策响应了创业者的诉求，返乡农民工可以凭借政府政策的支持获得公平的市场竞争环境，其创业效果的达成仅取决于其个人创业才能的发挥和劳动的付出，而不是取决于自身社会资本存量的高低。据此，我们归纳出"政策支持—创业效果—创业信心"这一返乡农民工创业持续的政策影响机制，在整个路径过程中，政府通过有效政策支持培育和强化利于创业持续的公平情境，正向影响返乡农民工创业效果，进而促进返乡农民工创业信心的提振（见图12-1）。

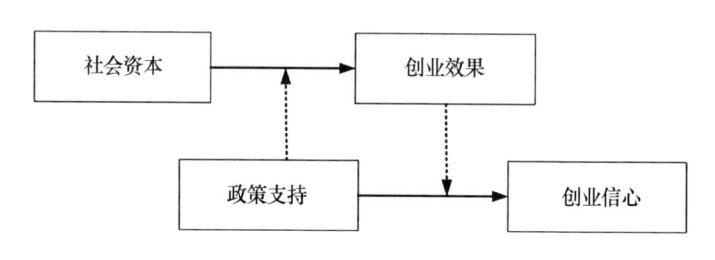

图 12-1 研究逻辑示意图

二 经济计量模型

为了检验假设1，本部分使用 Probit 模型对社会资本存量差异与创业效果之间的关系进行估计：

$$prob(y_i = 1 \mid X_i) = F(\beta_1 s_i + \sum_{k=2}^{K} \beta_k z_{ki} + \varepsilon_i) \qquad (1)$$

在（1）式中，y 是代表返乡农民工创业是否获得成功的被解释变量，X 则是解释变量，$F(\bullet)$ 是标准正态分布函数，s 代表家庭的社会资本，z_k 表示一系列的其他控制变量，ε 是随机扰动项。β_1 和 β_k 分别是返乡农民工社会资本和其他控制变量的系数，$k = 2, 3, \cdots, K$。如果地方政府的政策能够提高区域创业的公平性，那么返乡农民工由于社会资本存量不同引致创业效果存在差异的概率便大为降低，β_1 的估计结果不具有统计显著性。否则，β_1 的估计结果明显大于零而且显著，也即返乡农民工的社会资本越高，其创业成功率越高。

在本部分的框架中，我们还引进了返乡农民工的社会资本与地区政府支持政策、库区位置虚拟变量的交互项，以检验政府政策支持是否缓解社会资本不均所引致的创业效果差异，和检验社会资本对创业效果影响的区域差异。如（2）式和（3）式所示，其中（2）式中 PS 为政策支持变量，（3）式中 L 为库区位置虚拟变量，其他变量与（1）式一致。

$$prob(y_i = 1 \mid X_i) = F[\beta_1 s_i + \beta_2 (s_i \times PS_i) + \sum_{k=3}^{K} \beta_k z_{ki} + \varepsilon_i] \quad (2)$$

$$prob(y_i = 1 \mid X_i) = F[\beta_1 s_i + \beta_2 (s_i \times L_i) + \sum_{k=3}^{K} \beta_k z_{ki} + \varepsilon_i] \quad (3)$$

进一步，我们假定返乡农民工创业效果受到其社会资本存量、个人特征、家庭禀赋和区域禀赋等因素的影响，以考察创业效果差异、政府政策支持差异对返乡农民工创业信心的影响。我们使用政府政策支持和其他控制变量对返乡农民工的创业信心进行回归，所设定的基准模型如下：

$$c_i = \delta_1 PS_i + \sum_{m=2}^{M} \delta_m x_{mi} + \mu_i \qquad (4)$$

在（4）式中，c 表示返乡农民工的创业信心，PS 与（2）式一致，表示政策支持，x_m 则表示一系列的个人、家庭以及区域禀赋的控制变量，δ_1 和 δ_m 分别是政策支持和系列控制变量的系数，$m=2$，3，…，M。而 μ 是服从正态分布的随机误差项。

为了考察政府政策支持对返乡农民工创业信心的影响机制，我们在上述（4）式的基础上，加入了政府政策支持与创业效果变量的交互项，方程如下：

$$c_i = \delta_0 + \delta_1 PS_i + \delta_2(PS_i \times y_i) + \sum_{m=3}^{M} \delta_m x_{mi} + \mu_i \qquad (5)$$

在（5）式中，核心变量是政府政策支持与创业效果变量的交互项 $PS \times y$。如果"政策支持—创业效果—创业信心"的影响机制成立，也即政策支持通过作用于创业效果进而对其创业信心的提振产生影响，其系数 δ_2 呈现正向显著。否则，δ_2 不具有统计显著性。

由于本部分创业信心变量为五分制变量，有着天然的排序，因此，我们对（4）式、（5）式采用 Oprobit 模型进行估计。

第二节 变量选取

一 变量解释

结合调查所获得的样本数据，我们选择以下变量进行回归分析（见表12-1）。

表 12-1　　描述性统计

	variable	mean	sd	min	p50	max
y	创业成功与否	0.41	0.49	0	0	1
c	创业信心	3.52	0.83	1	4	5
z_1	创业培训指导政策支持	3.05	0.91	1	3	5
z_2	工商税收等优惠政策支持	3.19	0.87	1	3	5
z_3	区位条件	1.01	0.66	0	1	2
x_1	社会资本	2.05	0.76	1	2	3
x_2	年龄	3.66	0.23	2.89	3.71	4.28
x_3	性别	0.7	0.46	0	1	1
x_4	婚姻状况	0.84	0.37	0	1	1
x_5	受教育程度	2.37	0.93	1	2	4
x_6	是否接受过创业培训	1.74	0.89	1	1	3
x_7	家庭总人口	4.04	1.13	2	4	7
x_8	是否有合适的创业场地	2.39	0.69	1	3	3
x_9	本地交通状况	3.97	0.73	1	4	5
x_{10}	本地用电状况	4.13	0.63	1	4	5
x_{11}	本地手机信号状况	3.96	0.76	1	4	5
x_{12}	市场信息可获得程度	3.53	0.87	1	4	5
x_{13}	本地海拔	6.28	0.63	5.21	6.48	7.2

（一）政策支持

创业政策是政府以促进创业为目的，所制定的一系列鼓励创业、帮助初创企业成长的支持性措施和政策（Jock，2003）。政府所制定的创业政策能否顺利施行，其中一个重要前提就是所创设的政策工具以及由此营造的创业环境是否能真正为目标群体带来帮助，并被他们接受。从这个角度而言，一方面，要求政府的创业政策对潜在的创业者有激励作用，并且能在实际上延长初创企业的存活周期，提高它们的存活率。另一方面，也有赖于政府创设的良好政策环境，为初创企业提供良好的成长氛围和机会。在农村地区，政府部门作为初创企业的外部公共资源，充当着"孵化器"的角色，通过提供培训机会等措施促使其创业组织能力得到提高（梁强等，2016）。同时，样本区域中地方政府与科研院所合作，所聘请的经营及技术指导服务团队，能为返乡农民工创业活动的渐次有序推进提供较好的保障。此外，近年来地方政府推行的一系列的改革措施，例如推行便利的企业设立登记制度，对农民工创业实行税负优惠等手段，为创业者开发创业机会提供基本前提和基础支持。因此，我们通过"本地有定期创业培训和指导"和"本地对返乡农民工创业在工商、税收方面有优惠"所获得的信息作为政策支持的代理变量。所选择的这两方面的政策支持不但能够降低返乡农民工在创业初期时遇到的潜在阻力，也能降低他们在创业持续过程中的成本和风险。

（二）创业效果

为了降低返乡农民工创业规模差异对分析结果带来的误差，我们将创业效果定义为有创业经历的样本对象对自己创业活动的主观判断和评价。因此在信息采集中，为了尽可能使调查对象理解我们的目的，问卷对创业效果这一定义进行了简化，使用"我对我的创业收益表示满意"和"我所进行的创业活动是成功的"这两个问项对返乡农民工的创业效果进行信息采集，当受访者对这两个问项中的任意一个给予肯定回答时，赋值为1，否则赋值为0。

（三）创业信心

创业信心的测度是通过询问受访者对"您觉得您这份事业的发展前景"这一问项获得，受访者在赋值为1—5的"很不好、不太好、一般、很好、非常好"这几个选项中作出符合自己信心的真实表达。虽然这一测度方法较为简单，但符合心理测量学的充分性（Veenhoven & Ehrhardt，1995），能真实反馈出受访者"自我实现的预期"。

（四）社会资本

社会资本具有"资本"的基本属性，其通常包含社会组织的某些特征，如信任、规范及网络（Putnam，1994）。因此，在本章中的社会资本，指的是创业者在自己的社会网络中可以动员的一切社会资源。我们在确定社会资本变量时，为了尽可能减轻可能存在的内生性对研究结论正确性的影响，主要关注返乡农民工在创业之前已经获得的，源于其血缘或者地缘关系而建立起来的社会资本，并不包含其创业后由于市场交易活动而积累的活动型社会资本。因此在本章中，我们使用"家中有在乡镇及以上政府工作的近亲属"和"有在本行业内生意规模做得比较大的亲戚或朋友"获得返乡创业农民工社会资本信息，并将其作为社会资本的代理变量，只要其对上述两个问项中的任意一个作出肯定回答，则在社会资本变量中赋值为1，否则为0。

（五）区位条件

由于三峡库区地形地貌的特殊性，各区域建设基础设施的成本存在较大的差别，因此其基础设施的建设力度难以统一，经济发展受到的制约程度存在较大差异。我们根据《三峡库区近、中期农业和农村经济发展总体规划》的分区标准，将库区划分为库首、库腹、库尾三个地区，并对其分别赋值3、2、1。

（六）个人特征

个人特征主要包括返乡创业农民工的年龄、性别和婚姻状况。其中年龄和性别可以较好地拟合农民工的风险偏好和资源积累。一般而言，年纪越大的返乡农民工风险意识较强，在创业中更趋于稳健，更倾向于从事与自己生活生产经历相关的创业活动，对相关行业更为熟悉，获取资源更为便利，因此其创业成功率可能更高。为了避免可能存在的异方差对估计结构产生的影响，我们对年龄进行取对数处理。而男性对于风险偏好倾向可能更强于女性，也更能承受创业所带来的压力。在婚姻变量上，稳定的家庭结构可能是家庭创业的精神支柱。为了更好地分析婚姻状况对创业效果的影响，我们对返乡农民工的实际婚姻状况进行了处理，将从未结婚、离异以及丧偶划分为"单身"，赋值为0，将初婚、再婚和同居状态合并为"非单身"选项，赋值为1。

（七）人力资本存量

企业家的人力资本有可能对其创业效果产生影响。受教育程度这一变量可能对企业家才能难以全部解释，但受教育程度可能与其商业技能存在正向相关关系。Paulson 和 Townsend（2004）就在其研究中得出结论，认为受教育程度与企业家才能二者成较强的正向相关。我们按照受教育程度的高低依次对农民工受教育程度这一变量赋值为：小学及以下文化水平赋值为1，初中文化水平赋值为2，高中、中专、职高层级文化水平则赋值为3，大专及以上文化程度赋值为4。同样，返乡农民工是否接受过创业培训，也是影响其创业技能的一个重要影响因素。一般地，同一区域中的农村居民的初始文化程度可能没有太大的差别，但是否接受过创业培训则有一定的差异。

（八）家庭禀赋

家庭禀赋主要纳入了家庭总人口数量和家庭是否有合适的创业场地这两个变量。家庭人口规模在某种程度反映了家庭可供创业使用的人力资源和规模。同样情况下家庭能够提供的劳动力人数越多，返乡农民工创业中可供选择的余地就越大。而创业场地则是创业活动必需的要素，家庭中有合适的创业场地对于正在进行的创业活动而言，可以降低其创业的成本和心理压力，从而提高其创业成功的概率。

（九）区域基础设施

地区基础设施对于该区域所有返乡农民工的创业决策和创业效

益有着重要影响，在三峡库区中，基础设施的建设密度和水平存在着较大区域差异，这对于返乡农民工创业效果的影响不言而喻。我们使用本地区交通状况以及电力保障情况作为该地区的基础设施的代理变量。

（十）信息获取便利程度

信息获取便利程度是进行创业活动所严重依赖的重要因素。信息获取越便利，其对市场变化的反映速度越快，越能在市场竞争中占到有利地位，从而更容易取得创业成功。我们选取了手机信号状况、市场信息可获得程度两个变量作为信息获取便利程度的代理变量。

（十一）区域自然条件

高程是土地资源固有的两个重要环境因素之一（周万村，2001；冯朝阳等，2007），其对区域土地的生产力有着较强的解释力度。地区海拔作为高程的度量单位，是区域自然环境的合适的代理变量。返乡农民工创业所在地区的海拔的高低，无论在便利程度还是市场规模方面，都迥然不同，直接影响到其创业所需外部资源的满足程度，在客观上是农村地区所遇到的外部自然阻力的体现，有可能削弱创业效果，进而冲击创业信心。为了消除可能存在的异方差，我们将海拔进行了对数化处理。

二 变量相关性分析

为了对主要变量之间的共线性进行检验，我们通过表12-2呈现了主要变量的相关系数矩阵。从表12-2中可以看出，y 与 x_1 的系数符号为正，可以预示受到社会资本对创业成功存在着正向影响。此外，变量之间的相关系数最大为0.562，远低于敏感值0.8，除此之外都普遍较低。据此可以判断出，多重共线性问题不会对模型估计结果造成有效冲击。

表12-2 相关性分析

	y	c	x_1	z_1	z_2	z_3	x_2	x_3	x_4	x_5	x_6	x_7	x_8	x_9	x_{10}	x_{11}	x_{12}	x_{13}
y	1																	
c	0.216***	1																
x_1	0.190***		1															
z_1	0.003	0.190***	0.067**	1														
z_2	0.013	0.170***	0.098***	0.562***	1													
z_3	0.133***		0.149***	−0.012	−0.018	1												
x_2	0.143***	−0.185***	−0.066**	−0.014	−0.046	−0.091***	1											
x_3	0.019	0.004	0.037	0.063*	0.088***	0.053	0.142***	1										
x_4	0.112***	−0.108***	−0.016	−0.060*	−0.045	0.031	0.363***	0.103***	1									
x_5	−0.043	0.193***	0.110***	0.027	0.039	0.011	−0.502***	−0.075***	−0.248***	1								
x_6	0.144***	0.203***	0.113***	0.267***	0.192***	0.004	−0.033	0.008	−0.097***	0.092***	1							
x_7	0.079**	0.097***	0.001	−0.031	−0.079***	0.140***	0.095***	0.115***	0.231***	−0.063*	0.023	1						
x_8	0.140***	0.169***	0.071***	0.149***	0.178***	0.061*	0.011	0.114***	−0.038	−0.002	0.127***	−0.012	1					
x_9	0.071**	0.076**	0.028	0.057*	0.079**	−0.060*	−0.024	−0.031	0.041	0.105***	−0.019	−0.009	0	1				
x_{10}	0.119***	0.095***	0.035	0.004	0.086***	0.01	−0.032	−0.044	0.014	0.062*	−0.059*	−0.005	0.021	0.525***	1			
x_{11}	0.111***	0.008	0.054	0.016	0.084**	0.035	−0.065*	−0.059*	0.018	0.044	−0.044	−0.044	−0.068**	0.482***	0.519***	1		
x_{12}	0.130***	0.033	0.067**	0.041	0.076***	0.092***	−0.009	0.016	0.053	0.015	0.057*	0.013	0.001	0.332***	0.388***	0.459***	1	
x_{13}	−0.081**	0.022	0.044	−0.097***	−0.103***	0.151***	−0.094***	−0.04	0.001	0.025	−0.082**	0.039	0.001	−0.025	−0.007	0.002	0.108***	1

注：*** 表示在1%水平上显著，** 表示在5%水平上显著，* 表示在10%水平上显著。

第三节 估计结果

一 社会资本对返乡农民工创业效果的影响分析

通过表12-3可以观察到社会资本变量及其与政府创业培训和指导政策支持虚拟变量、工商税收优惠政策支持虚拟变量、库区位置虚拟变量交互项的估计结果。在模型（1）中列出了社会资本变量对创业效果的影响。社会资本变量在1%的显著性水平上正向显著影响创业效果。这意味着周边有亲友从政或经商对农民工返乡创业成功具有显著的促进作用。根据假设1，从总体上可以确定，返乡农民工的社会资本对其创业具有非常重要的影响。在模型（2）中，社会资本变量与地方政府创业培训和指导政策支持变量的交互项在5%的显著性水平上负向显著，意味着地方政府所进行的创业培训和指导政策支持越全面，返乡农民工的社会资本对其创业的成功率的影响越小。地方政府对返乡农民工创业培训和指导政策的供给缓解了社会资本差异所引致的不公平现象的发生。进一步，我们可以通过模型（3）发现，社会资本变量与工商税收优惠政策支持虚拟变量的交互项也有着较高的显著性，系数符号为负，意味着政府对返乡农民工创业的工商税收优惠政策支持越好，其越能降低农民工由于自身社会资本存量不同对其创业效果所产生的影响。

表12-3　　　　社会资本存量对返乡农民工创业效果的影响

	（1）	（2）	（3）	（4）
x_1	0.316*** (5.26)	0.487*** (4.99)	0.463*** (4.42)	0.182** (2.55)
$x_1 * z_1$	—	-0.053** (-2.23)	—	—

续表

	(1)	(2)	(3)	(4)
$x_1 * z_2$	—	—	-0.043* (-1.72)	—
$x_1 * z_3$	—	—	—	0.112*** (3.43)
x_2	0.882*** (3.64)	0.879*** (3.62)	0.874*** (3.60)	0.975*** (3.97)
x_3	-0.109 (-1.09)	-0.104 (-1.04)	-0.098 (-0.99)	-0.124 (-1.24)
x_4	0.294** (2.16)	0.296** (2.17)	0.300** (2.20)	0.274** (1.99)
x_5	0.019 (0.34)	0.018 (0.32)	0.019 (0.34)	0.024 (0.42)
x_6	0.180*** (3.53)	0.209*** (3.97)	0.195*** (3.77)	0.183*** (3.58)
x_7	0.068* (1.68)	0.062 (1.54)	0.061 (1.51)	0.050 (1.22)
x_8	0.254*** (3.75)	0.270*** (3.96)	0.268*** (3.93)	0.246*** (3.62)
x_9	-0.049 (-0.65)	-0.041 (-0.54)	-0.046 (-0.61)	-0.024 (-0.31)
x_{10}	0.174* (1.89)	0.171* (1.85)	0.181** (1.96)	0.174* (1.88)
x_{11}	0.122 (1.61)	0.125 (1.64)	0.127* (1.68)	0.111 (1.46)
x_{12}	0.108* (1.81)	0.108* (1.81)	0.110* (1.84)	0.093 (1.55)
x_{13}	-0.173** (-2.44)	-0.185*** (-2.59)	-0.184*** (-2.58)	-0.197*** (-2.76)
_cons	-5.840*** (-5.06)	-5.873*** (-5.07)	-5.878*** (-5.08)	-5.899*** (-5.09)

续表

	(1)	(2)	(3)	(4)
N	897	897	897	897
R^2	0.4003	0.4044	0.4027	0.4101
p	0.000	0.000	0.000	0.000

注：$^{*}p<0.1$，$^{**}p<0.05$，$^{***}p<0.01$，括号内为系数估计值的标准差。

在模型（4）中，社会资本变量与所在库区位置虚拟变量的交互项的系数在1%的水平上具有统计显著性，这表明社会资本对家庭创业成功的影响具有区域差异，其对提高库首的返乡农民工创业成功率的影响程度最高，库腹次之，库尾最低。

进一步，观察其他变量的回归结果。年龄在各个模型中均在1%的显著性水平上保持正向显著。这意味着返乡农民工的年龄增长对其创业成功具有正向促进作用。婚姻也在各个模型中均在5%的显著性水平上保持正向显著。表明稳定的家庭结构能够促进创业成功。是否接受过创业培训变量的系数估计值具有统计上的显著性，而且符号为正，这表明返乡农民工获得的创业培训对其创业成功具有非常重要的作用。这一结果充分说明返乡农民工接受的创业培训满足了创业对其后天的人力资本提升的诉求，能有效对返乡农民工先天教育程度不足进行弥补，对其创业成功具有非常重要的作用。

场地变量也对返乡农民工的创业有着显著的正向影响。显然，在农村地区，创业场地作为创业要素之一，其对创业有着重要的保障作用。电力保障变量的系数估计值显著为正。这是因为，与城市中稳定的电力保障不同，在农村地区特别是三峡库区，生产性电力供给的稳定性不高，在农村地区创业离不开稳定的电力等能源的保障。同样，市场信息可获得程度变量也显著正向影响创业的成功。市场主导着创业的成败，特别在信息交换不畅的农村地区，高效地获得市场信息对提高创业的成功率具有不可替代的影响力。由于三峡库区的地形地貌特征具有其独特性,通过估计结果可以看出,创业所在地海拔的高度变量对创业的成功概率的影响具有显著负向的作用。这是因为,海拔越高,创业环境越恶劣,外部资源供给不足,信息交换的渠道越少,对创业的影响自然存在负向影响。

二 政策支持影响创业信心的计量分析

在表12-4和表12-5列出了模型(4)和模型(5)的估计结果。其中表12-4和表12-5的(1)列是模型(4)的回归结果,其引入了政府政策支持代理变量和其他控制变量,以观察政策支持对创业信心的影响。而在表12-4和表12-5的(2)列则是模型(5)的估计结果,其在模型(4)的基础上引入了政府政策支持代理变量与创业效果虚拟变量的交互项,以观察政策支持、创业效果与创业信心之间的关系,从而检验假设2。

表12-4 创业信心模型的估计结果
(使用政府创业培训和指导作为政策支持的代理变量)

	(1)	(2)
z_1	0.308 *** (4.07)	0.237 *** (3.09)
$z_1 * y$	—	0.272 *** (6.22)
x_2	-1.129 *** (-3.33)	-1.368 *** (-3.98)
x_3	0.040 (0.28)	0.066 (0.46)
x_4	-0.210 (-1.07)	-0.297 (-1.49)

续表

	(1)	(2)
x_5	0.242***	0.253***
	(3.01)	(3.13)
x_6	0.338***	0.279***
	(4.38)	(3.57)
x_7	0.202***	0.196***
	(3.45)	(3.33)
x_8	0.393***	0.326***
	(4.06)	(3.33)
x_9	0.099	0.127
	(0.89)	(1.14)
x_{10}	0.423***	0.376***
	(3.20)	(2.84)
x_{11}	-0.164	-0.218**
	(-1.51)	(-2.01)
x_{12}	-0.037	-0.079
	(-0.43)	(-0.90)
x_{13}	0.115	0.169
	(1.12)	(1.64)
cut1	-3.649**	-4.911***
	(-2.23)	(-2.95)
cut2	-0.719	-1.962
	(-0.45)	(-1.21)
cut3	1.510	0.328
	(0.95)	(0.20)
cut4	4.138***	3.033*
	(2.59)	(1.87)
N	897	897
R^2	0.4691	0.4872
p	0.000	0.000

表12-5 创业信心模型的估计结果
（使用工商税收优惠作为政策支持的代理变量）

	(1)	(2)
z_2	0.231***	0.168**
	(2.95)	(2.11)
$z_2 * y$	—	0.258***
		(6.18)
x_2	-1.089***	-1.320***
	(-3.21)	(-3.85)
x_3	0.033	0.061
	(0.23)	(0.43)
x_4	-0.235	-0.330*
	(-1.19)	(-1.66)
x_5	0.243***	0.255***
	(3.03)	(3.15)
x_6	0.371***	0.311***
	(4.86)	(4.04)
x_7	0.206***	0.201***
	(3.51)	(3.41)
x_8	0.394***	0.330***
	(4.05)	(3.36)
x_9	0.122	0.154
	(1.11)	(1.39)
x_{10}	0.386***	0.339**
	(2.92)	(2.56)
x_{11}	-0.175	-0.229**
	(-1.60)	(-2.09)
x_{12}	-0.036	-0.076
	(-0.42)	(-0.87)
x_{13}	0.108	0.157
	(1.05)	(1.53)
cut1	-3.777**	-4.998***
	(-2.30)	(-3.01)

续表

	(1)	(2)
cut2	-0.846	-2.049
	(-0.53)	(-1.27)
cut3	1.367	0.225
	(0.86)	(0.14)
cut4	3.977**	2.910*
	(2.49)	(1.80)
N	897	897
R^2	0.4655	0.4833
p	0.000	0.000

在表 12-4 和表 12-5 的回归（1）中，分别使用创业培训和指导变量和政府工商税收政策作为政策支持的代理变量，其估计值都显著为正，这意味着创业培训和指导开展得越好，返乡农民工创业信心越好；工商税收政策越符合返乡创业农民工的诉求，他们的创业信心越高涨。在回归（2）中，进一步引进了上述两方面的政策支持的代理变量与创业效果虚拟变量的交互项，从而考察政策支持、创业效果与创业信心之间的作用机制。

那么，政策支持是否通过提高返乡农民工创业的成功率进而影响返乡创业农民工的创业信心呢？上述表 12-4 和表 12-5 的回归（2）中所得出的估计结果对此给出了正面回应。政策支持变量与创业成功虚拟变量的交互项均在 1% 的显著性水平上正向显著，意味着随着政策支持水平的提高，创业成功率越高，返乡农民工创业的信心越高涨。以表 12-4 为例，在加入政府创业培训和指导政策支持虚拟变量与创业效果虚拟变量的交互项之后，政府创业培训和指导政策支持变量的系数估计值从模型（1）中的 0.308 降低到模型（2）中的 0.237。这表明，政策支持对创业信心的影响，有相当一部分可以归因于政策支持水平提高所引致的返乡农民工创业的成功率的增加。通过对表12-4的估计结果进行观察后可以发现，政策支持对于提高创业成功农民工信心的边际效应大概是创业失败农民工的2.15倍[①]。因此，"政策支持—创业效果—创业信心"这一作用机制得到验证。

表12-4和表12-5中控制变量的回归结果中，返乡农民工年龄越大，对其创业信心的提高越不利。受教育程度越高，接受过创业培训，以及家庭总人口的增加，对其创业信心的提振越有促进作用，这表明农民工无论先天还是后天人力资本的增加，都对创业信心的贡献具有重要作用。场地变量和电力保障变量也在1%水平上具有统计显著性，而且符号为正，这意味着这两个变量对返乡农民工的创业信心的提振有着显著的促进作用。

第四节 本章小结

本章在中央实施乡村振兴战略和"大众创业、万众创新"的大背景下，对"政策支持—创业效果—创业信心"这一作用机制进行了阐释，并在三峡库区这一独特的地理单元中进行了验证。我们通过实证分析得到下列结论：

第一，随着政策支持水平的逐步提高，返乡农民工的社会资本对其创业的成功率的影响力趋于降低。政府对返乡农民工创业的政策支持缓解了社会资本差异所引致的不公平现象的发生，机会人人平等、公平参与创业的情境正在逐步实现。同时，社会资本对家庭创业效果的影响具有区域差异，其对提高库首的返乡农民工创业成功率的影响程度最高，库腹次之，库尾最低。第二，政府政策支持

---

① 创业培训和指导政策支持虚拟变量对于提高创业成功的返乡农民工创业信心的边际效应是0.509（0.272+0.237=0.509），对于提高创业失败的返乡农民工创业信心的边际效应是0.237，前者大约是后者的2.15倍。

水平越高、越符合创业者的诉求,返乡创业农民工的创业信心越高涨。而且我们还发现,政策支持是通过提高返乡农民工的创业成功率,进而正向激励他们的创业信心。"政策支持—创业效果—创业信心"这一作用机制得到了验证。

本章的研究结论说明三峡库区地方政府对返乡农民工创业支持的政策方向是正确的,其可以提高返乡农民工的创业效果,进而提振他们的创业信心。然而现阶段我国农村地区返乡农民工创业的氛围营造不浓厚,其创业成功率亟待提高。为了提振返乡农民工的创业信心,更好地实现乡村振兴,需要政府因地制宜,根据本地区的实际出台政策,活跃本地区的创业氛围,推进返乡农民工创业活动的顺利开展。

第十三章

融资环境收入水平与返乡农民工创业满意度

农村地区的创业长期以来一直受到资金短缺所制约（郑凤田等，2006），农民创业是否成功与能否获得信贷支持有着紧密的联系（Afrin et al.，2009；Alemu，2017）。本章的主要边际贡献在于以下几个方面。第一，三峡库区属于在经济上刚脱贫且生态脆弱地区，对该地区的样本数据进行分析，有助于研究结论推及西部类似地区。第二，构建更为完备的计量模型。一方面，本章的核心解释变量不但考虑家庭收入变量，也考虑融资环境中正规渠道和非正规渠道的融资便利程度。另一方面，对影响返乡农民工创业收入水平的个人、家庭以及区域禀赋及特征等各类因素尽可能纳入分析框架。第三，从融资环境角度，讨论在创业收入水平存在差异的前提下，融资便利程度对返乡农民工创业满意度的影响，以揭示融资便利程度对返乡农民工的创业满意度的影响机制。

第一节 变量选取

结合研究的主要内容和样本数据的特征，我们将以下变量纳入分析框架（见表13-1）。

表 13-1　　描述性统计

	variable	mean	sd	min	p50	max
y	创业满意度	3.526	0.835	1	4	5
z_1	家庭创业收入水平	3.202	0.637	1	3	5
z_2	正规渠道融资便利程度	2.459	0.95	1	2	5
x_1	非正规渠道融资便利程度	2.753	0.915	1	3	5
x_2	性别	0.7	0.458	0	1	1
x_3	婚姻状况	0.84	0.367	0	1	1
x_4	受教育程度	2.368	0.927	1	2	4
x_5	是否接受过创业培训	1.733	0.892	1	1	3
x_6	家庭人口规模	4.044	1.131	2	4	7
x_7	是否有合适的创业场地	2.392	0.686	1	3	3
x_8	地区交通的便利程度	3.969	0.726	1	4	5
x_9	获取市场信息便利程度	3.535	0.875	1	4	5
x_{10}	工商、税务等创业支持政策	3.354	0.819	1	3	5
x_{11}	有定期创业培训和指导	3.051	0.909	1	3	5

一　创业满意度

作为本章的被解释变量，创业满意度指的是返乡农民工通过创业活动实现家庭生活改善后所得到的积极的心理体验和主观感受，主要体现为在创业过程中的自我认可和肯定的直接评价。在本章中，我们通过"非常满意，比较满意，一般，不满意，非常不满意"这一有序渐次递减的问项对返乡农民工创业满意度进行刻画。

二　家庭创业收入水平

本章的主要解释变量是家庭创业收入水平。对于家庭创业收入水平，我们使用"在本地和其他人家相比，您家中的创业收入水平处于哪一个等级呢"这一问项进行数据收集，对回答"很低"赋值为1，回答"比较低"赋值为2，回答"一般"赋值为3，回答"比较高"赋值为4，回答"很高"赋值为5。

三 融资环境

在本章中，融资环境由正规渠道和非正规渠道等两方面的融资便利程度作为代理变量。农户从信用社和银行等正规金融机构所获得的融资被界定为正规渠道融资，而从民间借贷组织或个人处所进行的融资则被界定为非正规渠道融资。在分析过程中，我们对融资"非常不方便"赋值为1，"不方便"赋值为2，"一般"赋值为3，"方便"赋值为4，"非常方便"则赋值为5。

四 个人特征

在本章中，返乡创业农民工的性别和他们的婚姻状况都被纳入研究的框架当中。在性别方面，面对创业活动中潜在的压力，男性的承受能力可能更强于女性，其收入水平有可能更高。而对于婚姻状况，稳定的家庭生活是影响创业活动的重要因素。为了准确评估婚姻状态在回归分析过程中的作用，我们对返乡农民工的婚姻状态界定为无配偶和有配偶两类，其中，"无配偶"包括未婚、丧偶或离异状态，在研究中我们将其赋值为0；"有配偶"包括初婚、再婚或者同居状态，我们将其赋值为1。

五 人力资本存量

企业家的人力资本有可能对其创业效果产生影响。企业家受教育程度不一定能够代表他们全部的才能，但这一变量对其商业技能的掌握和发挥可能有潜在的影响力。Paulson 和 Townsend（2004）在他们的文献中就指出，受教育程度对企业家才能有显著的正向促进作用。为了比较上的方便，我们对样本对象的受教育程度进行了归类并赋值，对小学及以下赋值为1，初中赋值为2，高中、中专、职高赋值为3，大专及以上赋值为4。创业培训作为学历教育的补充，也是返乡农民工人力资本积累的另一个重要途径，其通过后期的培训，同样有可能缓解因为初始教育差异而导致的创业收入水平差异。

六 家庭禀赋

家庭禀赋主要纳入了家庭总人口数量、家庭占有的创业场地等2个变量。家庭总人口数量可以充分反映家庭创业活动中可供支配的潜在劳动力规模。对于返乡农民工而言，占有合适的创业场地，对他们创业收入具有正向影响，因为这样对他们创业成本的降低和创业压力的缓解有很大程度的帮助。对场地可得性，则以"目前您有没有合适的场地用于创业"问项进行收集，对"有足够的创业场地"赋值为3，"有创业场地，但不够"赋值为2，"没有创业场地"赋值为1。

七 区域禀赋

区域禀赋的优劣对创业活动的顺利开展有着非常重要的作用。区域禀赋越好，创业阻力越低，创业成功的概率越大。本章中，本地区交通状况以及市场信息可获得性是区域禀赋的代理变量。对于地区交通状况以及市场信息可获得性，我们使用"本地的交通运输方不方便"和"本地获取市场信息方不方便"这两个问项进行信息的采集，对"非常不方便"赋值为1，"不方便"赋值为2，"一般"赋值为3，"方便"赋值为4，"非常方便"则赋值为5。

八 政策环境

创业政策是政府以促进创业为目的，所制定的一系列鼓励创业、帮助初创企业成长的支持性措施和政策（Jock，2003）。政策环境是否良好，政府所制定的创业政策能否顺利施行，其中一个重要前提就是所创设的政策工具以及由此营造的创业环境是否能真正为目标群体带来帮助，并被他们接受。从这个角度而言，一方面要求政府的创业政策对潜在的创业者有激励作用，并且能在实际上延长初创企业的存活周期，提高它们的存活率。另一方面，也有赖于政府创设的良好政策环境，为初创企业提供良好的成长氛围和机会。在农村地区，政府部门作为初创企业的外部公共资源，充当着"孵化器"的角色，通过提供培训机会等措施促使其创业组织能力得到提高（梁强等，2016）。同时，近年来政府推行的一系列的改革措施，例如推行便利的企业设立登记制度，对农民工创业实行税负优惠等手段，为创业者开发创业机会提供基本前提和基础支持。因此在本章中，我们通过"您对政府部门支持创业政策（包括工商、税务等）满意程度"和"本地有定期创业培训和指导"所获得的信息作为政策环境的代理变量。

第二节　实证分析

一　基准模型的设定

由于被解释变量为有序分类变量，所以在回归模型的选取上，选择 Oprobit 模型进行回归。假设有序型因变量含有 M 个值，$j=1$，2，$\cdots$，$M-1$，那么 Oprobit 的基准模型如下。

对于本章中的返乡农民工对自己创业满意度的评价而言，样本对象持 5 种观点：非常满意，比较满意，一般，不满意，非常不满意。显然，这 5 类评价之间存在有序递减的关系。因此，从模型设定来说，相较于使用普通的多项式模型或二值响应模型，使用有序响应模型更能够充分地利用数据中的信息（甘宇，2015）。潜变量模型中可以推导出关于 y 的有序响应 Probit 模型。假定潜变量 y^* 是由下式决定：

$$y^* = X\beta + \varepsilon \qquad (1)$$

在（1）式中，y 为被解释变量，在 [5, 4, 3, 2, 1] 上取值；X 为表 13-1 中所列的表示返乡农民工家庭创业收入水平、个人特征、人力资本存量、家庭禀赋、区域禀赋和政策环境；β 为 X 的系数，是待估计参数；ε 则表示残差项，ε 对变量 X 的条件分布假设为标准正态分布，即 $\varepsilon \mid X \sim Normal(0, 1)$。

设 $\alpha_1 < \alpha_2 < \alpha_3 < \alpha_4$ 为阈值，并有：

$y = 1$，如果 $y^* \leq \alpha_1$

$y = 2$，如果 $\alpha_1 \leq y^* \leq \alpha_2$

$y = 3$，如果 $\alpha_2 \leq y^* \leq \alpha_3$

$y = 4$，如果 $\alpha_3 \leq y^* \leq \alpha_4$

$y = 5$，如果 $y^* \geq \alpha_4$

那么通过下面的式子就可以计算出 y 对 X 的条件概率：

$$pr(y = 1 \mid X) = pr(y^* \leq \alpha_1 \mid X)$$
$$= pr(X\beta + \varepsilon \leq \alpha_1 \mid X) = \varphi(\alpha_1 - X\beta)$$
$$pr(y = 2 \mid X) = pr(\alpha_1 \leq y^* \leq \alpha_2 \mid X)$$
$$= \varphi(\alpha_2 - X\beta) - \varphi(\alpha_1 - X\beta)$$
$$pr(y = 3 \mid X) = pr(\alpha_2 \leq y^* \leq \alpha_3 \mid X)$$
$$= \varphi(\alpha_3 - X\beta) - \varphi(\alpha_2 - X\beta)$$
$$pr(y = 4 \mid X) = pr(\alpha_3 \leq y^* \leq \alpha_4 \mid X)$$
$$= \varphi(\alpha_4 - X\beta) - \varphi(\alpha_3 - X\beta)$$
$$pr(y = 5 \mid X) = pr(y^* \geq \alpha_4 \mid X)$$
$$= 1 - \varphi(\alpha_4 - X\beta) \qquad (2)$$

系数 β 和阈值 α_1、α_2、α_3 和 α_4 可以使用极大似然方法估计出

来。对于系数 β，可以使用通常的 t 检验来检验其显著性水平。

使用 STATA12.0 软件的 oprobit 回归对上述模型进行估计，结果如表 13-2 所示。

二 回归结果分析

第一步，我们首先观察家庭创业收入水平及其与正规金融融资便利程度虚拟变量、非正规金融融资便利程度虚拟变量交互项的估计结果。从表 13-2 所呈现的估计结果可以看出，模型（1）中家庭创业收入水平系数符号为正，而且在 1% 的水平上呈现出统计显著性，这表明，在返乡农民工创业活动中，家庭创业收入水平越高，创业满意度越高，也即其对创业活动中的自我肯定程度越高。

表 13-2　　　　　　　基于 Probit 模型的回归结果

variable	(1)	(2)	(3)
x_1	0.718 *** (6.30)	0.600 *** (4.50)	0.571 *** (4.16)
$x_1 * z_1$	—	0.038 * (1.67)	—
$x_1 * z_2$	—	—	0.045 * (1.90)
x_2	-0.243 (-1.63)	-0.240 (-1.61)	-0.244 (-1.64)
x_3	-0.122 (-0.62)	-0.134 (-0.68)	-0.095 (-0.48)
x_4	0.142 * (1.87)	0.134 * (1.77)	0.140 * (1.84)

续表

variable		(1)	(2)	(3)
x_5		0.304***	0.295***	0.304***
		(3.72)	(3.60)	(3.72)
x_6		0.132**	0.133**	0.127**
		(2.17)	(2.18)	(2.08)
x_7		0.551***	0.550***	0.529***
		(5.43)	(5.42)	(5.19)
x_8		0.222**	0.225**	0.223**
		(2.16)	(2.19)	(2.16)
x_9		0.211**	0.208**	0.224***
		(2.55)	(2.50)	(2.69)
x_{10}		0.401***	0.375***	0.381***
		(4.10)	(3.80)	(3.88)
x_{11}		0.140*	0.139	0.147*
		(1.65)	(1.64)	(1.73)
cut1	_cons	3.804***	3.601***	3.673***
		(5.45)	(5.08)	(5.23)
cut2	_cons	5.843***	5.638***	5.709***
		(8.56)	(8.13)	(8.32)
cut3	_cons	7.590***	7.389***	7.463***
		(10.83)	(10.39)	(10.61)
cut4	_cons	11.410***	11.223***	11.295***
		(14.87)	(14.47)	(14.67)
N		891	891	891
Pseudo R^2		0.102	0.103	0.103
p		0.000	0.000	0.000

注：*$p<0.1$，**$p<0.05$，***$p<0.01$。

我们观察模型（2）的估计结果，发现家庭创业收入水平与正规金融融资便利程度虚拟变量交互项的系数估计值在10%的水平上正向显著，也即正规金融融资的便利程度越高，其越促进返乡农民工创业满意度的上升。在模型（3）中也得到了类似的估计结果，家庭创业收入水平与非正规金融融资便利程度虚拟变量交互项的系数估计值在10%的水平上正向显著。总之，无论正规渠道还是非正规渠道的融资便利程度，均促进家庭创业收入水平对创业满意度的正向影响作用。

而且，在加入家庭创业收入水平与正规金融融资便利程度虚拟变量交互项之后，家庭创业收入水平的系数估计值从模型（1）中的 0.718 减少到模型（2）中的 0.6，这表明，家庭收入对创业满意度的影响，有一部分可以归因于融资的便利程度提高所引致的家庭创业收入水平的提高。据此，可以得出结论，返乡农民工融资的便利程度，通过促进家庭创业收入水平的提高进而影响其创业满意度的上升。观察表 13 - 2 中的模型（3），融资的便利对提高高收入水平农民工的创业满意度边际效应大约是低收入水平农民工的 13.69 倍[①]。从这个角度上看，"融资便利—收入水平提高—创业满意度上升"这一影响机制获得了验证。

第二步，观察其他控制变量的估计情况。在表 13 - 2 中，返乡农民工的受教育程度和接受过创业培训都对创业满意度有着正向的显著影响。这是因为，返乡农民工个人人力资本的存量越高，其对市场的判断以及创业经营方面能力可能越强，从而在创业过程中获得成功的概率越大。在家庭禀赋中，家庭人口规模与创业场地都对创业满意度具有显著的正向影响。显然禀赋较好的家庭可以最大可能降低创业的潜在阻力，有力支撑创业活动的展开。而在区域禀赋中，地区的交通和信息获取这两个特征都在5%的显著水平上呈现出正向显著。这意味着良好的区域条件可以为返乡农民工的创业活

---

① 融资便利对提高高收入水平农民工创业获得感的边际效应是 0.616（0.571 + 0.045），对于提高低收入水平农民工创业获得感的边际效应是 0.045，前者是后者的 13.69 倍。

动提供较好的创业环境，使其创业满意度获得提高。而在政策环境中，创业支持政策与创业指导政策也都对创业满意度具有正向的显著影响。这是由于良好的政策环境可以为返乡农民工的创业提供指导和保障，降低创业的外部风险，促进地区返乡农民工创业活动的顺利进行，从而提高其创业满意度。

第三节　本章小结

本章使用 891 个三峡库区返乡创业农民工的数据，实证分析创业收入对创业满意度的影响，并阐述了"融资便利—收入水平提高—创业满意度上升"的影响机制，结论如下：首先，返乡创业农民工的收入水平显著提高创业满意度；其次，无论正规融资渠道还是非正规融资渠道，都通过提高返乡农民工的创业收入进而提升其创业满意度。因此，地方政府一方面应出台并完善促进返乡农民工创业成功的政策，增加农村地区的公共服务设施的供给，降低返乡农民工创业的环境成本，保障其收入水平的稳步提高；另一方面应该采取各种措施，降低农村地区金融市场的进入门槛，灵活安排融资担保、抵押方式，着力活跃地区金融氛围，充分满足返乡创业农民工的融资需求，从而提升其创业满意度。

第十四章

基础设施水平与返乡农民工创业绩效

当前,互联网产业蓬勃发展,电子商务、分享经济、远程医疗等新产业、新业态、新模式不断涌现,日益成为创新创业驱动发展的先导力量。以互联网为基础的数字经济解决了信息不对称的问题,不仅使边远山区、脱贫地区的人们借助电子商务平台实现农产品进城,而且能够有效地帮助脱贫地区群众多途径、多方式实现创新创业,增强农村地区的内生动力。网络助力为实现乡村振兴提供了新手段。相较以往农村开发的各种措施,互联网的远程、快捷等特点使其在整合优化社会资源方面具有先天优势,其打破时间和空间的界限,让脱贫地区也可以通过电子商务等方式便捷、低门槛地搭上互联网技术快车。当前我国的脱贫人口主要分布于农村,政府的乡村振兴工作也是在农村,而根据人社部调查发现,平均每名返乡创业者大概能带动4名左右新的就业者[①],而增加就业是最有效最直接的乡村振兴方式。因而对互联网在提高返乡农民工创业收入的作用进行客观评价,并据此展开更深入的讨论和分析,进而给出系统的对策建议,有利于实现脱贫攻坚成果的巩固与乡村振兴的衔接,最终促进农村地区经济健康有序发展。

---

① 《人社部:多措并举支持农民工等人员返乡下乡创业》(http://www.gov.cn/guowuyuan/2018-01/20/content_5258678.htm)。

第一节 变量选取及其相关性

一 变量选取

根据研究的目的，结合调查所获得的样本数据，我们选择以下变量进行回归分析（见表14-1）。

表14-1　　　　　　　　　　描述性统计

	variable	mean	sd	min	p50	max
y	收入水平	2.65	0.95	0	2.64	5.3
x_1	是否高度利用互联网资源	2.12	0.76	1	2	3
x_2	有没有亲戚从政或者经商	2.05	0.76	1	2	3
x_3	库区位置	1.01	0.66	0	1	2
x_4	年龄	3.66	0.22	3.04	3.71	4.13
x_5	性别	0.70	0.46	0	1	1
x_6	婚姻状况	0.84	0.37	0	1	1
x_7	受教育程度	2.37	0.93	1	2	4
x_8	是否接受过创业培训	1.73	0.89	1	1	3
x_9	外出务工时长	7.72	5.34	1	6	25
x_{10}	家庭总人口	4.04	1.13	2	4	7
x_{11}	家庭负担比	0.54	0.45	0	0.5	2
x_{12}	是否有合适的场地	2.39	0.68	1	3	3

(一) 家庭年收入水平

家庭年收入水平作为家庭当中经济状况最直接的反映,我们将其纳入分析框架,并将其定义为本章的被解释变量。对比传统的农业收入,创业收入受到自然因素冲击的概率较低。为了降低潜在的异方差影响回归,在讨论的过程中我们对家庭的年收入水平这一被解释变量进行了取对数处理。

(二) 利用互联网资源的频率

返乡创业农民工对互联网的使用频率是本章的主要解释变量。为了与家庭日常生活的互联网使用进行区分,我们在问卷中使用"您在生产或经营中是否高度利用互联网资源"问项进行信息采集,在对数据处理环节,我们对勾选"经常用"赋值为3,"偶尔用"赋值为2,"不用"则赋值为1。

(三) 社会资本

由于本书所讨论的话题为创业,因此在研究中纳入了是否有亲戚从政或经商作为社会资本代理变量。作为人类实现生计策略所利用的社会资源及社会网络的质量与数量,社会资本一方面可以在创业企业起步阶段向其提供必要的资源和相关创业信息(Watson, 2007; Lans et al., 2008; Hansen, 2011),另一方面又让其学习并模仿,从而提高其市场竞争能力(Ozgen & Baron, 2007)。近年国内一些文献(朱红根、解春艳,2012;郭红东、丁高洁,2013)获得了相似的结论。在三峡库区的农村社会中,返乡农民工的家庭重要外部关系从政或经商,直接能够影响家庭在农村社会中的地位,在资源获得、创业收益等方面均可能有较大的正向影响。

(四) 区位条件

由于三峡库区地形地貌的特殊性,各区域建设基础设施的成本存在较大的差别,因此其基础设施的建设力度难以统一,经济发展受到的制约程度存在较大差异。根据《三峡库区近、中期农业和农村经济发展总体规划》的划分标准，三峡库区中的库尾地区与库腹地区约占库区总面积的85%，且均位于重庆市境内，在体制及管理等政策上几乎一致。为了比较上的方便，我们着重对库尾与库腹进行了比较，并将库腹地区赋值为2，库尾地区赋值为1。

（五）个人特征

在本章中，返乡创业农民工的年龄、性别和他们的婚姻状况都被纳入研究的框架当中。对于一般人而言，年龄越大，对风险的认知越明确，因而在创业活动中可能更倾向于选择自己较为擅长以及熟悉的行业进行创业，对创业资源的获取也更为便利，因此其创业的收入可能更高。为了提高回归结果的稳健性，在讨论当中，我们对年龄这一变量进行取对数处理。在性别方面，面对创业活动中潜在的压力，男性的承受能力可能更强于女性，其收入水平有可能更高。而对于婚姻状况，稳定的家庭生活是影响创业活动的重要因素。为了准确地评估婚姻状况对创业活动的影响程度，我们对返乡农民工的婚姻信息进行了处理，将从未结婚、丧偶或离异定义为"无配偶"，赋值为0，将初婚、再婚或者同居状态合并到"有配偶"选项，赋值为1。

（六）人力资本存量

企业家的人力资本有可能对其创业效果产生影响。企业家受教育程度不一定能够代表他们全部的才能，但这一变量对其商业技能的掌握和发挥可能有潜在的影响力。Paulson 和 Townsend（2004）在他们的文献中就指出，受教育程度对企业家才能有显著的正向促进作用。为了便于比较，我们对受教育程度进行赋值，对大专及以上赋值为4，高中、中专、职高赋值为3，初中赋值为2，小学及以下赋值为1。作为学历教育的补充，创业培训是返乡农民工人力资本积累的另一个重要途径。此外，样本对象外出务工的时长有可能对家庭收入水平存在影响。农民工在外务工时长越长，意味着其在家乡人脉和市场信息等各方面积累较少，创业心理成本较高。另外，务工时间越久，更趋于被动返乡创业，与主动返乡创业相比较，竞争力趋弱，难以实现家庭收入水平的提高。

（七）家庭禀赋

家庭禀赋主要纳入了家庭总人口数量、家庭负担比率以及家庭占有的创业场地等三个变量。家庭总人口数量可以充分反映家庭创业活动中可供支配的潜在劳动力规模。而家庭负担比率在本章中则定义为家庭之中在校生的人数与家庭劳动力人口之间的比率。一般情况下，在校学生人数越多，意味着家庭潜在的经济压力越大；相对而言，家庭的劳动力越多，那么家庭的收入越稳定。对于返乡农民工而言，占有合适的创业场地，可以在很大程度上降低他们创业的成本和压力，从而对他们创业收入具有正向影响。

二 相关性分析

为保证回归结果的稳健性，我们对自变量的多重共线性进行了检验。通过表 14-2 中的相关系数矩阵明显可以发现，在全部变量中，最大值为 0.288，远远小于 0.8，意味着我们所遴选的自变量之间多重共线性问题对回归结果的影响较弱，可以忽略不计。

表 14-2 相关性分析

	y	x_1	x_2	x_3	x_4	x_5	x_6	x_7	x_8	x_9	x_{10}	x_{11}	x_{12}
y	1												
x_1	0.288***	1											
x_2	0.228***	0.149***	1										
x_3	-0.003	0.062*	0.147***	1									
x_4	0.027	-0.350***	-0.058*	-0.094***	1								
x_5	0.131***	-0.064*	0.042	0.056*	0.134***	1							
x_6	0.029	-0.097***	-0.01	0.028	0.351***	0.094***	1						
x_7	0.112***	0.317***	0.110***	0.013	-0.505***	-0.070**	-0.242***	1					
x_8	0.045	0.165***	0.109***	0.003	-0.021	0.016	-0.086**	0.089***	1				
x_9	-0.072**	-0.158***	-0.091***	0.009	0.398***	0.149***	0.179***	-0.338***	0.024	1			
x_{10}	0.144***	-0.052	0.002	0.138***	0.090***	0.111***	0.223***	-0.054	0.027	0.069**	1		
x_{11}	0.006	-0.045	-0.037	0.017	0.108***	0.066*	0.127***	-0.076**	0.01	0.054	0.155***	1	
x_{12}	0.147***	0.080**	0.079**	0.065*	-0.003	0.108***	-0.048	0.002	0.135***	-0.018	-0.02	-0.018	1

注：*** 表示在1%水平上显著，** 表示在5%水平上显著，* 表示在10%水平上显著。

第二节 模型选择与估计结果

一 模型选择

为最大可能地展现分析结果的可靠性,我们将同时展示在估计过程中所使用的检验和估计方法。由于本部分的被解释变量为连续变量,因此在数据估计的过程中使用最小二乘法(OLS)。在模型中,返乡创业农民工家庭的年度收入水平为本研究中的被解释变量,主要解释变量为互联网使用频度,控制变量为若干人口学特征、人力资本存量、家庭禀赋等。对于家庭收入水平、返乡农民工的年龄这2个变量,我们在估计中使用它们的对数形式。具体回归方程为

$$Y_i = \alpha_0 + \alpha_1 W_i \sum_{k=2}^{N} \alpha_k \chi_i^k + \varepsilon_i \qquad (1)$$

另外家庭社会资本变量和创业所在区域被纳入模型中,作为研究的中介变量。

在上述方程中,Y_i 表示家庭的年收入水平,W_i 表示互联网使用频度,$x_i^k, k = 2\cdots, N$ 表示其他的控制变量,ε_i 则表示随机扰动项。

因为模型可能存在异方差,所以在进行估计之后,我们对数据进行了怀特检验,P值明显大于0.05,接受同方差的原假设,即OLS是BLUE的。

二 互联网使用对家庭创业收入影响的分析

表14-3列出了(1)式的估计结果。在模型(1)中,引入了创业过程中互联网使用频率变量,模型(2)—(3)则在模型(1)的基础上,分别引入了互联网使用频率变量与家庭社会资本变量、库区位置虚拟变量的交互项,以观察家庭社会资本存量差异是

否影响互联网使用对家庭收入的作用,以及揭示互联网使用对家庭收入影响的区域差异。

表 14-3　　互联网使用对家庭创业收入影响

	r_1	r_2	r_3
x_1	0.398*** (9.40)	0.182*** (3.18)	0.417*** (8.80)
$z_1\ (x_1*x_2)$	—	0.095*** (5.53)	—
$z_2\ (x_1*x_3)$	—	—	-0.018 (-0.87)
x_4	0.109*** (3.58)	0.104*** (3.45)	0.110*** (3.59)
x_4*x_4	-0.001*** (-2.95)	-0.001*** (-2.83)	-0.001*** (-2.97)
x_5	0.253*** (3.86)	0.248*** (3.84)	0.256*** (3.90)
x_6	-0.073 (-0.81)	-0.082 (-0.92)	-0.071 (-0.78)
x_7	0.098** (2.58)	0.087** (2.32)	0.097** (2.56)
x_8	-0.034 (-1.00)	-0.045 (-1.35)	-0.035 (-1.02)
x_9	-0.016*** (-2.61)	-0.014** (-2.24)	-0.016*** (-2.59)
x_{10}	0.127*** (4.73)	0.126*** (4.74)	0.130*** (4.80)
x_{11}	-0.080 (-1.15)	-0.063 (-0.92)	-0.083 (-1.19)
x_{12}	0.157*** (3.61)	0.147*** (3.42)	0.160*** (3.66)

续表

	r_1	r_2	r_3
_cons	-1.710*** (-2.76)	-1.493** (-2.44)	-1.727*** (-2.78)
N	890	890	890
Adj R^2	0.161	0.188	0.161
p	0.000	0.000	0.000

注：*$p<0.1$，**$p<0.05$，***$p<0.01$。

我们先对互联网使用频率变量及其与家庭社会资本变量、库区位置虚拟变量的交互项的估计结果进行分析。模型（1）中，互联网使用频率变量的系数估计值在1%的水平上具有统计上的显著性，而且符号为正，这表明返乡农民工在创业过程中，使用互联网频率越高，其家庭收入水平获得提高的可能性越大。换而言之，在返乡农民工创业过程中，其生产或经营中利用互联网资源，可以为其经营活动突破地理界限，克服由于库区自然环境和交通等基础设施不足的制约，提高家庭收入水平。在模型（2）中，互联网使用频率变量与家庭社会资本变量的交互项呈现正向显著，表明家庭社会资本存量差异影响互联网使用对家庭收入的作用。进一步观察可以发现，在加入互联网使用频率变量及其与家庭社会资本变量的交互项后，互联网使用频率变量的系数估计值从模型（1）中的0.398减小到模型（2）中的0.182。这充分说明互联网的使用对返乡创业农民工家庭收入的影响大部分可以归因于家庭社会资本对家庭收入的促进作用。在模型（3）中，互联网使用频率变量的系数估计值在1%的水平上正向显著仍然保持不变，但互联网使用频率变量与库区位置虚拟变量的交互项却没有显示统计显著性，互联网使用对家庭收入影响存在区域差异的可能性仍需要进一步分析并验证。

对表 14-3 中的其他变量的估计结果进行观察后可以看出，虽然年龄为正向显著影响，但其平方项则呈现出负向显著，这表明，年龄对创业收入的影响存在倒"U"形效应，也即创业需要一定的年资，但超过一定的年纪之后，其影响力将出现衰退迹象。另外，样本对象的个人特征如性别、受教育程度以及其家庭特征如人口规模以及创业场地的占有等都对创业收入有着显著的正向影响。显而易见，男性的返乡农民工由于有着较好的承压能力，因而有更大概率获得较高的创业收入；而受教育程度较高的返乡农民工因为具备较优的创业才能，所以能获得更大的创业收益；家庭人口数量越多，为创业活动的顺利开展提供的潜在劳动力越多，所获得的收入越高；家庭中有合适的场地供创业所需，将很大程度上减轻创业上的障碍，为收入水平提高奠定基础。

三 区域网络设施建设水平差异下互联网使用对创业收入的影响

在库区内，由于各地电力供给、网络等基础设施建设水平存在差异，这种客观因素可能引致互联网使用频率存在不同，对库区返乡农民工创业的收入影响有可能存在差异。我们按照样本对象反馈的信息，根据所在区域互联网使用的便利程度进行分组。

在表 14-4 中可以发现，无论上网是否便利，互联网使用频率变量均对返乡创业农民工的家庭收入存在显著的正向促进作用。互联网使用频率变量与家庭社会资本变量的交互项系数估计值在上网不便地区没有统计显著性，但在上网便利地区则保持在 1% 的水平上正向显著。这意味着，互联网可用性与返乡农民工的社会资本作用的发挥具有共振效应。互联网便利程度越高，社会资本对家庭收入的促进作用发挥越好。互联网使用频率变量与库区位置虚拟变量的交互项在上网不便地区的系数估计值为负，且在 1% 的水平上具有统计显著性，但在上网便利地区则没有统计显著性。这表明，相对于库腹地区，库尾地区返乡农民工收入对互联网的可用性更敏感。如果互联网的使用存在客观阻碍，库尾地区返乡创业农民工的家庭收入将受到不利影响。从这个角度上看，库尾返乡农民工在创业过程中对互联网使用的依赖性更强。

表 14-4　　　　　按网络基础设施建设状况分组回归结果

	上网不便地区			上网便利地区		
	r_1	r_2	r_3	r_4	r_5	r_6
x_1	0.413 *** (3.45)	0.290 * (1.85)	0.576 *** (4.42)	0.354 *** (7.67)	0.122 ** (1.99)	0.348 *** (6.78)
z_1 ($x_1 * x_2$)	—	0.062 (1.22)	—	—	0.100 *** (5.66)	—
z_2 ($x_1 * x_3$)	—	—	-0.174 *** (-2.87)	—	—	0.006 (0.28)
x_4	0.170 *** (2.76)	0.169 *** (2.75)	0.172 *** (2.87)	0.071 * (1.91)	0.064 * (1.77)	0.071 * (1.90)
$x_4 * x_4$	-0.002 ** (-2.35)	-0.002 ** (-2.34)	-0.002 ** (-2.49)	-0.001 (-1.45)	-0.001 (-1.34)	-0.001 (-1.44)
x_5	0.290 (1.63)	0.281 (1.58)	0.286 (1.64)	0.266 *** (3.82)	0.264 *** (3.87)	0.264 *** (3.79)
x_6	-0.159 (-0.80)	-0.170 (-0.85)	-0.181 (-0.92)	-0.056 (-0.54)	-0.063 (-0.62)	-0.058 (-0.56)
x_7	0.104 (1.10)	0.082 (0.85)	0.124 (1.33)	0.086 ** (2.09)	0.080 ** (1.97)	0.087 ** (2.10)
x_8	-0.139 (-1.61)	-0.148 * (-1.71)	-0.162 * (-1.90)	0.003 (0.08)	-0.010 (-0.28)	0.003 (0.08)
x_9	-0.010 (-0.77)	-0.009 (-0.64)	-0.006 (-0.47)	-0.015 ** (-2.23)	-0.013 * (-1.91)	-0.015 ** (-2.23)
x_{10}	0.152 ** (2.41)	0.156 ** (2.48)	0.198 *** (3.10)	0.113 *** (3.80)	0.109 *** (3.74)	0.112 *** (3.76)

续表

	上网不便地区			上网便利地区		
	r_1	r_2	r_3	r_4	r_5	r_6
x_{11}	-0.315*	-0.298	-0.387**	-0.011	0.009	-0.010
	(-1.73)	(-1.64)	(-2.15)	(-0.14)	(0.12)	(-0.14)
x_{12}	0.214*	0.214*	0.213*	0.159***	0.145***	0.158***
	(1.79)	(1.80)	(1.82)	(3.40)	(3.16)	(3.37)
_cons	-3.176**	-3.115**	-3.305***	-0.808	-0.560	-0.802
	(-2.48)	(-2.43)	(-2.63)	(-1.09)	(-0.77)	(-1.08)
N	184	184	184	706	706	706
Adj R^2	0.131	0.134	0.167	0.147	0.184	0.146
p	0.000	0.000	0.000	0.000	0.000	0.000

注：$^* p < 0.1$，$^{**} p < 0.05$，$^{***} p < 0.01$。

第三节 本章小结

综合前述研究，互联网的使用对返乡创业农民工的家庭收入有着非常重要的促进作用。返乡农民工在创业过程中使用互联网频率越高，其家庭收入越高的概率越大。"互联网+"随时随地互联互通，不仅为返乡农民工创业提供新的机遇与平台，而且大大促进了市场资源等各类信息的有效传输，解决了各种信息不对称问题，完全突破过去传统市场的束缚，使创业活动能够低成本、高效率地实现产品推广和市场拓展。家庭社会资本存量差异影响互联网使用对家庭收入的作用，社会资本作为内嵌在个人社会关系网络中的一种资源，其资源属性通过互联网获得强化和扩展。家庭社会资本存量与互联网使用形成共振效应，促进返乡农民工家庭收入增长，互联网使用频率越高越便利，社会资本的存量越多，返乡创业农民工家庭收入水平将越高。相对于库腹地区，库尾地区返乡农民工收入对互联网的可用性更敏感，库尾返乡农民工在创业过程中对互联网使用的依赖性更强。在三峡库区内,库尾地区与直辖市重庆紧密相连,网络基础设施建设水平比库腹地区高,这种客观因素引致地方创业活动获得互联网使用机会存在差异,从而对库区返乡农民工创业的收入影响存在差异。

第十五章

研究结论及政策建议

第一节 研究结论

三峡库区作为一个独特的地理单元,形成"五位一体"的独特体系和复合巨系统,其具有高行政级别的政治独特性、典型的空间区域二元结构的经济独特性、地区安稳致富问题复杂的社会独特性、生态系统功能复合交叉和融合集中的环境独特性与多个地理单元交接的地理独特性。基于可持续生计视角,以三峡库区独特地理单元为载体,系统研究三峡库区返乡农民工创业,在丰富和发展创业理论和促进交叉学科构建新研究范式的同时,能够为环境脆弱地区的生态环境保护和经济社会发展以及地区可持续发展提供有益经验。

一 返乡农民工对创业持积极态度

在返乡农民工创业准备方面,农民工个人的务工经历对创业业态选择以及创业活动的开展有着非常重要的作用。他们之中大部分认为创业存在较大风险,虽然一大半以上是个人创业,但大多数人在创业前都有初步的创业计划。而且表明自己是主动创业的农民工接近五成,明确表示自己已经取得创业成功的则占四成以上。个人对市场判断能力的高低是决定他们创业成败的关键因素。这个调查结果表明，农民工个人的经历和能力特别是对市场的判断能力对他们的创业活动非常重要，创业农民工对创业风险的认知相对客观，并且也做了相应的创业的准备，样本区域内返乡农民工对创业的外部环境和创业中潜在的风险认知较为客观，他们的创业主观积极性正逐渐被激发。

二　创业外部环境支持乏力

（一）政策支持有待提高

在农民工获得的创业支持方面，有三分之一返乡农民工表示他们获得过政府创业补贴。接近六成的返乡创业农民工表示能够在本地寻求到经营生产的技术支持。接近三成的样本对象表示在创业过程中所面临的最大困难在于缺少资金。这意味着，三峡库区内的创业活动虽然获得政府政策的大力支持，但受各方面因素影响，返乡农民工创业融资方面仍然是一个难以突破的关键点。

（二）生态支持十分困难

在生态环境方面，由于三峡库区地形地貌特点，山高谷深，生态环境十分脆弱、自然灾害威胁大，水土流失严重，库区水体保护压力巨大。同时由于农地资源匮乏，叠加人口超载严重，人口密度高，人多地少，人地矛盾十分尖锐，生态脆弱与资源开发存在非常大的冲突。有三分之一的返乡农民工的创业项目不同程度地受到自然环境的影响。有16.2%的受访者表示他们的创业项目受到滑坡、崩塌、库岸坍岸、边坡失稳等地质灾害的影响。这表明，三峡库区的返乡农民工创业面临的外部生态环境非常恶劣，受区域生态条件制约，创业业态选择面很窄。

（三）经济底子薄弱支撑力量不足

在区域经济发展水平方面，三峡库区第二产业比重超过五成，占据主导地位，吸纳就业最强的第三产业占比长期较大幅度落后于全国平均水平。而在居民收入水平方面，无论城镇居民还是农村居民，他们的可支配收入均长期低于全国平均水平。这表明，三峡库区经济发展水平仍然处于较低层级，经济底子薄弱、市场活跃度低、产业结构不合理，则限缩了三峡库区农民工创业的业态选择面。从上述情况来看，三峡库区返乡农民工创业的外部经济环境不佳，他们获取区域经济支持的难度较大。

三 返乡农民工生计资本作用各异

（一）人力资本水平较低

在人力资本方面，大部分库区返乡创业农民工的受教育程度较低，四成以上接受过创业培训，外出务工时长三年以上占大多数。这表明，三峡库区返乡创业农民工的自身初始人力资本较低，但是他们大部分通过了干中学和培训等方式实现自身人力资本的提升。外出务工作为人力资本积累的重要途径，对创业收入影响较为明显，并且其在一定程度上弱化返乡农民工受教育程度差异所引致的收入差异。进一步通过是否接受过创业培训进行分组讨论发现，人力资本积累对创业收入的影响存在近因效应，样本对象受教育程度对创业收入的影响力随其务工时长的增加而衰减。

（二）社会资本影响较大

社会资本作为在社会网络中可以动员的社会资源，可以为创业活动提供情感、信息和资源上的支持，增强返乡农民工创业成功率。在社会资本方面，有接近一成的返乡农民工有担任村干部的经历，超过八成的创业者表示自己身边有创业成功的人，超过七成的返乡农民工表示自己有在当地社会及政府地位较高的亲属。这意味着三峡库区返乡农民工的创业活动对他们的社会资本存量有着较强的依赖性，社会资本存量越高，创业的阻力越小，选择面越广。

（三）金融资本尤其不足

在金融资本方面，返乡农民工所进行的创业活动初投资金集中于1万—10万元之间，属于小额资本创业。超过一半以上的农民工表示难以从正规渠道实现创业融资，超过四成甚至表示其他非正规渠道融资也比较困难。这表明，三峡库区内的返乡农民工在进行创业活动时，遭遇较强的融资约束，导致他们创业主要依赖自己的储蓄进行创业，难以扩大规模。

（四）自然资本欠缺

在自然资本方面，有合适的创业场地对返乡农民工创业的成败具有决定性作用。接近九成的返乡农民工表示自己有创业场地，但在这其中有接近四成表示创业场地不足。显然，三峡库区内的自然条件较差，难以为返乡农民工的创业活动提供适当的创业场地。

（五）物质资本保障乏力

在物质资本方面，交通便利以及互联网的便捷使用，对返乡农民工的创业具有非常重要的促进作用。有超过20%的样本对象认为本地的交通运输不便利，超过四分之三的返乡创业农民工表示他们的产品或服务主要在本地完成销售。而对于用水和用电便利程度上，均有超过10%的样本对象持否定的态度。对于网络和无线通信，也有超过20%的样本对象对这两项指标不满意，直接导致接近一半的样本对象认为本地获取市场信息便利程度不高。这表明，三峡库区内的基础设施建设水平对农民工返乡创业活动存在制约，仍然有待提高。

四 返乡农民工创业业态选择受到较严重的制约

（一）返乡农民工创业业态选择范围有限

在业态的具体方式上，创业行业与自己务工行业匹配的返乡农民工创业绩效更好。相对于合伙创业，独立创业显著提高返乡农民工创业的绩效。独立创业的返乡农民工为了获得更高的创业绩效，选择低门槛的业态进行创业。在返乡农民工创业所选业态中，频数最高的四类业态分别为"餐饮住宿业""批发和零售业""农林牧渔业"和"居民服务、修理和其他服务业"，其创业频数分别为212、191、187和91，均明显高于其他业态，这四类业态的频数总和占样本总数的75.17%，也即大部分返乡农民工选择这四类业态进行创业。在这其中，选择"农林牧渔业"的返乡创业农民工大部分文化程度较低，但他们之中有47.25%的受访者表示接受过培训。这一业态对社会资本的依赖程度比其他业态高。正由于他们有着较好的社会网络，他们的创业场地得到了较好的保障。但是选择"农林牧渔业"业态的创业区域的基础设施条件比其他业态稍差。返乡创业农民工融资普遍十分困难，与所选创业业态的差异关系不大。

（二）返乡农民工创业受其生计资本存量制约

在通过建立创业主导影响因素评价优化模型，采用曲线投影寻踪动态聚类评价方法对返乡农民工创业主导影响因素进行识别后，发现担任村干部、创业初始投入资金、从银行贷款难易程度、创业场地的满足程度、创业计划受自然环境影响程度、本地交通运输方便程度、经营生产用水方便程度这七个指标对创业的影响较大。这个分析结果表明，在三峡库区的返乡农民工创业业态选择决策中，担任村干部能为创业活动的开展提供较好的外部环境，可以在很大程度上满足相应业态的资源诉求；可供投入的初始资金的多寡，直接约束了可供返乡农民工选择的具体业态范围；顺畅的正规融资渠道，则具有弥补创业资金不足的作用；合适的创业场地是创业活动顺利开展的必要基础条件；外部自然环境对三峡库区的返乡农民工创业的影响尤其严重，恶劣的自然环境限缩了创业业态的具体选择；公共交通基础设施建设水平是制约返乡农民工创业的重要因素，影响着其创业成本和创业风险；经营生产用水则对返乡农民工选择涉农产业等业态形成制约。

(三)返乡农民工创业业态选择受制原因各有差异

本章以返乡农民工在库区中创业所选择的频数最高的"餐饮住宿业""批发零售业""农林牧渔业""居民消费服务业"和"现代工业企业和建筑建材"五类业态作为因变量,以返乡农民工的生计资本作为自变量进行回归,发现以下几个方面。

第一,在人力资本方面,在表中可以发现,初始受教育程度较高的返乡农民工,更愿意在餐饮住宿、批发零售、消费性服务以及现代工业企业和建筑建材等领域进行创业,而不愿意继续从事与大农业相关的行业。受教育程度较高的返乡农民工所愿意从事的业态的顺序为:居民消费服务业＞批发零售业＞现代工业企业和建筑建材＞餐饮住宿＞农林牧渔业。但是,接受过创业培训的返乡农民工,相对于其他四类创业领域,其反而最愿意选择农林牧渔业。这是一个有意思的发现。受过创业培训的返乡农民工和外出务工时长越长的农民工,除了最愿意从事农林牧渔业活动存在类似之处外,同样最不愿意选择批发零售行业。

第二,在社会资本方面,返乡后有担任村干部经历的农民工,也与外出务工时长越长的农民工一样,更愿意在大农业领域创业。在社会资本中,有近亲属从政和经商的返乡农民工,其最愿意在现代工业企业和建筑建材行业创业。

第三,在自然资本方面,有合适的经营场地的返乡农民工,更愿意在大农业领域创业。受库区自然条件限制较少的返乡农民工,最愿意选择居民消费服务业态进行创业,最不愿意选择在大农业领域创业。

第四,在物质资本方面,交通便利的地方的返乡农民工,相对于在大的农业领域创业,其更愿意选择现代工业企业和建筑建材业态。网络使用方便程度越高的返乡农民工也更愿意选择居民消费服务业态进行创业。

五　外部环境对返乡农民工的创业支持作用可期

在创业氛围方面，创业榜样的存在显著提高了返乡农民工的创业绩效。创业榜样影响农民工返乡创业绩效的机制在于创业榜样能提高返乡创业农民工的创业能力，而创业能力的提升能显著改善创业绩效。创业培训在创业榜样与返乡农民工创业绩效之间存在负向调节作用，即创业培训质量越高，无创业榜样与有创业榜样的创业者之间的绩效差异将趋于缩小。

在政策环境方面，通过对"政策支持—创业效果—创业信心"这一作用机制的验证后发现以下两点。第一，随着政策支持水平的逐步提高，返乡农民工的社会资本对其创业的成功率的影响力趋于降低。政府对返乡农民工创业的政策支持缓解了社会资本差异所引致的不公平现象的发生，机会人人平等、公平参与创业的情境正在逐步实现。同时，社会资本对家庭创业效果的影响具有区域差异，其对提高库首的返乡农民工创业成功率的影响程度最高，库腹次之，库尾最低。第二，政府政策支持水平越高、越符合创业者的诉求，返乡创业农民工的创业信心越高涨。而且我们还发现，政策支持是通过提高返乡农民工的创业成功率，进而正向激励他们的创业信心。

第二节　生态约束背景下促进三峡库区返乡农民工创业的对策

一　强化对返乡农民工新技术的培训及指导

三峡库区受自然生态环境、历史原因等因素的影响，乡村人口受教育程度较低，科学文化素质相对较低，导致返乡农民工对新技术、新发展理念等的学习接受过程缓慢。区域社会经济发展落后，库首和库腹区域教育发展水平，包括中学、高等学校入学率不但低于东部沿海地区，也低于同一区域内的库尾地区，导致区域人口科学文化技术水平较低。

针对三峡库区返乡农民工受教育水平低，创业实践过程及乡村新经济发展过程中存在的问题，有针对性地让返乡农民工掌握新的技术技能，是拓宽三峡库区农民工返乡创业业态选择范围的重要措施。三峡库区农户受教育水平普遍较低，因此加强对他们的职业教育和技能培训是提高他们创业能力的重要措施。通过职业教育和技能培训，使三峡库区返乡农民工掌握一技之长，不但实现潜在创业者的自我能力提升，而且将区域内大量的劳动力转化为区域自我发展的潜在人力资源，从而扩大返乡农民工创业的基数，同时也将对三峡库区的创业氛围的营造起到重要的推动作用。返乡农民工创业不仅需要有一个良好的外部社会经济环境的支持，更需要他们自身发展能力的提高。而返乡农民工自身综合素质更是对返乡农民工创业发展起着决定性的影响作用。政府要针对本地区经济建设及其配套的相关产业或就业途径，提供相关新技术、新知识的培训讲座等，提高返乡农民工自身的科学文化素质。甚至可以选择少数文化素质较高的创业者，在产业示范地或学校、科研院所等进行集中统一培训，再由学习人员返回后向自己的员工或者其他同业人员传授，并免费提供相关技术资料。使返乡农民工熟练掌握某一种生产新技术、经营管理知识。同时政府利用自身体制优势，吸引专业技术人才到库区创业服务中来，确保返乡农民工的创业过程中及时得到专业的指导。此外，通过农产品的市场化可引入区域外部公司和团体参与，同时本地可根据区域产业发展规划，成立公司、行业协会等，组织专家指导生产，安排专业技术人员传授相关新技术，听取返乡创业农民工建议并帮助返乡农民工解决经营生产中的困难，提高技术转化效率，提高返乡农民工创业的积极性。

二 以政策创新推动返乡农民工业态选择与地区产业规划协同

在未来实施乡村振兴战略中，在加快农业农村制度改革的同时，各级政府要以贯彻国家政策为基础，以科学论证为前提，以满足返乡农民工差异化诉求为目标，基于区位环境特征等实际，大力提高政策支持水平和供给质量，协同提高政策支持与落实的一致性，从土地、税收、财政方面提高政策的有效供给力度，结合行政区域特点实现差异化政策供给，将创业政策支持从"看得见的手"逐渐过渡到"看不见的手"。依托政策与市场的不断契合来营造公平的市场竞争环境，降低返乡农民工自身禀赋特别是家庭社会资本差异引致的创业效率差异，降低非能力因素对返乡农民工创业热情和创业信心的影响。并且，要大力推动政策资源惠及个体禀赋不高的普通创业者，减少返乡农民工创业的经济成本和心理成本，活跃区域创业氛围，促进返乡农民工创业成功率的提高和创业信心的提振。

三峡库区返乡农民工创业受到资源和市场的双重影响，三峡库区乡村创业资源的开发，要充分发挥市场主体作用，遵循乡村农业产业结构调整的市场规律，同时充分利用好市场机制对乡村生产要素的配置手段。但在三峡库区乡村经济发展落后、返乡农民工自身受教育程度较低，因此需要政府牵头，通过规划引导与管理，抓好信息服务，及时提供市场信息，建设相应的市场平台，做好产业生产技术培训和服务，合理引导返乡农民工根据自身特点和市场需求选择合适的业态。另外，摆脱投资规模驱动的传统发展模式、大胆进行政策创新，如科技政策创新、产业政策创新、财税金融政策创新、贸易和教育政策创新等，如促进传统产业的转型发展和升级换代、把创新政策融入各项政策中去，实现三峡库区返乡农民工创业水平与区域自我发展能力的提高。

三 激发农村金融活力，提高返乡创业农民工融资便利程度

首先，应当进一步促进农村金融体系的完善。在创业较为集中的县域，应当提高金融覆盖率，通过政策引导、在合理合法的范围内适度降低金融市场的进入门槛，在当地提高村镇银行等金融机构的覆盖率。其次，农村创业企业具有其自身特征，应针对性地落实完善创业担保贷款政策。通过设置返乡农民工创业征信保障基金，进一步拓展融资渠道，在风险可控的前提下，采取多种联合担保模式，灵活安排融资担保、抵押方式，缓解返乡农民工创业的融资约束，稳步助力返乡农民工扩大创业规模，增强其市场灵活性和竞争力。通过承包土地经营权、农民住房财产权抵押贷款试点，进一步探索农村有效抵押物范围，完善违约处置安排等。适当提高对于返乡创业企业贷款不良率容忍度，政策上对于农村金融给予重点支持。最后，建立健全信用机制。进一步探索返乡农民工信用贷款机制，例如通过建立信息共享机制、信用乡村和信用园区推荐免担保机制，拓宽返乡创业农民工的融资渠道。同时，推广可行性较大的创新融资模式，例如"政府+银行+保险"的模式，着力活跃地区金融氛围，充分满足返乡创业农民工的融资需求。

四 建设完善三峡库区基础设施，改善库区发展基本条件

三峡库区由于建设资金投入长期不足，农村交通等基础设施不完善，阻碍了返乡农民工创业的发展。区域落后的社会经济发展水平，导致财政收入少，农村获得的交通、电力、通信、水利等方面的基础设施投入常年不足。因此需要大力完善返乡农民工创业集中区域的电、交通、物流、通信、宽带网络等基础设施。在不违反法律和政策的前提下，根据本地实际对返乡农民工的创业企业适当放

宽用电及用地标准，从而降低其创业的经营成本和经营风险，夯实三峡库区返乡农民工创业可持续发展的基础。

交通及区位条件的优劣对促进区域发展具有重要的作用，良好的交通条件可以有效地降低各类生产活动的生产成本及时间成本，提高各类生产要素的效率。同时良好的区位条件，如紧邻消费市场及生产基地，可以更好地降低返乡农民工创业过程中的生产成本，提高他们商品的市场竞争力。三峡库区中大部分地区位于区位及交通条件相对较差的山地地区，交通及区位等条件严重限制了其发展，因此以交通为主的基础设施建设亟待加强，改善三峡库区的交通条件，促进区域发展，从而带动返乡农民工创业活动的有序开展，降低他们对环境资源的依赖，实现生态保护、区域经济及创业活动的协调发展。

如三峡库区的部分中小型城市，城郊一般以满足城市需求的花卉、禽蛋、水果及蔬菜的种植为主，该部分商品多属于时鲜食品，需要便捷的交通运输条件，并及时生产销售，如奉节县的柑橘生产基地和巫山的脆李，但实际调研中发现奉节和巫山的大部分地区进入重庆市区的交通十分不便，非常不利于产品的运输。

同时，随着城市的发展，城市对周边乡村产生了一定的辐射作用，良好的交通条件是乡村承接相关产业转移，发展创业经济的重要基础。三峡库区由于地形地貌崎岖破碎，各城市、乡镇的交通通达性相对东部地区存在较大差距，而且建设成本远高于东部地区。相对落后的经济发展水平，导致财政收入相对不足，而交通等基础设施建设方面需要大量的资金投入，交通条件难以改善，而交通条件又限制了经济发展，导致一个恶性循环，这就需要争取国家支持，对交通区位条件进行改善，增强商品流通，将有效促进与外部市场的贸易，传播新的生产、生活理念及方式，有助于地区居民思想观念的转变，从而为返乡农民工创业活动的开展提供动力。

特别需要指出的是，三峡库区由于特殊的水文地质条件，地表水难以储存，水资源往往也成为限制返乡农民工创业发展的关键因素。同时，社会经济发展水平不高，导致三峡库区的部分水利基础设施长期缺失管理和维护。基于水资源状况现状调查的基础上，应加强水利基础设施投入，保护三峡库区水资源的可持续发展。政府可通过建立水利基础设施建设专项资金，进行水利基础设施的统一规划，使得水利设施适当集中，并要兼顾周边。较大规模的水利设施在选址时优先考虑人口分布相对密集区、经济作物种植集中区，同时兼顾周边分散区域。"三小"水利设施可以作为大规模水利设施的补充。"三小"建设灵活性较高，其投资小、见效快、具有较强的适应性，在三峡库区内各种复杂地形上均能适度修建，田间地头也可见缝插针，能够有效减少灌溉设施的大投入。除了争取国家资金补助、政策支持，还可以采取一些更加灵活的政策措施。例如"三小"水利建设本身施工难度不大，同时较为分散，完全可以采取建造材料由政府统一购买并提供，返乡农民工根据实际需要自行建设，抑或是返乡农民工先自行建设，后经申报由政府再提供补贴等。如此一来，政府负担减少，同时也能加快"三小"水利设施的建造进程，促进其合理布局，为返乡农民工开展涉农产业创业提供有力支持。

五 增加资金和科技投入，发展三峡库区特色产业

三峡库区社会经济发展水平较低，返乡农民工创业业态选择受多重因素限制，尤其是资金及技术方面的限制作用突出。因此，三峡库区返乡农民工创业需要有力的资金和科技投入作为保障。基本思路为以下几个方面。（1）根据三峡库区地形地貌对基础设施建设支出等影响，争取国家在资金支持以及政策方面的倾斜力度，争取国家及地方专项资金支持。三峡库区相关项目的开发主要在启动资

金方面存在较大困难，因此可以依托专项资金的支持首先启动项目的运营，通过项目运营过程中的收入，再反复投入资金逐渐完善项目相关设施，并带动返乡农民工创业。（2）创新资源开发模式，实行混合型股份合作，并制定相应的激励政策。在项目开发中，要充分利用各类形式的资金，鼓励返乡农民工个人多样化入股，如返乡农民工以土地入股、技术入股等，按照投入比重制定相应的利润分配制度，尽可能地吸引各类可利用资金进入相应项目的建设上来，广开渠道，多方筹集建设资金。在政策上对三峡库区创业活动进行倾斜，增加对农民工创业支持的比重，尤其是对农民工创业中的乡村旅游、休闲农业、观光农业的项目加大资助力度。（3）在融资政策方面，通过试点，结合地方实际，进一步强化风险可控、操作性强、受益面广的地方金融政策，总结农村土地经营权抵押贷款的试点经验，落实创业担保贷款政策，尽量降低返乡创业农民工的融资阻力。在财政可承受的情况下，可以考虑采取返乡创业农民工贷款全贴息的方式，鼓励资金流向农村地区返乡农民工的创业领域，提高返乡创业农民工的金融可得性，缓解返乡农民工创业过程中周转资金紧缺的现实问题。

加强科技投入，增加三峡库区农村地区的科技投入力度，尤其是加强对返乡农民工的技术及技能培训、作物新品种等的科技投入。同时，三峡库区返乡农民工创业中涉农产业生产率较低的原因之一，主要是农业生产中作物、牲畜品种老化，农田灌溉等基础设施保障不足，因此结合库区中不同区域的农业生产条件，因地制宜且有针对性地选育适宜于当地气候、土壤的农作物新品种及集中力量改善农田灌溉不足等关键问题，促进农业生产发展，提高劳动生产率。针对农业生产过程增加作物新品种及相配套的栽培管理技术、牲畜新品种及相应的饲养管理技术；中低产田的水利灌溉、土壤质量的改良；农产品、畜牧产品及水产产品的加工技术等投入；

农产品生产资料、销售等网络信息化建设及相关专业型人才的培养，如牲畜、水产养殖、防疫等专业型人才。此外，在高品质有机农业生产体系建设、生态重建模式、恢复技术、资源循环利用技术等方面需要进一步攻关，并及时做好相关研究成果的推广及示范。

对三峡库区具有鲜明地域特色和地理标识性的特色产品重点培育扶植，如柑橘、脐橙产业、基于库区历史文化的生态观光旅游、地域特色食品（如涪陵榨菜、巫山脆李、万州烤鱼等）、绿色有机高品质茶产品等三峡库区特有农牧产品。相关地域以区域特有农牧产品为中心，进行产业化经营，改造升级传统农业生产结构，打造具有地理标识性的特有品牌，促进农村经济的升级转型，而且能够吸收农村剩余劳动力，增加返乡农民工创业收入，从而带动返乡农民工创业发展。

六　提高资源整合能力，实施区域旅游带动战略

三峡库区社会经济发展相对落后，但其具有优美的自然生态环境，厚重的历史文化资源，丰富的植物多样性，是众多优质农产品的主要产区。同时，三峡库区发展的相对落后及交通等条件的限制，使库区中较大部分保留了优美的自然田园风光和淳朴富有特色的乡村文化，可依托各区域资源特色因地制宜地发展相关乡村旅游和观光旅游，带动返乡农民工创业业态多样化发展。三峡库区部分地区旅游资源类似，应避免相邻地区的恶性竞争，重复建设，盲目投入等现象。因此需要根据不同地区的旅游资源在规划方面进行资源整合，实现区域协调发展。有针对性地选择资源集中区，开发优势资源，可以为区域发展带来需要的相应的资金、技术、人口的聚集，并改善区域交通基础设施，有利于发展返乡农民工创业活动，从而更好地吸纳农村剩余劳动力，促进农村产业转型，培植农村新的经济增长点，增加农民收入，驱动区域经济发展。

（1）加大旅游资源的整合开发力度，促进乡村旅游和观光旅游发展向多样化和多功能型转变。需要政府统一协调，将各个地区优势旅游资源和景点进行整合，把自然生态保护、历史文化保护、农业资源开发、农村人居环境改造等与旅游发展相结合，如建设新型旅游度假村、基于农产品资源的旅游商品设计、丰富和壮大单纯以风景观光为主导的单一旅游形式；通过合理设计旅游线路，将生态农业旅游、喀斯特洞穴旅游、历史文化旅游、周末农耕体验度假、乡村—农家乐旅游、地质地貌旅游等多种旅游形式两两或者多项整合，有机融合组成新的旅游线路，以促进旅游发展向多样化和多功能型转变，达到延伸旅游产业、辐射带动相关产业、实现农民工创业业态多样化和区域可持续发展的目的。

（2）加强区域文化旅游专业乡村建设及示范宣传。加强三峡库区的区域特色旅游专业乡村建设，对发展特色文化旅游具有重要的促进作用。首先，引导返乡农民工创业的服务业态逐步向专门发展区域文化旅游经济经营过渡；其次，促进区域文化旅游发展与区域经济发展的协同，形成区域特色模式，提高区域文化旅游的规模效应及竞争力。即在单（多）个农民工创业家庭或乡村区域文化旅游中以主导模式突出，多种经营模式相结合，逐步在区域内形成一定的基于三峡库区农村人居环境改造的区域文化旅游专业旅游区，逐步建设具有一定规模的区域文化旅游专业乡村，有助于形成规模吸引力和特色品牌建设。强调特色发展，改变原有的多而杂、小而全的生产局面，打造具有较高知名度的特色区域文化旅游乡村，进一步起到带头示范作用及品牌宣传作用，为周边乃至区域文化旅游发展，提供示范作用。

（3）适应市场，科学规划。以民族文化旅游、乡村旅游市场为导向，运用市场手段发展基于三峡库区地区文化资源（民居、饮食、服饰、节日等）的文化旅游、乡村旅游、观光旅游，在项目落实前,进行市场调查,摸清市场情况,制定切实可行的战略目标和发展具有市场潜力的产品。在充分调查分析之后,进行科学的规划,对旅游发展地区实行正确的区域定位、功能定位、形象定位。对旅游发展及景区的统一建设,争取以资源集中为原则进行科学规划。在项目的建设上,要科学合理,重点突出,针对资金不足的状况,进行逐次开发,避免一哄而起,盲目建设。特别是对区域文化旅游开发的项目,要同时重视旅游开发与生态保护、返乡农民工创业发展的结合,将旅游开发、生态保护、返乡农民工创业与农村经济结构调整规划结合起来,统一规划,灵活实施。

(4) 统筹管理,提高服务质量。可以以几个相连的乡村或者小流域为单位,成立对应的旅游服务中心,进行分散化服务,但要统一服务标准,提高专业化管理水平。旅游服务中心主要负责规范化管理及服务技术指导,返乡农民工创业实体负责具体运营并提供相应服务。在销售方面,由服务中心负责与区域外旅行社或旅游网站洽谈,利用服务中心的规模效应保障返乡农民工创业收益。此外,应对旅游服务中心引入绩效管理机制,可以将农民工创业收益和旅游中心的收益相挂钩,激励旅游中心提高其工作效率,增强其责任心,真正促进旅游产业的发展。

七 提高涉农生产的组织化经营

三峡库区由于地形地貌的影响,耕地面积少且分散,大面积的连片平坝土地少,这也直接导致农业生产分散,较难形成规模效应。生产率难以提高,商品化的交易成本也居高不下。因此,根据"合理规划,突出特色"的原则,三峡库区可以以各小流域为具体范围,以相近的返乡农民工创业中的涉农产业为基础,发掘其各自特色,统一规划建设专业化农业生产组织,由此改变农民工单家独户创业的格局,增强规模效益。通过引入涉农专业化管理模式,以各小流域为单位成立农业生产团体，由专业化的团队提供发展规划以及技术指导，提高区域内农民工创业实体的生产经营效率。并且通过引入区域外的公司或团体，参与区域内的生产交易，进一步提高返乡创业农民工信息获取的能力，保持其购买生产资料、产品销售等方面的竞争优势，从而保障其获得合理的经济收益。

八　典型示范与辐射带动相结合

三峡库区社会经济发展水平相对较低，返乡农民工生计资本相对不足，尤其是金融资本。返乡农民工在进行创业实践时，有强烈的风险意识。因此，可在三峡库区生态环境和社会经济条件相对较好的地区，多方式多渠道激发能人带动作用，选择若干种不同类型的乡村进行典型创业发展模式的试点建设，达到示范效应。示范模式要求相对简单、易操作，经济效益、社会效益和生态环境效益相对较好，建成示范工程和精品工程，如高效灌溉商品化农业模式、山地经果林—养殖—经济作物种植综合农业模式、山地文化特色区发展模式等。通过不同的精品工程、示范工程起到示范带头引领作用，从而实现以点带面扩大三峡库区返乡农民工创业业态选择的范围，整体推进三峡库区返乡农民工创业水平的提高。

附　录

附录1　调查问卷

尊敬的先生/女士：

您好！为了了解外出务工人员返乡创业情况，我们特组织此次调查，需要耽误您一些时间，希望得到您的支持和协助。

本次调查的每个问题的回答没有对错之分，结果仅作科研用途，无须署名，请根据自己的真实情况，放心作答。

衷心感谢您的配合和支持！

返乡农民工创业研究课题组

请直接在"_____"上填写，或在选项序号下直接打"√"（除了特别提示，本问卷全部为单选题）。

第一部分　个人及家庭情况

101. 您的户籍地：_____区/县_____乡/镇（街道）。
102. 您是哪一年出生的？_____年。
103. 您的性别：
01 男　02 女
104. 您的受教育程度：

01 小学及以下　02 初中　03 高中/高职/中专　04 专科/本科及以上

105. 您目前的婚姻状况：

01 未婚　02 初婚　03 再婚　04 离异　05 丧偶　06 同居

106. 您现在或曾经是否担任村干部？

01 是　02 否

107. 和本地其他人家相比，您家庭经济状况：

01 十分贫穷　02 贫穷　03 一般　04 比较富裕　05 十分富裕

108. 您家庭的去年一年的家庭收入为_____万元；其中，农业收入_____万元，非农业收入_____万元。今年全年大概收入为_____万元。

109. 现在家庭的主要经济来源是？

01 创业带来的收入　02 务农收入　03 打工收入　04 其他_____（请填写）

110. 您家庭的人口数有_____人，其中，可以自己劳动赚钱的有_____人，尚在上学的学生人数有_____人。

111. 您哪一年开始外出务工的？_____年（年份）；您一共在外地打工多少年了？_____年。

112. 您外出务工城市是_____省/自治区/直辖市_____市/县。

113. 您以前外出务工时，主要在哪个行业工作？

01 农林牧渔业　02 采矿业　03 制造业　04 建筑业　05 批发和零售业　06 交通运输、仓储和邮政业　07 住宿和餐饮业　08 信息传输、软件和信息技术服务业　09 租赁和商务服务业　10 居民服务、修理和其他服务业　11 文化、体育和娱乐业　12 其他____

第二部分　对创业的认知和响应

201. 您现在或打算的创业,与您在外地打工的工作内容或见闻是否有关系?

01 有很大关系　02 有一点关系　03 没什么关系

202. 您所选择的创业形式是什么?

01 自己创业　02 与其他人合伙创业　03 投资入股　04 合作社创业

203. 您创业前是否有详细的计划?

01 没什么计划,走一步算一步　02 有一些计划,但不是很详细　03 有详细计划

204. 创业之前,家庭的主要经济来源是?

01 务农收入　02 打工收入　03 其他_____（请填写）

205. 您认为创业的风险大不大?

01 很大　02 比较大　03 一般　04 比较小　05 很小

206. 目前您的创业状况?

01 我曾经创业　02 我正在创业　03 我正打算创业（跳至2231—2232）

207. 您认为您的创业成功了吗?

01 我成功了（回答2081—2082）　02 说不清（跳至209）　03 我失败了（跳至2083—2084）

208.1 您下一步的打算是?（在207题中回答"我成功了"）

01 总结经验,扩大生产　02 暂时不动,维持现状

208.2 您认为现在创业成功的最重要因素在于?（在207题中回答"我成功了"）（跳至209）

01 政府部门政策扶持　02 资金有保障　03 对市场发展的判断准确　04 自己的管理恰当　05 我对本地的资源优势使用得当（如本地的风景好,我就从事旅游）　06 本地的交通通信等基础设施

好　07 自己有技能　08 亲戚朋友支持我创业　09 其他_____（请填写）

208.3 您下一步的打算是？（在207题中回答"我失败了"）

01 总结教训，再创业　02 再出去打工　03 暂时歇一歇

208.4 您认为您创业失败的最重要因素在于？（在207题中回答"我失败了"）

01 政府部门和政策不扶持　02 贷款难　03 对市场发展的判断失误　04 自己的管理不够好　05 没有使用好本地的资源优势　06 本地的交通通信等基础设施差　07 自己没有技能　08 亲戚朋友反对我创业　09 其他_____（请填写）

209. 您是什么时候开始现在这份生意/经营的？_____年（例：2007年）。

210. 您现在这份生意/经营，开始时注册资本/投入资金大约是：

01 5000元以下　02 5000元—1万元　03 1万—5万元　04 5万—10万元　05 10万—50万元　06 50万—100万元　07 100万元以上

211. 注册资本/投入资金是从哪些渠道筹集的？依次填选最主要的三项_____/_____/_____

01 个人储蓄　02 家人资助　03 亲戚朋友　04 生意伙伴　05 其他社会关系　06 银行商业性贷款　07 银行政策性贷款　08 风险投资　09 其他_____

212. 您已经或打算在创业中雇请_____人，其中亲属（含血缘亲属和婚姻亲属）_____人。

213. 您曾经创业的次数（包含本次）_____次。

214. 您现在这份生意/经营是哪一个行业？

01 农林牧渔业　02 采矿业　03 制造业　04 建筑业　05 批发和

零售业　06 交通运输、仓储和邮政业　07 住宿和餐饮业　08 信息传输、软件和信息技术服务业　09 租赁和商务服务业　10 居民服务、修理和其他服务业　11 文化、体育和娱乐业　12 其他_____

215. 您的这份生意/经营的具体内容是（如：电子厂/果园/制鞋）_____。

216. 您在生产或经营中是否高度利用互联网资源？

01 经常用　02 偶尔用　03 不用

217. 您这次创业是因为找到好的创业机会，还是因为没有更好的工作选择？

01 抓住好的创业机会　02 没有更好的工作选择　03 前面两个都是　04 当时有好的工作岗位，但创业机会更好

218. 您这次创业时良好的机会因素有哪些？根据重要程度依次填选最主要的三项_____/_____/_____。

01 有类似经验　02 有技术背景（如：有相关研究成果或专利）　03 相关人际关系积累　04 亲朋提供资源　05 地域资源优势　06 政府支持　07 家族原有较好的经济实力　08 开业容易　09 其他_____（请注明）

219. 您的产品（服务）主要在哪儿销售？

01 主要在本地销售　02 本地和外地销售各占一半左右　03 主要在外地销售

220. 到现在为止，您对您的经营/生意盈利情况满意吗？

01 十分满意　02 比较满意　03 一般　04 不太满意　05 十分不满意

221. 您在生产或经营中是否获得过政府的补贴？

01 是　02 否

222. 您的生产如果需要更新换代，或者遇到问题，能不能在本地找到技术支持？（跳转至301）

01 能　02 不能

223.1 面对创业中存在的最大困难,您的打算是(在206题中回答"我正打算创业")?

01 暂时等等,等时机成熟再说　02 先开始做,边做边解决

223.2 您认为创业中将可能面对的最大困难是?

01 取得政府部门的支持　02 获得银行贷款　03 对市场发展的判断　04 自己管理能力提升　05 怎样发挥好本地的资源优势(如本地的风景好,适合发展旅游)　06 本地的交通通信等基础设施太差　07 自己没有技能

第三部分　创业的支持及评价

301. 您是否接受过创业相关知识的培训?

01 接受过,很有用　02 接受过,没什么用　03 没接受过

302. 您创业之前,周边有没有创业成功的人?

01 没有　02 有,但对我影响较小　03 有,且对我影响较大

303. 您有没有近亲属从政或经商?

01 没有　02 有,帮助较小　03 有,帮助较大

304. 目前您有没有合适的场地用于创业?

01 有足够的创业场地　02 有创业场地,但不够　03 没有创业场地

305. 您最希望政府给予什么帮助?

01 给予补贴　02 提供技术　03 税费优惠　04 提供信息　05 开拓市场　06 提供场地　07 相关培训指导　08 政府不要指手画脚　09 其他＿＿＿＿＿＿＿

306. 对您来讲,创业中面临的最大困难或阻碍是什么?

01 缺少资金　02 缺少经验和技术　03 缺少人才　04 市场行情不好　05 缺少市场信息　06 政府的政策不够好　07 政府管得太多

08 不知道做什么项目　09 缺土地　10 其他_____

307. 您主要通过什么渠道来筹集创业资金？

01 自己的钱　02 银行贷款　03 向亲戚或朋友借钱　04 向其他融资渠道借钱　05 政府资助补贴　06 其他_____

308. 您觉得从银行贷款难不难？

01 很难　02 比较难　03 一般　04 比较容易　05 很容易

309. 您觉得从银行以外的渠道借钱难不难？

01 很难　02 比较难　03 一般　04 比较容易　05 很容易

310. 跟其他人相比，您觉得自己创业最大的优势在于：

01 具有别人没有的技能　02 自己人脉广　03 个人能力较强，眼光准　04 亲友在经济和精神上支持　05 创业信心足　06 有好的项目　07 有好的资源优势　08 其他_____（请填写）

311. 您觉得这份事业的发展前景：01 非常好　02 很好　03 一般　04 不太好　05 很不好

312. 您觉得您的经营/生意竞争激烈吗？

01 非常激烈　02 很激烈　03 一般　04 不激烈　05 很不激烈

第四部分　区域发展环境

401. 本地的地貌特征是：

01 山地　02 丘陵　03 河谷平坝

402. 本地平整的土地多不多？

01 非常多　02 比较多　03 一般　04 比较少　05 很少

403. 本地的地质灾害严不严重？

01 非常多　02 比较多　03 一般　04 比较少　05 很少

404. 您的创业计划有没有受到库区环保要求的影响？

01 有很大影响　02 有影响　03 一般　04 没有影响　05 完全没有影响

405. 您的创业计划有没有受到库区自然环境的影响？

01 有很大影响　02 有影响　03 一般　04 没有影响　05 完全没有影响

406. 库区常见的滑坡崩塌库岸坍岸边坡失稳等地质灾害，有没有影响您的经营生产？

01 有很大影响　02 有影响　03 一般　04 没有影响　05 完全没有影响

407. 您的经营生产中是否有废水、废气或废渣排放？

01 有，非常多　02 有，比较多　03 有少量　04 几乎没有　05 完全没有

408. 有没有因违反环保规定被政府部门处罚或者警告过？

01 有　02 没有

409. 本地的交通运输方不方便？

01 非常方便　02 方便　03 一般　04 不方便　05 很不方便

410. 本地生产用水方不方便？

01 非常方便　02 方便　03 一般　04 不方便　05 很不方便

411. 本地生产用电方不方便？

01 非常方便　02 方便　03 一般　04 不方便　05 很不方便

412. 本地上网方不方便？

01 非常方便　02 方便　03 一般　04 不方便　05 很不方便

413. 本地手机信号好不好？

01 非常方便　02 方便　03 一般　04 不方便　05 很不方便

414. 本地获取市场信息方不方便？

01 非常方便　02 方便　03 一般　04 不方便　05 很不方便

415. 您在本地方不方便雇请到熟练的工人？

01 非常方便　02 方便　03 一般　04 不方便　05 很不方便

416. 您上网的次数频繁吗？

01 非常少　02 较少　03 一般　04 较多　05 非常多

417. 您的市场意识强

01 非常正确　02 正确　03 一般　04 不正确　05 很不正确

418. 您的管理能力强

01 非常正确　02 正确　03 一般　04 不正确　05 很不正确

419. 您的交际能力强

01 非常正确　02 正确　03 一般　04 不正确　05 很不正确

420. 您的胆量大

01 非常正确　02 正确　03 一般　04 不正确　05 很不正确

421. 您对政府部门支持创业政策（包括贷款、审批、工商等）满意

01 非常正确　02 正确　03 一般　04 不正确　05 很不正确

422. 经济形势在好转，创业有好前景

01 非常正确　02 正确　03 一般　04 不正确　05 很不正确

423. 本地政府支持返乡农民工创业

01 非常正确　02 正确　03 一般　04 不正确　05 很不正确

424. 本地政府有定期创业培训和指导

01 非常正确　02 正确　03 一般　04 不正确　05 很不正确

425. 本地政府有专门的创业园区，在用地、工商、税收方面有优惠

01 非常正确　02 正确　03 一般　04 不正确　05 很不正确

426. 本地政府提供合伙创业项目

01 非常正确　02 正确　03 一般　04 不正确　05 很不正确

调查到此结束，谢谢您的支持！

附录2 访谈提纲

1. 请问您为什么要选择现在的行业，当时您是怎么考虑（选择）的？

2. 请问您现在觉得当时选择这个行业对不对？

3. 请问您①在开始创业的时候遇到的最大苦恼或烦恼是什么；②创业发展时期的困难与麻烦是什么；③创业成熟期的困难是什么？

4. 请问您在遇到问题时，①当时怎么想的，想用什么方式解决；②在实践过程中，最后又是通过什么方式解决的；③问题解决的程度如何，自己如何看待？

5. 请问您①对创业的收入满不满意；②本地的创业环境怎么样（含社会治安与生态环境、社会风气）；③创业对社会发展影响如何？（制度或政策的制定与完善），您希望政府为您或者为创业的人做些什么呢？（减税、场地、政策等）

6. 请问您在创业过程中遇到哪些坎坷与曲折事件、创业过程中难忘的事件、创业过程中最高兴的事件？您当时是怎么解决的呢？（采取深描的方法，事件起始完整记录，注重创业者的感受及解决问题的策略，同时关注外人对事件的看法和支持方式）

7. 您在创业过程中，得到最大的支持和帮助的前前后后是怎么样的呢？（事件完整的记录，采取分类的方式，如亲戚朋友、政府、民间组织等）

8. 您对自己这个产业（或行业）的状况与发展前景怎么看？（创业者自己的看法、外人的看法）

9. 您觉得自己创业成功/失败的最大优势/短板是什么？为什么这么认为？您打算如何发挥您的优势/克服短板？

10. 您对自己今后的打算是什么？

参考文献

一 中文参考文献

［美］阿瑟·奥肯：《平等与效率：重大的抉择》，王奔洲译，中国社会科学出版社 2013 年版。

［美］爱德华·肖：《经济发展中的金融深化》，邵伏军等译，上海三联书店 1988 年版。

Martha，G. Roberts，杨国安：《可持续发展研究方法国际进展——脆弱性分析方法与可持续生计方法比较》，《地理科学进展》2003 年第 1 期。

安土敏：《日本超级市场探原》，中国人民大学出版社 1992 年版。

卑立新、焦高乐：《互联网商业环境下创业企业技术创新与商业模式创新的迭代式共演研究》，《管理学刊》2021 年第 3 期。

毕先进、刘林平：《农民工的教育收益率上升了吗？——基于 2006、2008、2010 年珠三角农民工问卷调查的分析》，《人口与发展》2014 年第 5 期。

蔡莉、单标安：《中国情境下的创业研究：回顾与展望》，《管理世界》2013 年第 12 期。

陈波：《风险态度对回乡创业行为影响的实证研究》，《管理世界》2009 年第 3 期。

陈传波：《农户风险与脆弱性：一个分析框架及贫困地区的经验》，

《农业经济问题》2005年第8期。

陈刚:《管制与创业——来自中国的微观证据》,《管理世界》2015年第5期。

陈文超、陈雯、江立华:《农民工返乡创业的影响因素分析》,《中国人口科学》2014年第2期。

陈昭玖、朱红根:《人力资本、社会资本与农民工返乡创业政府支持的可获性研究——基于江西1145份调查数据》,《农业经济问题》2011年第5期。

程春庭:《重视"返乡创业"增强县域经济整体发展能力》,《中国农村经济》2001年第4期。

程名望、盖庆恩、Yanhong 等:《人力资本积累与农户收入增长》,《经济研究》2016年第1期。

池仁勇、梁靓:《生存型与机会型创业者的行业选择研究》,《科技进步与对策》2010年第5期。

崔丽丽、王骊静、王井泉:《社会创新因素促进"淘宝村"电子商务发展的实证分析——以浙江丽水为例》,《中国农村经济》2014年第12期。

崔玉平、吴颖:《教育培训对苏州市农民工收入的影响——教育培训经济收益率的再检验》,《教育与经济》2017年第2期。

道日娜:《农牧交错区域农户生计资本与生计策略关系研究——以内蒙古东部四个旗为例》,《中国人口·资源与环境》2014年第S2期。

丁高洁、郭红东:《社会资本对农民创业绩效的影响研究》,《华南农业大学学报》(社会科学版)2013年第2期。

董保宝、葛宝山:《经典创业模型回顾与比较》,《外国经济与管理》2012年第2期。

董静、徐婉渔、张瑜:《我国农村创业企业绩效的调查研究——人情关系与"规范化"经验的影响与互动》,《财经研究》2018年第1期。

杜松华、陈扬森、柯晓波等:《"互联网+生态农业"可持续发展——广东绿谷模式探究》,《管理评论》2017年第6期。

范波文、应望江:《家庭背景对农民创业模式的影响研究——基于"千村调查"的数据分析》,《江西财经大学学报》2020年第3期。

方鸣:《创业培训、政策获取和农民工返乡创业绩效》,《北京工商大学学报》(社会科学版)2021年第6期。

冯朝阳、于勇、高吉喜等:《地形因子对京西门头沟区土地利用/覆盖变化的影响》,《山地学报》2007年第3期。

冯建喜、汤爽爽、杨振山:《农村人口流动中的"人地关系"与迁入地创业行为的影响因素》,《地理研究》2016年第1期。

甘宇:《可持续生计分析框架下的返乡农民工创业业态选择研究》,《四川师范大学学报》(社会科学版)2019年第4期。

甘宇:《农民工家庭的返乡定居意愿——来自574个家庭的经验证据》,《人口与经济》2015年第3期。

甘宇、胡小平:《返乡创业农民工家庭生计策略转换》,《华南农业大学学报》(社会科学版)2019年第5期。

甘宇、邱黎源、胡小平:《返乡农民工人力资本积累与创业收入的实证分析——来自三峡库区的证据》,《西南民族大学学报》(人文社科版)2019年第3期。

辜胜阻、李睿:《以互联网创业引领新型城镇化》,《中国软科学》2016年第1期。

郭铖、何安华:《社会资本、创业环境与农民涉农创业绩效》,《上海财经大学学报》2017年第2期。

郭冬梅、胡毅、林建浩:《我国正规就业者的教育收益率》,《统计研究》2014年第8期。

郭红东、丁高洁：《关系网络、机会创新性与农民创业绩效》，《中国农村经济》2013年第8期。

郭红东、周惠珺：《先前经验、创业警觉与农民创业机会识别——一个中介效应模型及其启示》，《浙江大学学报》（人文社会科学版）2013年第4期。

郭鸿鹏、于延良、赵杨：《电商平台农产品经营主体空间分布格局及影响因素研究——基于阿里巴巴电商平台数据》，《南京农业大学学报》（社会科学版）2016年第1期。

郭新宝：《创业者的三维创业资本研究》，《西北农林科技大学学报》（社会科学版）2014年第1期。

国务院发展研究中心农村经济研究部《公共财政支持农村义务教育问题研究》课题组、韩俊、郭建鑫：《中国农村教育收益率的实证研究》，《农业技术经济》2007年第4期。

韩炜、杨俊、包凤耐：《初始资源、社会资本与创业行动效率——基于资源匹配视角的研究》，《南开管理评论》2013年第3期。

郝朝艳、平新乔、张海洋等：《农户的创业选择及其影响因素——来自"农村金融调查"的证据》，《中国农村经济》2012年第4期。

胡宝柱、谢怡然、张志勇：《水库移民社区安置模式探讨》，《人民黄河》2012年第12期。

胡晓、杨德林、谢真臻：《创业者和创业初始环境对创业进入策略的影响》，《管理科学》2020年第2期。

黄德林、宋维平、王珍：《新形势下农民创业能力来源的基本判断》，《农业经济问题》2007年第9期。

黄洁、蔡根女、买忆媛：《农村微型企业：创业者社会资本和初创企业绩效》，《中国农村经济》2010年第5期。

黄振华：《我国农民工返乡创业调查报告》，《调研世界》2011 年第 8 期。

蒋剑勇、郭红东：《创业氛围、社会网络和农民创业意向》，《中国农村观察》2012 年第 2 期。

解蕴慧、张一弛、高萌萌：《谁会成为创业者？——主动性人格及社会资本对创业意愿的影响》，《南京大学学报》（哲学·人文科学·社会科学版）2013 年第 2 期。

金迪、蒋剑勇：《基于社会嵌入理论的农民创业机理研究》，《管理世界》2014 年第 12 期。

匡远凤：《人力资本、乡村要素流动与农民工回乡创业意愿——基于熊彼特创新视角的研究》，《经济管理》2018 年第 1 期。

雷瑾亮、王海花、王延峰：《融合生态学观点的业态与业态创新：兼论与商业模式的比较》，《上海管理科学》2013 年第 6 期。

李长生、黄季焜：《信贷约束和新生代农民工创业》，《农业技术经济》2020 年第 1 期。

李国英：《"互联网＋"背景下我国现代农业产业链及商业模式解构》，《农村经济》2015 年第 9 期。

李后建、刘维维：《家庭的嵌入对贫困地区农民创业绩效的影响——基于拼凑理论的实证检验》，《农业技术经济》2018 年第 7 期。

李军龙、滕剑仑：《生计资本下农户参与生态补偿行为意愿分析——基于福建省三明地区 48 个村的调查》，《福建农林大学学报》（哲学社会科学版）2013 年第 5 期。

李俊：《社会资本与农民工城市创业绩效研究——基于东部 13 城市数据的分析》，《兰州学刊》2018 年第 3 期。

李实、杨修娜：《我国农民工培训效果分析》，《北京师范大学学报》（社会科学版）2015 年第 6 期。

李翔龙、王庆金:《失败学习对新创企业绩效的影响——创业能力的中介效应》,《财经问题研究》2020年第9期。

李小云、董强、饶小龙等:《农户脆弱性分析方法及其本土化应用》,《中国农村经济》2007年第4期。

李小云、张雪梅、唐丽霞:《当前中国农村的贫困问题》,《中国农业大学学报》2005年第4期。

李雪莲、马双、邓翔:《公务员家庭、创业与寻租动机》,《经济研究》2015年第5期。

李严锋:《复合型商业业态及其供应链系统研究》,博士学位论文,华中科技大学,2004年。

李颖、赵文红、杨特:《创业者先前经验、战略导向与创业企业商业模式创新关系研究》,《管理学报》2021年第7期。

李颖、赵文红、周密:《政府支持、创业导向对创业企业创新绩效的影响研究》,《管理学报》2018年第6期。

李志能:《企业新创:孵化的理论与组织管理》,复旦大学出版社2001年版。

梁强、邹立凯、杨学儒等:《政府支持对包容性创业的影响机制研究——基于揭阳军埔农村电商创业集群的案例分析》,《南方经济》2016年第1期。

林南、俞弘强:《社会网络与地位获得》,《马克思主义与现实》2003年第2期。

林强、姜彦福、张健:《创业理论及其架构分析》,《经济研究》2001年第9期。

刘刚、张泠然、梁晗、王泽宇:《互联网创业的信息分享机制研究——一个整合网络众筹与社交数据的双阶段模型》,《管理世界》2021年第2期。

刘杰、郑风田:《流动性约束对农户创业选择行为的影响——基于晋、甘、浙三省 894 户农民家庭的调查》，《财贸研究》2011 年第 3 期。

刘进、甘淑、吕杰等：《基于 GIS 和 ANN 的农户生计脆弱性的空间模拟分析》，《山地学报》2012 年第 5 期。

刘鹏程、李磊、王小洁：《企业家精神的性别差异——基于创业动机视角的研究》，《管理世界》2013 年第 8 期。

刘汝驹：《流通百科》，台北：台湾金钱文化企业股份有限公司 1999 年版。

刘万霞：《我国农民工教育收益率的实证研究——职业教育对农民收入的影响分析》，《农业技术经济》2011 年第 5 期。

刘艳秋、从春伟、华连连、王建国：《创业者先前经验对渐进性创新的影响机制——创业拼凑的中介作用》，《科技进步与对策》2020 年第 21 期。

刘银、徐丽娜、唐玺年、王蕾、阿丽娅·依不拉音、张人文：《互联网使用对中国城乡家庭创业的影响分析——来自三期面板 CFPS 数据的实证》，《湖南农业大学学报》（社会科学版）2021 年第 1 期。

刘忠艳：《ISM 框架下女性创业绩效影响因素分析——一个创业失败的案例研究》，《科学学研究》2017 年第 2 期。

卢亚娟、张龙耀、许玉韫：《金融可得性与农村家庭创业——基于 CHARLS 数据的实证研究》，《经济理论与经济管理》2014 年第 10 期。

罗明忠、陈江华：《资源禀赋、外部环境与农民创业组织形式选择》，《产经评论》2016 年第 4 期。

罗明忠、陈明：《人格特质、创业学习与农民创业绩效》，《中国农村经济》2014 年第 10 期。

罗明忠、黄莎莎：《农民创业的代际差异比较：问卷调查与分析——基于人力资本视角》,《经济与管理评论》2014 年第 2 期。

罗明忠、张雪丽:《社会资本、风险容忍与农民创业组织形式选择:基于广东省的数据》,《广东财经大学学报》2017 年第 3 期。

罗明忠、邹佳瑜、卢颖霞:《农民的创业动机、需求及其扶持》,《农业经济问题》2012 年第 2 期。

马光荣、杨恩艳:《社会网络、非正规金融与创业》,《经济研究》2011 年第 3 期。

马鸿佳、董保宝、常冠群:《网络能力与创业能力——基于东北地区新创企业的实证研究》,《科学学研究》2010 年第 7 期。

马良、蔡晓陈、王炜:《政治资本、政府干预和居民创业——基于中国微观数据的研究》,《中国经济问题》2017 年第 6 期。

蒙吉军、艾木入拉、刘洋等:《农牧户可持续生计资产与生计策略的关系研究——以鄂尔多斯市乌审旗为例》,《北京大学学报》(自然科学版)2013 年第 2 期。

倪长健、崔鹏:《投影寻踪动态聚类模型》,《系统工程学报》2007 年第 6 期。

平新乔、张海洋、郝朝艳等:《农民金融约束的形成原因探究》,《经济学动态》2012 年第 4 期。

秦剑、张玉利:《社会资本对创业企业资源获取的影响效应研究》,《当代经济科学》2013 年第 2 期。

秦艳、巩前文:《"打工仔经济"的模式比较与选择探究》,《新疆农垦经济》2007 年第 2 期。

邱泽奇、黄诗曼:《熟人社会、外部市场和乡村电商创业的模仿与创新》,《社会学研究》2021 年第 4 期。

曲兆鹏、郭四维:《户籍与创业:城乡居民自我雇佣的差异研究——来自 CGSS2008 的证据》,《中国经济问题》2017 年第 6 期。

阮荣平、郑风田、刘力：《信仰的力量：宗教有利于创业吗?》，《经济研究》2014年第3期。

芮正云、史清华：《中国农民工创业绩效提升机制：理论模型与实证检验——基于"能力—资源—认知"综合范式观》，《农业经济问题》2018年第4期。

沈栩航、李浩南、李后建：《创业会加剧农村内部收入不平等吗》，《农业技术经济》2020年第10期。

施贞怀、沈瑶：《土地供给、创业成本与创业活动》，《中南财经政法大学学报》2021年第4期。

石智雷、谭宇、吴海涛：《返乡农民工创业行为与创业意愿分析》，《中国农村观察》2010年第5期。

史达、朱荣：《小微企业税负感、社会网络关系对创业绩效影响的实证研究》，《财政研究》2013年第2期。

宋林、何洋：《互联网使用对中国城乡家庭创业的影响研究》，《科学学研究》2021年第3期。

宋璐、李树茁：《子女迁移对农村老年家庭生计资本的影响——基于家庭结构的可持续生计分析》，《人口研究》2017年第3期。

苏芳、蒲欣冬、徐中民等：《生计资本与生计策略关系研究——以张掖市甘州区为例》，《中国人口·资源与环境》2009年第6期。

苏芳、尚海洋：《农户生计资本对其风险应对策略的影响——以黑河流域张掖市为例》，《中国农村经济》2012年第8期。

苏岚岚、彭艳玲、孔荣：《社会网络对农户创业绩效的影响研究——基于创业资源可得性的中介效应分析》，《财贸研究》2017年第9期。

苏群、周春芳：《农民工人力资本对外出打工收入影响研究——江苏省的实证分析》，《农村经济》2005年第7期。

孙明贵：《业态管理学原理》，北京大学出版社2004年版。

唐跃军、左晶晶：《创业企业治理模式——基于动态股权治理平台的研究》，《南开管理评论》2020年第6期。

万宝瑞：《我国农村又将面临一次重大变革——"互联网+三农"调研与思考》，《农业经济问题》2015年第8期。

汪三贵、刘湘琳、史识洁、应雄巍：《人力资本和社会资本对返乡农民工创业的影响》，《农业技术经济》2010年第12期。

王阿娜：《农民创业的专业合作经济组织形式探讨》，《福建农林大学学报》（哲学社会科学版）2010年第6期。

王国平：《业态与现代经济发展》，《科学发展》2012年第5期。

王海港、黄少安、李琴等：《职业技能培训对农村居民非农收入的影响》，《经济研究》2009年第9期。

王巧然、陶小龙：《创业者先前经验对创业绩效的影响——基于有中介的调节模型》，《技术经济》2016年第6期。

王瑞、薛红志：《创业经验与新企业绩效：一个研究综述》，《科学学与科学技术管理》2010年第6期。

王山、奉公：《农业虚拟产业集群："互联网+"创新驱动农业产业链融合的新模式》，《上海经济研究》2016年第6期。

王西玉、崔传义、赵阳：《打工与回乡：就业转变和农村发展——关于部分进城民工回乡创业的研究》，《管理世界》2003年第7期。

王肖芳：《农民工返乡创业集群驱动乡村振兴：机理与策略》，《南京农业大学学报》（社会科学版）2018年第6期。

王轶、王香媚、冯科：《"互联网+"对返乡创业企业经营业绩的影响——基于全国返乡创业企业的调查数据》，《中国科技论坛》2021年第7期。

王重鸣、吴挺：《互联网情境下的创业研究》，《浙江大学学报》（人文社会科学版）2016年第1期。

王转弟、马红玉、郭鹏宇:《创业激情、创业学习与农民工创业绩效》,《南方经济》2020年第5期。

韦吉飞、王建华、李录堂:《农民创业行为影响因素研究——基于西北五省区调查的实证分析》,《财贸研究》2008年第5期。

魏凤、闫芃燕:《西部返乡农民工创业模式选择及其影响因素分析——以西部五省998个返乡农民工创业者为例》,《农业技术经济》2012年第9期。

邬爱其、刘一蕙、宋迪:《区域创业生态系统对农民创业绩效的影响——来自浙江省的经验证据》,《农业技术经济》2021年第1期。

吴磊、郑风田:《创业环境维度视角下的农民工回乡创业选择》,《中国人口·资源与环境》2012年第9期。

吴炜:《干中学:农民工人力资本获得路径及其对收入的影响》,《农业经济问题》2016年第9期。

吴晓波、姜雁斌:《包容性创新理论框架的构建》,《系统管理学报》2012年第6期。

萧桂森:《连锁经营理论与实践:二十一世纪最具活力的营销模式》,南海出版公司2004年版。

萧新永:《全方位营销》,中国商业出版社1994年版。

肖华芳、包晓岚:《农民创业的信贷约束——基于湖北省930家农村微小企业的实证研究》,《农业技术经济》2011年第2期。

肖开红:《种粮农户采用互联网的行为特征及其影响因素研究——基于河南省种粮农户调查的实证研究》,《经济经纬》2012年第6期。

谢光华、郝颖、李思乐:《行业集中度、分析师行业专长与预测准确性》,《外国经济与管理》2019年第2期。

谢雅萍、黄美娇:《社会网络、创业学习与创业能力——基于小微企业创业者的实证研究》,《科学学研究》2014 年第 3 期。

谢勇、杨倩:《外出务工经历,创业行为与创业绩效》,《经济评论》2020 年第 1 期。

邢小强、周江华、仝允桓:《包容性创新:概念、特征与关键成功因素》,《科学学研究》2013 年第 6 期。

徐定德、张继飞、刘邵权等:《西南典型山区农户生计资本与生计策略关系研究》,《西南大学学报》(自然科学版)2015 年第 9 期。

徐璋勇、杨贺:《农户信贷行为倾向及其影响因素分析——基于西部 11 省(区)1664 户农户的调查》,《中国软科学》2014 年第 3 期。

许汉石、乐章:《生计资本、生计风险与农户的生计策略》,《农业经济问题》2012 年第 10 期。

许明:《外出务工经历与返乡农民工创业成功率——基于倾向得分匹配法的反事实估计》,《首都经济贸易大学学报》2020 年第 4 期。

闫华飞、肖静:《农民工等人员返乡创业现状与模式探索——基于湖北省调研数据》,《江苏农业科学》2020 年第 15 期。

阎建忠:《不同生计类型农户的土地利用——三峡库区典型村的实证研究》,《地理学报》2010 年第 11 期。

杨丹、曾巧:《农户创业加剧了农户收入不平等吗——基于 RIF 回归分解的视角》,《农业技术经济》2021 年第 5 期。

杨继瑞、薛晓、汪锐:《"互联网+现代农业"的经营思维与创新路径》,《经济纵横》2016 年第 1 期。

杨隽萍、于晓宇、陶向明等:《社会网络、先前经验与创业风险识别》,《管理科学学报》2017 年第 5 期。

杨俊、薛红志、牛芳:《先前工作经验、创业机会与新技术企业绩效——一个交互效应模型及启示》,《管理学报》2011 年第 1 期。

杨俊、张玉利、杨晓非等:《关系强度、关系资源与新企业绩效——基于行为视角的实证研究》,《南开管理评论》2009 年第 4 期。

杨特、赵文红、周密等:《网络规模对创业资源获取的影响:创业者先前经验的调节作用》,《科技进步与对策》2018 年第 2 期。

杨婷、靳小怡:《资源禀赋、社会保障对农民工土地处置意愿的影响——基于理性选择视角的分析》,《中国农村观察》2015 年第 4 期。

杨卫忠:《农村土地经营权流转中的农户羊群行为——来自浙江省嘉兴市农户的调查数据》,《中国农村经济》2015 年第 2 期。

易朝辉:《创业拼凑与科技型小微企业创业绩效研究:基于先前经验的视角》,《科研管理》2019 年第 7 期。

尹苗苗、蔡莉:《创业能力研究现状探析与未来展望》,《外国经济与管理》2012 年第 12 期。

曾福生、李星星:《扶持政策对家庭农场经营绩效的影响——基于 SEM 的实证研究》,《农业经济问题》2016 年第 12 期。

张大维:《生计资本视角下连片特困区的现状与治理——以集中连片特困地区武陵山区为对象》,《华中师范大学学报》(人文社会科学版)2011 年第 4 期。

张广胜、柳延恒:《人力资本、社会资本对新生代农民工创业型就业的影响研究——基于辽宁省三类城市的考察》,《农业技术经济》2014 年第 6 期。

张国培、庄天慧:《自然灾害对农户贫困脆弱性的影响——基于云南省 2009 年的实证分析》,《四川农业大学学报》2011 年第 1 期。

张海宁、张龙耀、应瑞瑶:《金融约束与家庭创业收入:城乡差异与政策取向》,《江海学刊》2013 年第 4 期。

张海洋、袁雁静：《村庄金融环境与农户创业行为》，《浙江社会科学》2011年第7期。

张丽萍、张镱锂、阎建忠等：《青藏高原东部山地农牧区生计与耕地利用模式》，《地理学报》2008年第4期。

张亮、李亚军：《就近就业、带动脱贫与农民工返乡创业的政策环境》，《改革》2017年第6期。

张世伟、王广慧：《培训对农民工收入的影响》，《人口与经济》2010年第1期。

张秀娥、祁伟宏、李泽卉：《创业者经验对创业机会识别的影响机制研究》，《科学学研究》2017年第3期。

张秀娥、张坤：《先前经验与社会创业意愿——自我超越价值观和风险倾向的中介作用》，《科学学与科学技术管理》2018年第2期。

张学艳、周小虎、包佳妮：《动态能力视角下的科技型创业者政治技能与创业绩效》，《管理学报》2020年第8期。

张应良、高静、张建峰：《创业农户正规金融信贷约束研究——基于939份农户创业调查的实证分析》，《农业技术经济》2015年第1期。

张应良、汤莉：《农民创业绩效影响因素的研究——基于对东部地区284个创业农民的调查》，《华中农业大学学报》（社会科学版）2013年第4期。

张玉利、王晓文：《先前经验、学习风格与创业能力的实证研究》，《管理科学》2011年第3期。

张玉利、杨俊、任兵：《社会资本、先前经验与创业机会——一个交互效应模型及其启示》，《管理世界》2008年第7期。

赵德昭：《农民工返乡创业绩效的影响因素研究》，《经济学家》2016年第7期。

赵海：《教育和培训哪个更重要——对我国农民工人力资本回报率的实证分析》，《农业技术经济》2013年第1期。

赵佳佳、魏娟、刘军弟、刘天军：《信任有助于提升创业绩效吗？——基于876个农民创业者的理论探讨与实证检验》，《中国农村观察》2020年第4期。

赵雪雁、张丽、江进德等：《生态补偿对农户生计的影响——以甘南黄河水源补给区为例》，《地理研究》2013年第3期。

郑风田、孙谨：《从生存到发展——论我国失地农民创业支持体系的构建》，《经济学家》2006年第1期。

郑刚、陈箫、斯晓夫：《通过互联网技术与包容性创业减贫：东风村案例》，《科学学研究》2020年第10期。

郑刚、梅景瑶、郭艳婷等：《创业教育、创业经验和创业企业绩效》，《科学学研究》2018年第6期。

周菁华、谢洲：《农民创业能力及其与创业绩效的关系研究——基于重庆市366个创业农民的调查数据》，《农业技术经济》2012年第5期。

周世军、刘丽萍、卞家涛：《职业培训增加农民工收入了吗？——来自皖籍农民工访谈调查证据》，《教育与经济》2016年第1期。

周万村：《三峡库区土地自然坡度和高程对经济发展的影响》，《长江流域资源与环境》2001年第1期。

朱红根：《政策资源获取对农民工返乡创业绩效的影响——基于江西调查数据》，《财贸研究》2012年第1期。

朱红根、江慧珍、康兰媛：《创业环境对农民创业绩效的影响——基于DEA-Tobit模型的实证分析》，《商业研究》2015年第3期。

朱红根、解春艳：《农民工返乡创业企业绩效的影响因素分析》，《中国农村经济》2012年第4期。

朱红根、康兰嫒：《金融环境、政策支持与农民创业意愿》，《中国农村观察》2013年第5期。

朱红根、康兰嫒：《农民工创业动机及对创业绩效影响的实证分析——基于江西省15个县市的438个返乡创业农民工样本》，《南京农业大学学报》（社会科学版）2013年第5期。

朱明芬：《农民创业行为影响因素分析——以浙江杭州为例》，《中国农村经济》2010年第3期。

朱仁宏：《创业研究前沿理论探讨——定义、概念框架与研究边界》，《管理科学》2004年第4期。

朱仁宏、代吉林、曾楚宏：《创业团队演化与治理研究：基于人力资本理论的解释》，《学术研究》2013年第10期。

朱仁宏、周琦、张书军：《创业团队关系治理与新创企业绩效倒U型关系及敌对环境的调节作用》，《南开管理评论》2020年第5期。

庄晋财、尹金承、王春燕：《农民工创业资源获取的网络渠道及其差异研究》，《软科学》2015年第5期。

邹芳芳、黄洁：《返乡农民工创业者的创业资源对创业绩效的影响》，《农业技术经济》2014年第4期。

二 外文参考文献

Ahmed, M., Zeng, Y., Ozaki, A., et al., "Poor Farmer, Entrepreneurs and ICT Relation in Production & Marketing of Quality Vegetables in Bangladesh", *Journal of the Faculty of Agriculture, Kyushu University*, Vol. 61, 2016, pp. 241–250.

Ahn, T., "Attitudes toward Risk and Self-employment of Young Workers", *Labour Economics*, Vol. 17, 2010, pp. 434–442.

Aldrich, H. E., Martinez, M. A., "Many are Called, But Few are

Chosen: An Evolutionary Perspective for the Study of Entrepreneurship", *Entrepreneurship Theory and Practice*, Vol. 25, 2001, pp. 41 – 56.

Alemu, A. E., Adesina, J. O., "In Search of Rural Entrepreneurship: Non – farm Household Enterprises (NFEs) as Instruments of Rural Transformation in Ethiopia", *African Development Review*, Vol. 29, 2017, pp. 259 – 271.

Allison, E. H., "Limits to Resilience from Livelihood Diversification and Social Capital in Lake Social – Ecological Systems", *Annals of the Association of American Geographers*, Vol. 103, 2013, pp. 906 – 924.

Amartya, Sen, "Editorial: Human Capital and Human Capability", *World Development*, Vol. 25, 1997, pp. 1959 – 1961.

Ashley, C., Carney, D., et al., "Sustainable Livelihoods: Lessons from Early Experience", *Department for International Development UK*, 1999, pp. 226 – 227.

Bandura, A., "Self – efficacy: Toward a Unifying Theory of Behavioral Change", *Psychological Review*, Vol. 84, 1977, pp. 191.

Baptista, R., Kara, Z. M., Mendon, §a, Joana, "The Impact of Human Capital on the Early Success of Necessity Versus Opportunity – based Entrepreneurs", *Small Business Economics*, Vol. 42, 2014, pp. 831 – 847.

Barbier, E. B., "Poverty, Development, and Environment", *Environment and Development Economics*, Vol. 15, 2010, pp. 635 – 660.

Basow, S. A., Howe, K. G., "Role – Model Influence: Effects of Sex and Sex – Role Attitude in College Students", *Psychology of Women Quarterly*, Vol. 4, 1980, pp. 558 – 572.

Bebbington, A., "Capitals and Capabilities a Framework for Analyzing

Peasant Viability, Rural Livelihoods and Poverty", *World Development*, Vol. 27, 1999, pp. 2021 – 2044.

Beck, T., Lu, L., Yang, R., "Finance and Growth for Microenterprises: Evidence from Rural China", *World Development*, Vol. 67, 2015, pp. 38 – 56.

Becker, G. S., *Human Capital: A Theoretical and Empirical Analysis, with Special Reference to Education*, New York: Columbia University Press, 1964.

Beckman, Christine, M., Diane, Burton, M., "Founding the Future: Path Dependence in the Evolution of Top Management Teams from Founding to IPO", *Organization Science*, Vol. 19, 2008, pp. 3 – 24.

Bernanke, Ben, S., "Nonmonetary Effects of the Financial Crisis in the Propagation of the Great Depression", *Journal of Economics & Business*, Vol. 73, 1983, pp. 215 – 235.

Besser, T. L., Miller, N. J., "Community Matters: Successful Entrepreneurship in Remote Rural US Locations", *International Journal of Entrepreneurship & Innovation*, Vol. 14, 2013, pp. 15 – 27.

Bianchi, M., "Credit Constraints, Entrepreneurial Talent, and Economic Development", *Small Business Economics*, Vol. 34, 2010, pp. 93 – 104.

Bloom, N., Floetotto, M., Jaimovich, N., et al., "Really Uncertain Business Cycles", *Working Papers*, Vol. 41, 2014, pp. 8 – 8.

Bogue, D. J., *Internal Migration*, Chicago: University of Chicago Press, 1959.

Bosma Niels and Sternberg Rolf, "Entrepreneurship as an Urban Event? Empirical Evidence from European Cities", *Regional Studies*, Vol. 48, 2014, pp. 1016 – 1033.

Bouahom, B., Douangsavanh, L., Rigg, J., "Building Sustainable Livelihoods in Laos: Untangling Farm from Non-farm, Progress from Distress", *Geoforum*, Vol. 35, 2004, pp. 607-619.

Bourdieu, P., "The Social Space and the Genesis of Groups", *Theory & Society*, Vol. 14, 1985, pp. 723-744.

Bradstock, A., "Land Reform and Livelihoods in South Africa's Northern Cape province", *Land Use Policy*, Vol. 23, 2006, pp. 247-259.

Brüderl, J., Preisendörfer, P., "Network Support and the Success of Newly Founded Business", *Small Business Economics*, Vol. 10, 1998, pp. 213-225.

Brian King, "Spatialising Livelihoods: Resource access and Livelihood Spaces in South Africa", *Transactions of the Institute of British Geographers*, Vol. 36, 2011, pp. 297-313.

Brush, C. G., "How do 'Resource Bundles' Develop and Change in New Ventures? A Dynamic Model and Longitudinal Exploration", *Entrepreneurship Theory & Practice*, Vol. 25, 2001.

Bygrave, W. D., "The Entrepreneurship Paradigm (I): A Philosophical Look at its Research Methodologies", *Social Science Electronic Publishing*, Vol. 14, 2009.

Caliendo, M., Fossen, F. M., Kritikos, A. S., "Risk Attitudes of Nascent Entrepreneurs-New Evidence from an Experimentally Validated Survey", *Small Business Economics*, Vol. 32, 2009, pp. 153-167.

Cameron, K. S., "Effectiveness as Paradox: Consensus and Conflict in Conceptions of Organizational Effectiveness", *Management Science*, Vol. 32, 1986, pp. 539-553.

Cantillon, R., Higgs, H., Jevons, W. S., *Essai sur la Nature du Commerce en Général*, Reissued for the Royal Economic Society by

F. Cass, 1959. (Original Publication, 1755).

Carla Roncoli, Keith Ingram and Paul Kirshen, "The Costs and Risks of Coping with Drought: Livelihood Impacts and Farmers' Responses in Burkina Faso", *Climate Research*, Vol. 19, 2001, pp. 119 – 132.

Carney, D., *Sustainable Livelihoods Approaches: Progress and Possibilities for Change*, London: Department for International Development, 2003.

Chambers, R., Conway, G., "Sustainable Rural Livelihoods: Practical Concepts for the 21st Century", Institute of Development Studies (UK), 1992.

Cole, A. H., "An Approach to the Study of Entrepreneurship: A Tribute to Edwin F. Gay", *Journal of Economic History*, Vol. 6, 1946, pp. 1 – 15.

Coleman James, *Foundations of Social Theory*, Belknap Press of Harvard University Press, 1990.

Coleman, J. S., "Social Capital in the Creation of Human Capital", *American Journal of Sociology*, Vol. 94, 1988, pp. 95 – 120.

Collier Paul, "Social Capital and Poverty", *Social Capital and Economic Development: Well – being in Developing Countries*, Vol. 28, 1998, pp. 19 – 37.

Conner, K. R., "A Historical Comparison of Resource – Based Theory and Five Schools Within Industrial Organization Economics: Do We Have a New Theory of the Firm?", *Journal of Management*, Vol. 17, 2016, pp. 121 – 154.

Cooper, A. C., Gimeno – Gascon, F. J., Woo, C. Y., "Initial Human and Financial Capital as Predictors of New Venture Performance", *Journal of Business Venturing*, Vol. 9, 2009, pp. 371 – 395.

Cowan, R., Nj, B., Mz, A., "Knowledge Dynamics in a Network

Industry", *Technological Forecasting and Social Change*, Vol. 71, 2004, pp. 469 – 484.

Crompton, J. L., Mckay, S. L., "Motives of Visitors Attending Festival Events", *Annals of Tourism Research*, Vol. 24, 1997, pp. 425 – 439.

David North, David Smallbone, "Developing Entrepreneurship and Enterprise in Europe's Peripheral Rural Areas: Some Issues Facing Policy – makers", *European Planning Studies*, Vol. 14, 2006, pp. 41 – 60.

Delmar, F., Shane, S., "Does Experience Matter? The Effect of Founding Team Experience on the Survival and Sales of Newly Founded Ventures", *Strategic Organization*, Vol. 4, 2006, pp. 215 – 247.

De Tienne, D. R., & Chandler, G. N., "Opportunity Identification and Its Role in the Entrepreneurial Classroom: A Pedagogical Approach and Empirical Test", *Academy of Management Learning & Education*, Vol. 3, 2004, pp. 242 – 257.

Development, D. F. I., "Sustainable Livelihoods Guidance Sheets", 1999.

DIFD, "Sustainable Livelihoods Guidance Sheets.", *Department for International Development*, 2000.

Dimo Dimov, "Nascent Entrepreneurs and Venture Emergence: Opportunity Confidence, Human Capital, and Early Planning", *Journal of Management Studies*, Vol. 47, 2010.

Dixit, A. K., Pindyck, R. S., *Investment Under Uncertainty*, Princeton University Press, 2012.

Djankov, S., Porta, R. L., Shleifer, A., "The Regulation of Entry", *Policy Research Working Paper*, Vol. 117, 2001, pp. 1 – 37.

Djankov, S., Qian, Y., Roland, G., et al., "Who Are China's Entrepreneurs?", *American Economic Review*, Vol. 96, 2006, pp. 348 – 352.

Duchesneau, D. A., Gartner, W. B., "A Profile of New Venture Success and Failure in an Emerging Industry", *Journal of Business Venturing*, Vol. 5, 1990, pp. 297–312.

Eddie, M., Tong, W., et al., "Conformity: Moods Matter", *European Journal of Social Psychology*, Vol. 38, 2008, pp. 601–611.

Edoardo, D., Giovanni, M., Claudia, A., et al., "A Demand-driven Search Model with Self-fulfilling Expectations: The New 'Farmerian' Framework Under Scrutiny", *International Review of Applied Economics*, Vol. 29, 2015, pp. 81–104.

Ellis, F., *Rural Livelihoods and Diversity in Developing Countries*, Oxford University Press, 2000.

Entwisle, B., Henderson, G. E., Short, S. E., et al., "Gender and Family Businesses in Rural China", *American Sociological Review*, Vol. 60, 1995, pp. 36–57.

Esteban Lafuente, Yancy Vaillant, Josep Rialp, "Regional Differences in the Influence of Role Models: Comparing the Entrepreneurial Process of Rural Catalonia", *Regional Studies*, Vol. 41, 2007, pp. 779–796.

Evans, D. S., Jovanovic, B., "An Estimated Model of Entrepreneurial Choice under Liquidity Constraints", *Journal of Political Economy*, Vol. 97, 1989, pp. 808–827.

Evans, D. S., Leighton, L. S., "Some Empirical Aspects of Entrepreneurship", *American Economic Review*, Vol. 79, 1990, pp. 519–535.

Fafchamps, M., Mckenzie, D., Quinn, S., et al., "Microenterprise Growth and the Flypaper Effect: Evidence from a Randomized Experiment in Ghana", *Journal of Development Economics*, Vol. 106, 2014, pp. 211–226.

Fayolle, A., Klandt, H., "Issues and Newness in the Field of Entrepreneurship Education: New Lenses for New Practical and Academic Questions", *International Entrepreneurship Education*, 2006, pp. 1–17.

Florin, J., Lubatkin, M., Schulze, W., "A Social Capital Model of High-Growth Ventures", *Academy of Management Journal*, Vol. 46, 2003, pp. 374–384.

Fortunato, W. P., "Supporting Rural Entrepreneurship: A Review of Conceptual Developments from Research to Practice", *Community Development*, Vol. 45, 2014, pp. 387–408.

Fox, W. F., Porca, S., "Investing in Rural Infrastructure", *International Regional Science Review*, Vol. 24, 2001, pp. 63–89.

Gabriel Linton and Markus Klinton, "University Entrepreneurship Education: A Design Thinking Approach to Learning", *Journal of Innovation and Entrepreneurship*, Vol. 8, 2019, pp. 1–11.

Galloway, L., Mochrie, R., "The Use of ICT in Rural Firms: A Policy-orientated Literature Review", *Info*, Vol. 7, 2005, pp. 33–46.

Gartner, W. B., "A Conceptual Framework for Describing the Phenomenon of New Venture Creation", *Academy of Management Review*, Vol. 10, 1985, pp. 696–706.

George Psacharopoulos, Harry Anthony Patrinos, "Returns to Investment in Education: A Further Update", *World Development*, Vol. 12, 2004, pp. 111–134.

Ghani, E., Kerr, W. R., O'Connell, S. D., "Local Industrial Structures and Female Entrepreneurship in India", *Journal of Economic Geography*, Vol. 13, 2013, pp. 929–964.

Gibson, D. E., "Role Models in Career Development: New Directions for Theory and Research", *Journal of Vocational Behavior*, Vol. 65,

2004, pp. 134 – 156.

Gimeno, J., Folta, T. B., Cooper, A. C., et al., "Survival of the Fittest? Entrepreneurial Human Capital and the Persistence of Underperforming Firms", *Administrative Science Quarterly*, Vol. 42, 1997, pp. 750 – 783.

Gisser, M., "Schooling and the Farm Problem", *Econometrica*, Vol. 33, 1965, pp. 582 – 592.

Glaeser, E. L., Kerr, W. R., "Local Industrial Conditions and Entrepreneurship: How Much of the Spatial Distribution Can We Explain?", *Journal of Economics & Management Strategy*, Vol. 18, 2009, pp. 623 – 663.

Glavovic, B. C., Boonzaier, S., "Confronting Coastal Poverty: Building Sustainable Coastal Livelihoods in South Africa", *Ocean & Coastal Management*, Vol. 50, 2007, pp. 1 – 23.

Hansen, G. S., Wernerfelt, B., "Determinants of firm Performance: The Relative Importance of Economic and Organizational Factors", *Strategic Management Journal*, Vol. 10, 2010, pp. 399 – 411.

Hansen, J. D., Deitz, G. D., Tokman, M., et al., "Cross – national Invariance of the Entrepreneurial Orientation Scale", *Journal of Business Venturing*, Vol. 26, 2011, pp. 61 – 78.

Harmon, C., Oosterbeek, H., Walker, I., "The Returns to Education", *Journal of Economic Surveys*, Vol. 17, 2003, pp. 115 – 156.

Haugen, M. S., Vik, J., Mcelwee, G., "Farmers as Entrepreneurs: The Case of Farm – Based Tourism", *International Journal of Entrepreneurship & Small Business*, Vol. 6, No. 16, 2008, pp. 321 – 336.

Heino, H., "Use of Borrowed Start – up Capital and Micro Enterprises in Mexico: Existence of Liquidity Constraints", *Portuguese Economic*

Journal, Vol. 5, 2006, pp. 1 – 30.

Heinonen, J., Poikkijoki, S. A., "An Entrepreneurial – Directed Approach to Entrepreneurship Education: Mission Impossible?", *Journal of Management Development*, Vol. 25, 2006, pp. 80 – 94.

Henderson, J., "Building the Rural Economy with High – growth Entrepreneurs", *Economic Review*, Vol. 87, 2006, pp. 45 – 70.

Hervas – Oliver, J. L., Sempere – Ripoll, F., Estelles – Miguel, S., & Rojas – Alvarado, R., "Radical vs Incremental Innovation in Marshallian Industrial Districts in the Valencian Region: What Prevails?", *European Planning Studies*, Vol. 27, 2019, pp. 1924 – 1939.

Hesselberg, J., Yaro, J. A., "An Assessment of the Extent and Causes of Food Insecurity in Northern Ghana Using a Livelihood Vulnerability Framework", *Geojournal*, Vol. 67, 2006, pp. 41 – 55.

Hildenbrand, B., Hennon, C. B., "Beyond the Concept of 'Getting Big or Getting Out': Entrepreneurship Strategies to Survive As a Farm Family", *International Journal of Entrepreneurship & Small Business*, Vol. 6, 2008, pp. 479 – 495.

Hisrich, R. D., Peters, M. P., *Entrepreneurship*, Irwin, 1995.

Hung – Hao Chang, David R. Just, "Internet Access and Farm Household Income – Empirical Evidence Using a Semi – parametric Assessment in Taiwan", *Journal of Agricultural Economics*, Vol. 60, 2009, pp. 348 – 366.

Hvide, H. K., Møen, J., *Liquidity Constraints and Entrepreneurial Performance*, Social Science Electronic Publishing, 2007.

Iso – Ahola, S. E., "Toward a Social Psychological Theory of Tourism Motivation: A Rejoinder", *Annals of Tourism Research*, Vol. 9, 1982, pp. 256 – 262.

Jha, S., Bacon, C. M., Philpott, S. M., et al., "A Review of Ecosystem Services, Farmer Livelihoods, and Value Chains in Shade Coffee Agroecosystems", *Springer Netherlands*, 2011.

Jiggins, J., "How Poor Women Earn Income in Sub – Saharan Africa and what Works Against Them", *World Development*, Vol. 17, 1989, pp. 953 – 963.

J. M., Becker, G. S., "Human Capital. A Theorical and Empirical Analysis with Special Reference to Education", *Population*, Vol. 22, 1964, pp. 330.

Jock Collins, "Cultural Diversity and Entrepreneurship: Policy Responses to Immigrant Entrepreneurs in Australia", *Entrepreneurship & Regional Development*, Vol. 15, 2003, pp. 137 – 149.

Kader, R. A., Mohamad, M. R. B., Ibrahim, A. A., "Success Factors for Small Rural Entrepreneurs under the One – District – One – Industry Programme in Malaysia", *Contemporary Management Research*, Vol. 5, 2009, pp. 147 – 162.

Kalleberg, A. L., Leicht, K. T., "Gender and Organizational Performance: Determinants of Small Business Survival and Success", *Academy of Management Journal*, Vol. 34, 1991, pp. 136 – 161.

Kao, R. W. Y., Kao, K. R., Kao, R. R., "Entrepreneurism: A Philosophy and A Sensible Alternative for the Market Economy", 2002.

Kaushik, S. K., Kaushik, S., "How Higher Education in Rural Lndia Helps Human Rights and Entrepreneurship", *Journal of Asian Economics*, Vol. 17, 2006, pp. 29 – 34.

Khanal, A. R., Mishra, A., "Financial Performance of Small Farm Business Households: The Role of Internet", *China Agricultural Economic Review*, Vol. 8, 2016, pp. 553 – 571.

Khanal, A. R., Mishra, A. K., Koirala, K. H., "Access to the Internet and Financial Performance of Small Bbusiness Households", *Electronic Commerce Research*, Vol. 15, 2015, pp. 159 – 175.

Kihlstrom, R. E., Laffont, J. J., "A General Equilibrium Entrepreneurial Theory of Firm Formation Based on Risk Aversion", *Journal of Political Economy*, Vol. 87, 1979, pp. 719 – 748.

Kirzner, I. M., "Competition and Entrepreneurship", *Southern Economic Journal*, Vol. 41, 1978.

Klapper, L., Laeven, L., Rajan, R., "Entry Regulation as a Barrier to Entrepreneurship", *Journal of Financial Economics*, Vol. 82, 2006, pp. 591 – 629.

Knight, F. H., *Risk, Uncertainty and Profit*, Houghton Mifflin Company, 1921.

Knutsson, P., Ostwald, M., "A Process – Oriented Sustainable Livelihoods Approach – A Tool for Increased Understanding of Vulnerability, Adaptation and Resilience", *Mitigation & Adaptation Strategies for Global Change*, Vol. 12, 2006, pp. 365 – 372.

Koczberski, G., Curry, G. N., "Making a Living: Land Pressures and Changing Livelihood Strategies among Oil Palm Settlers in Papua New Guinea", *Agricultural Systems*, Vol. 85, 2005, pp. 324 – 339.

Krantz, L., "The Sustainable Livelihood Approach to Poverty Reduction: An Introduction", *IEEE Transactions on Ultrasonics Ferroelectrics & Frequency Control*, Vol. 49, 2001, pp. 39 – 46.

Lans, T., Biemans, H., Verstegen, J., et al., "The Influence of the Work Environment on Entrepreneurial Learning of Small – business Owners", *Management Learning*, Vol. 39, 2008, pp. 597 – 613.

Leibenstein, H., *General X – Efficiency Theory and Economic Development*,

Oxford University Press, 1978.

Liao, J., Welsch, H., "Roles of Social Capital in Venture Creation: Key Dimensions and Research Implications", *Journal of Small Business Management*, Vol. 43. 2005, pp. 345 – 362.

Lois Labrianidis., "Fostering Entrepreneurship As a Means to Overcome Barriers to Development of Rural Peripheral Areas in Europe", *European Planning Studies*, Vol. 14, 2006, pp. 3 – 8.

Low, M. B., Macmillan, I. C., "Entrepreneurship: Past Research and Future Challenges", *Journal of Management Official, Journal of the Southern Management Association*, Vol. 14, 1998, pp. 139 – 161.

Lucas, R. E., "Life Earnings and Rural – Urban Migration", *Journal of Political Economy*, Vol. 112, 2004, pp. 29 – 29.

Ma, Z., "Social – capital Mobilization and Income Returns to Entrepreneurship: The Case of Return Migration in Rural China", *Environment & Planning A*, Vol. 34, 2002, pp. 1763 – 1784.

Manolova, T. S., Eunni, R. V., Gyoshev, B. S., "Institutional Environments for Entrepreneurship: Evidence from Emerging Economies in Eastern Europe", *Entrepreneurship Theory & Practice*, Vol. 32, 2008, pp. 203 – 218.

Martin, B. C., McNally, J. J., & Kay, M. J., "Examining the Formation of Human Capital in Entrepreneurship: A Meta – analysis of Entrepreneurship Education Outcomes", *Journal of Business Venturing*, Vol, 28, 2013, pp. 211 – 224.

Mcclelland, D. C., Boyatzis, R. E., "Leadership Motive Pattern and Long – term Success in Management", *Journal of Applied Psychology*, Vol. 67, 1982, pp. 737 – 743.

Mcelwee, G., Bosworth, G., "Exploring the Strategic Skills of Farmers across a Typology of Farm Diversification Approaches", *Journal of Farm Management*, 2010, Vol. 13, No. 12, pp. 819 – 838.

Meng, X., "The Informal Sector and Rural – Urban Migration – A Chinese Case Study", *Asian Economic Journal*, Vol. 15, 2001, pp. 71 – 89.

Mescon, T. S., Montanari, J. R., "The Personalties of Independent and Franchise Entrepreneurs, An Empirical Analysis of Concepts", *Academy of Management Proceedings*, Vol. 1, 1981, pp. 413 – 417.

Michael A. Hitt, Ho – uk Lee, Emre Yucel, "The Importance of Social Capital to the Management of Multinational Enterprises: Relational Networks among Asian and Western Firms", *Asia Pacific Journal of Management*, Vol. 19, 2002, pp. 353 – 372.

Mincer, J., "On – the – Job Training: Costs, Returns, and Some Implications", *Journal of Political Economy*, Vol. 70, 1962, pp. 50 – 79.

Mincer, J., "Schooling, Experience, and Earnings/Jacob Mincer", *Nber Books*, Vol. 29, 1974, pp. 218 – 223.

Mincer, J., "The Distribution of Labor Incomes: A Survey with Special Reference to the Human Capital Approach", *Journal of Economic Literature*, Vol, 8, 1970, pp. 1 – 26.

Morand, P., Andrew, N., Sinaba, F., et al., "Vulnerability and Adaptation of African Rural Populations to Hydro – climate Change: Experience from Fishing Communities in the Inner Niger Delta (Mali)", *Climatic Change*, Vol. 115, 2012, pp. 463 – 483.

Morgan, S. L., Marsden, T., Miele, M., et al., "Agricultural Multifunctionality and Farmers Entrepreneurial Skills: A Study of Tuscan and Welsh farmers", *Journal of Rural Studies*, Vol. 26, 2010, pp. 116 – 129.

Narain, V., "Growing City, Shrinking Hinterland: Land Acquisition,

Transition and Conflict in Peri – urban Gurgaon, India", *Environment & Urbanization*, Vol, 21, 2009, pp. 501 – 512.

Natalie McDougall, Beverly Wagner, Jill MacBryde, "An Empirical Explanation of the Natural – resource – based View of the Firm", *Production Planning & Control*, Vol. 1, 2019, pp. 1 – 17.

Nesar Ahmed and Allison, Edward, H. and Muir, James, F., "Rice Fields to Prawn Farms: A Blue Revolution in Southwest Bangladesh?", *Aquaculture International*, Vol. 18, 2010, pp. 555 – 574.

Njoroge, C. W., & Gathungu, J. M., "The Effect of Entrepreneurial Education and Training on Development of Small and Medium Size Enterprises in Githunguri District – Kenya", *International Journal of Education and Research*, Vol. 1, 2013, pp. 1 – 22.

Noruwa, A. I., Emeka, E. J., "The Role and Sustainability of Microfinance Banks in Reducing Poverty and Development of Entrepreneurship in Urban and Rural Areas in Nigeria", *International Journal of Business Administration*, Vol. 3, 2012.

Ozgen, E., Baron, R. A., "Social Sources of Information in Opportunity Recognition: Effects of Mentors, Industry Networks, and Professional Forums", *Journal of Business Venturing*, Vol. 22, 2007, pp. 174 – 192.

Pamela Adams, Roberto Fontana, Franco Malerba, "Bridging Knowledge Resources: The Location Choices of Spinouts", *Strategic Entrepreneurship Journal*, Vol. 11, 2017, pp. 98 – 112.

Papzan, A., Zarafshani, K., Tavakoli, M., et al., "Determining Factors Influencing Rural Enterpreneurs Success: A Case Study of Mahidasht Township in Kermanshah Province of Iran", *African Journal of Agricultural Research*, Vol. 3, 2008, pp. 597 – 600.

Parker, S. C., "A Time Series Model of Self – employment under Uncertainty", *Economica*, Vol. 63, 1996, pp. 459 – 475.

Parker, S. C., Praag, C. M. V., "Schooling, Capital Constraints, and Entrepreneurial Performance: The Endogenous Triangle", *Journal of Business & Economic Statistics*, Vol. 24, 2006, pp. 416 – 431.

Paul Collier Social Capital and Poverty, The World Bank, Environmental Sustainable Development Network, 1998.

Paulson, Anna L., Townsend Robert, "Entrepreneurship and Financial Constraints in Thailand", *Journal of Corporate Finance*, Vol. 10, 2004, pp. 229 – 262.

Pelloni, G., "Rural Entrepreneurs and Institutional Assistance: An Empirical Study from Mountainous Italy", *Entrepreneurship & Regional Development*, 2006, Vol. 18, No. 5, pp. 371 – 392.

Peng, M. W., Heath, P. S., "The Growth of the Firm in Planned Economies in Transition: Institutions, Organizations, and Strategic Choice", *Academy of Management Review*, Vol. 21, 1996, pp. 492 – 528.

Peng, M. W., Luo, Y., "Managerial Ties and Firm Performance in a Transition Economy: The Nature of a Micro Link", *Academy of Management Journal*, Vol. 43, 2000, pp. 486 – 501.

Phelps, N. A., Fallon, R. J., Williams, C. L., "Small Firms, Borrowed Size and the Urban – Rural Shift", *Regional Studies*, Vol. 35, 2001, pp. 613 – 624.

Politis, D., "The Process of Entrepreneurial Learning: A Conceptual Framework", *Entrepreneurship Theory & Practice Journal*, Vol. 29, 2010, pp. 399 – 424.

Politis, John D., "Dispersed Leadership Predictor of the Work Environment for Creativity and Productivity", *European Journal of Innova-*

tion Management, Vol. 8, 2005, pp. 182 – 204.

Portes, A., "Social Capital: Its Origins and Applications in Modern Sociology", Annual Reviews of Sociology, Vol. 24, 1998, pp. 1 – 24.

Prahalad, C. K., "Fortune at the Bottom of the Pyramid: Eradicating Poverty through Profits", International Journal of Productivity & Performance Management, Vol. 28, 2010, pp. 89 – 91.

Psacharopoulos, G., "Time Trends of the Returns to Education: Cross – national Evidence", Economics of Education Review, Vol. 8, 2006, pp. 225 – 231.

Putnam, R. D., Leonardi, R., Nonetti, R. Y., Making Democracy Work: Civic Traditions in Modern Italy, Princeton University Press, 1994.

Pyysiäinen, J., Anderson, A., Mcelwee, G., et al., "Developing the Entrepreneurial Skills of Farmers: Some Myths Explored", International Journal of Entrepreneurial Behavior & Research, Vol. 12, 2006, pp. 21 – 39.

Rajan, R. G., Zingales, L., "The Great Reversals: The Politics of Financial Development in the Twentieth Century", Journal of Financial Economics, Vol. 69, 2003, pp. 5 – 50.

Rajan, R. G., Zingales, L., "Which Capitalism? Lessons from the East Asian Crisis", Crsp Working Papers, Vol. 11, 1998, pp. 40 – 48.

Ravenstein, E. G., "The Laws of Migration", Journal of the Statistic Society, Vol. 151, 1976, pp. 289 – 291.

Rees, H., Shah, A., "An Empirical Analysis of Self – Employment in the U. K.", Journal of Applied Econometrics, Vol. 1, 1986, pp. 95 – 108.

Richers, R., Diniz, E., "The Theory of Economic Development", *Journal of Political Economy*, Vol. 1, 1934, pp. 170 – 172.

Robin, Siegel, et al., "Characteristics Distinguishing High – growth Ventures", *Journal of Business Venturing*, Vol. 8, 1993, pp. 169 – 180.

Rolfe, J., Gregor, S., Menzies, D., "Reasons Why Farmers in Australia Adopt the Internet", *Electronic Commerce Research & Applications*, Vol. 2, 2003, pp. 27 – 41.

Ronstadt, R., Vesper, K. H., Mcmullan, W. E., "Entrepreneurship: Today Courses, Tomorrow Degrees?", *Entrepreneurship Theorypractice*, Vol. 13, 1988, pp. 7 – 13.

Roodman, D., "Fitting Fully Observed Recursive Mixed – Process Model with CMP", *The Stata Journal*, Vol. 11, 2011, pp. 159 – 206.

Rosenthal, S. S., Strange, W. C., "Female Entrepreneurship, Agglomeration, and a New Spatial Mismatch", *Review of Economics & Statistics*, Vol. 94, 2012, pp. 764 – 788.

Rotter, J. B., "Generalized Expectancies for Internal Versus External Control of Reinforcement", *External Control of Reinforcement Psychological Monographs*, Vol. 80, 1966, p. 1.

Ruth Blatt, "Tough Love: How Communal Schemas and Contracting Practices Build Relational Capital in Entrepreneurial Teams", *The Academy of Management Review*, Vol. 34, 2009.

Sharmina Afrin, Nazrul Islam, Shahid Uddin Ahmed, "A Multivariate Model of Micro Credit and Rural Women Entrepreneurship Development in Bangladesh", *International Journal of Business and Management*, Vol. 3, 2009.

Sahlman, W. A., Stevenson, H. H., *The Entrepreneurial Venture*, Harvard Business School Publications, 1999.

Sanchez, S. M., Pagan, J. A., "Explaining Gender Differences in Earnings in the Microenterprise Sector", *Education Work Relationship*, Vol. 31, 2001.

Sautet, F., "The Origin and Evolution of New Businesses", *Review of Austrian Economics*, Vol. 15, 2002, pp. 97 – 102.

Schultz, T. W., "Investment in Human Capital", *American Economic Review*, Vol. 51, 1961, pp. 1 – 17.

Schumpeter, J. A., Opie R., *The Theory of Economic Development: An Inquiry into Profits, Capital, Credit, Interest, and the Business Cycle*, Harvard University Press, Distributed in Great Britain by Oxford University Press, 1962.

Scoones, I., "Livelihood Perspectives and Rural Development", *Journal of Peasant Studies*, Vol. 36, 2009, pp. 297 – 303.

Scoones, I., *Sustainable Rural Livelihoods: A Framework for Analysis*, Subsidy Or Self, 1998.

Shane, S., Venkataraman, S., "The Promise of Entrepreneurship as a Field of Research", *Academy of Management Review*, Vol. 25, 2000, pp. 217 – 226.

Shane, S. A., "A General Theory of Entrepreneurship: The Individual – Opportunity Nexus", *General Information*, Vol. 12, 2004, pp. 353 – 374.

Shane, S. A., *The Illusions of Entrepreneurship: The Costly Myths That Entrepreneurs, Investors, and Policy Makers Live By*, Yale University Press, 2008.

Sharmina Afrin, Nazrul Islam, Shahid Uddin Ahmed, "A Multivariate Model of Micro Credit and Rural Women Entrepreneurship Development in Bangladesh", *International Journal of Business and Management*,

Vol. 3, 2009.

Sharp, K., "Measuring Destitution: Integrating Qualitative and Quantitative Approaches in the Analysis of Survey Data", *IDS Working Paper*, 2003, pp. 217 – 233.

Siegel, R., Siegel, E., Mac Millan, I. C., "Characteristics Distinguishing High – growth Ventures", *Journal of Business Venturing*, Vol. 8, 1993, pp. 169 – 180.

Skuras, D., Dimara, E., Vakrou, A., "The Day after Grant – Aid: Business Development Schemes for Small Rural Firms in Lagging Areas of Greece", *Small Business Economics*, Vol. 14, 2000, pp. 125 – 136.

Skuras, D., Meccheri, N., Moreira, M. B., et al, "Entrepreneurial Human Capital Accumulation and the Growth of Rural Businesses: A Four – country Survey in Mountainous and Lagging Areas of the European Union", *Journal of Rural Studies*, Vol. 21, 2005, pp. 67 – 79.

Smith, D. R., Gordon, A., Meadows, K., et al, "Livelihood Diversification in Uganda: Patterns and Determinants of Change across Two Rural Districts", *Food Policy*, Vol. 26, 2001, pp. 421 – 435.

Smyth, R., "Education Expansion and Returns to Schooling in Urban China, 2001 – 2010: Evidence from Three Waves of the China Urban Labor Survey", *Journal of the Asia Pacific Economy*, Vol. 20, 2015, pp. 178 – 201.

Soini, E., "Land Use Change Patterns and Livelihood Dynamics on the Slopes of Mt. Kilimanjaro, Tanzania", *Agricultural Systems*, Vol. 85, 2005, pp. 306 – 323.

Soltani, A., Angelsen, A., Eid, T., et al., "Poverty, Sustainability, and Household Livelihood Strategies in Zagros, Iran", *Eco-

logical Economics, Vol. 79, 2012, pp. 60 – 70.

Sorenson, O., Audia, P. G., "The Social Structure of Entrepreneurial Activity: Geographic Concentration of Footwear Production in the United States, 1940 – 1989", *American Journal of Sociology*, Vol. 106, 2000, pp. 424 – 462.

Speizer, Jeanne J., "Role Models, Mentors, and Sponsors: The Elusive Concepts", *Signs*, Vol. 6, 1981, pp. 692 – 712.

Stam, E., "The Origin and Evolution of New Businesses", *OUP Catalogue*, Vol. 15, 1999, pp. 97 – 102.

Stathopoulou, S., Skuras, D., Psaltopoulos, D., "Rural Entrepreneurship in Europe: A Research Framework and Agenda", *International Journal of Entrepreneurial Behaviour & Research*, Vol. 10, 2009, pp. 404 – 425.

Stenholm, P., Acs, Z. J., Wuebker, R., "Exploring Country – level Institutional Arrangements on the Rate and Type of Entrepreneurial Activity", *Journal of Business Venturing*, Vol. 28, 2013, pp. 176 – 193.

Stevenson, H. H., Gumpert, D. E., "The Heart of Entrepreneurship", Vol. 63, 1985, pp. 85 – 94.

Stone, G. D., Flachs, A., Diepenbrock, C., "Rhythms of The Herd: Long Term Dynamics in Seed Choice by Indian Farmers", *Technology in Society*, Vol. 36, 2014, pp. 26 – 38.

Stuart, R. W., Abetti, P. A., "Impact of Entrepreneurial and Management Experience on Early Performance", *Journal of Business Venturing*, Vol. 5, 1990, pp. 151 – 162.

Swinton, Scott, M., "Poverty and Environment in Latin America: Concepts, Evidence and Policy Implications", *World Development*, Vol. 31, 2003, pp. 1865 – 1872.

Tacoli, C., "Crisis or Adaptation? Migration and Climate Change in a Context of High Mobility", *Environment and Urbanization*, Vol. 21, 2009, pp. 513 –525.

Tambwe, M., "The Impact of Entrepreneurship Training on Micro and Small Enterprises' (MSES) Performance in Tanzania", *Business Education Journal*, Vol. 1, 2015.

Tate, G., "Entrepreneurship and the Environment for Rural SMEs in the Shropshire Hills, UK, 1997 – 2009", *Journal of Entrepreneurship*, Vol. 19, 2010, pp. 191 – 207.

Toft – Kehler, R. V., Wennberg, K., Kim, P. H. "A Little Bit of Knowledge is A Dangerous Thing: Entrepreneurial Experience and New Venture Disengagement", *Journal of Business Venturing Insights*, Vol. 6, 2016, pp. 6 – 46.

Tsai, Wenpin, "Knowledge Transfer in Intraorganizational Networks: Effects of Network Position and Absorptive Capacity on Business Unit Innovation and Performance", *Academy of Management Journal*, Vol. 44, 2001, pp. 996 – 1004.

Ucbasaran, D., Westhead, P., Wright, M., "The Extent and Nature of Opportunity Identification by Experienced Entrepreneurs", *Journal of Business Venturing*, Vol. 24, 2009, pp. 99 – 115.

Van Praag, M., "Initial Capital Constraints Hinder Entrepreneurial Venture Performance: An Empirical Analysis", *Social Science Electronic Publishing*, Vol. 9, 2005, pp. 36 – 44.

Veenhoven, R., "The Cross – National Pattern of Happiness", *Social Indicators Research*, Vol. 34, 1995, pp. 33 – 68.

Venkataraman, S. V., "The Distinctive Domain of Entrepreneurship Research: An Editor's Perspective", *Advances in Entrepreneurship*,

Firm Emergence, and Growth. JAI. 1997.

Venkatraman, N., Ramanujam, V., "Measurement of Business Performance in Strategy Research: A Comparison of Approaches", *The Academy of Management Review*, Vol. 11, 1986, pp. 801 – 814.

Vesper, Karl H., "Entrepreneurship and National Policy", 1983.

Watson, J., "Modeling the Relationship between Networking and Firm Performance", *Journal of Business Venturing*, Vol. 22, 2007, pp. 852 – 874.

Weidner, K. L., Rosa, J. A., "Viswanathan M. Marketing to Subsistence Consumers: Lessons from Practice", *Journal of Business Research*, Vol. 63, 2010, pp. 559 – 569.

WeiXin, Mun C. Tsang, Weibin Xu, et al., "Education and Earnings in Rural China", *Education Economics*, Vol. 7, 1999, pp. 167 – 187.

Weldon, E., "Deindividualization, Interpersonal Affect and Productivity in Laboratory Task Groups 1", *Journal of Applied Social Psychology*, Vol. 14, 2010, pp. 469 – 485.

Wennberg, K., Wiklunc, J., Detienne, D. R., et al., "Reconceptualizing Entrepreneurial Exit: Divergent Exit Routes and Their Drivers", *Journal of Business Venturing*, Vol. 25, 2010, pp. 361 – 375.

Westhead, P., Storey, D., "Management Training and Small Firm Performance: Why is The Link so Weak?", *International Small Business Journal*, Vol. 14, 1996, pp. 13 – 24.

Wijewardena, H., Tibbits, G. E., "Factors Contributing to the Growth of Small Manufacturing Firms: An Insight from Australia", *Journal of Small Business Management*, Vol. 37, 1999, pp. 88 – 95.

Wolf, P. D., "The European Farm Entrepreneur: A Comparative Perspective", *International Journal of Entrepreneurship & Small Business*,

Vol. 4, 2017, pp. 79 - 92.

Xin, K. R., Pearce, J. L., "Guanxi, Connections as Substitutes for Formal Institutional Support", *Academy of Management Journal*, Vol. 39, 1996, pp. 1641 - 1658.

Yael Levitte, "Bonding Social Capital in Entrepreneurial Developing Communities - Survival Networks or Barriers?", *Journal of the Community Development Society*, Vol. 35, 2004, pp. 44 - 64.

Yusuf, A., "Critical Success Factors for Small Business: Perceptions of South Pacific Entrepreneurs", *Journal of Small Business Management*, Vol. 33, 1995, pp. 68 - 73.

Zhang, L., Huang, J., Rozelle, S., "Employment, Emerging Labor Markets, and the Role of Education in Rural China", *China Economic Review*, Vol. 13, 2002, pp. 313 - 328.

Zhang, J., Hamilton, E., "Entrepreneurship Education for Owner - managers: The Process of Trust Building for An Effective Learning Community", *Journal of Small Business Entrepreneurship Theory*, Vol. 23, 2010, pp. 249 - 270.

向山雅夫:《小売商業形態展開論の分析枠組 - 1 - 諸仮説の展望》,《武藏大学论集》1985 年第 33 卷。

后　　记

　　行文至此，反而没有先前的从容，久久不能下笔。一方面不知道该从哪方面开始着墨，另一方面又担心漏了什么重要的内容。这份书稿，毕竟是要署自己名字的，想着要好好写点什么，留下点痕迹。

　　今年四十了。回顾上一个十年，历历在目，一切似乎未曾改变。但过去这十年，成了家，有了女儿，博士毕业，工作稳定，波澜不惊，好像过上了自己期望的生活，又似乎一切都已改变。以往的所有不安、艳羡，似乎都在这过去的这十年间得到安抚，那些过往的执念似乎都已不再那么重要。与此同时，那些以往的雄心壮志也在现实的忠告下消散。既然无法通过自己的努力够得着，那就索性与自己和解。

　　从广西一个不知名的小地方，一路奔武汉、过深圳最后落脚在重庆，与我现在的朋友们坐到同一张桌上，我花了四十年。这四十年人生的全部，就是自己为了实现代际跃升而与命运搏击的全过程。每一次与命运的搏击，我都全力以赴。我相信知识可以改变命运，也渴望通过自己的努力改变自己的命运。出身小地方的我拿到手的牌很差，每打一张都小心翼翼，因为我几乎没有筹码。那些曾经与我在奋斗路上并肩疾走的伙伴，绝大部分已消失在路途中。年少时，别人在课堂上很认真地听课和学习，我可能在想怎么应付或躲过校园霸凌，又或者想着还可以向谁借钱度过下一周；年岁渐长后，又绞尽脑汁为自己前进的方向寻求智者指导。如此种种，几乎耗尽我的全部心力。能全身心投入知识积累上的有效时间，实在是少。以至于，生命中许多决定性的瞬间，我从来没有一次顺利过关。高考如此，考研如此，考博如此，工作还是如此。幸好，在第一次跌倒时，我没有放弃。从那之后的每一次跌倒，我都没有放弃。跌跌撞撞，经历了无数个睡不着的夜晚和无数个早起的清晨，我一路走到了今天。心中的那束光，从未淡弱。

这份书稿，从构思到成稿，写了三年，中间得到很多专家学者的帮助和指导，十分感谢。篇幅所限在此不一一列出。可以肯定的是，囿于自己能力，这不算是一份令自己满意的书稿。或者说，满意的，永远在以后。如果这份书稿可以为研究类似话题的后来者提供一点灵感上的启发作用，备感欣慰。

是为记。

甘 宇

2023 年冬于重庆